한 권으로 끝내는
틴매경TEST

한 권으로 끝내는
틴매경 TEST

초판 1쇄 2021년 7월 2일
초판 3쇄 2023년 9월 22일

지은이 매일경제 경제경영연구소
펴낸이 최경선
편집장 유승현 **편집1팀장** 서정욱

마케팅 김성현 한동우 구민지
경영지원 김민화 오나리
디자인 김보현 김신아

펴낸곳 매경출판㈜
등록 2003년 4월 24일(No. 2-3759)
주소 (04557) 서울시 중구 충무로 2(필동1가) 매일경제 별관 2층 매경출판㈜
홈페이지 www.mkpublish.com **스마트스토어** smartstore.naver.com/mkpublish
페이스북 @maekyungpublishing **인스타그램** @mkpublishing
전화 02)2000-2634(기획편집) 02)2000-2646(마케팅) 02)2000-2606(구입 문의)
팩스 02)2000-2609 **이메일** publish@mkpublish.co.kr
인쇄·제본 ㈜M-print 031)8071-0961
ISBN 979-11-6484-297-1(53320)

한 권으로 끝내는
틴매경TEST

매일경제 경제경영연구소 지음

매경주니어 books

머리말

'세계사적으로 중요한 사건의 이면에는 경제가 있고, 경제의 이면에는 금융이 있다.'

비트코인 광풍이 불고 부동산 가격이 급등하는 현재, 금융과 경제는 더욱 중요해지고 있다. 그러나 금융과 경제는 중·고등학생들뿐만 아니라 일반인들도 낯설고, 접근하기 어려운 분야다. 여러 가지 이유가 있겠지만 그중에서도 '경제·금융'을 쉽고 체계적으로 이해하는 데 필요한 종합적인 지침서가 크게 부족하기 때문이 아닐까라고 생각한다.

이 책은 청소년들의 경제·금융 종합지침서로 활용될 수 있을 뿐만 아니라, 금융권 등 취업을 목적으로 하는 고등학생, 대학생들이나 경제·금융 지식을 높이려는 직장인들에게도 유용한 가이드가 될 것이다. 또한 국가공인 경제·금융 이해력 인증시험인 '틴매경TEST'의 공식 기본서로 활용된다.

특히, 2021년 개정판은 기존의 내용과 기출문제를 전면 수정해 《한 권으로 끝내는 틴매경TEST》로 재탄생했다. 책의 구성은 크게 경제와 금융 두 항목으로 나뉘고 경제 7단원, 금융 6단원 등 총 13단원으로 구성돼 있다. 금융 파트는 금융 법규 및 자료와 데이터를 업데이트했고 금융의 본질에 대한 직관적 설명을 추가해 경제활동에서 금융의 중요성에 따른 이해를 높였다. 경제 파트는 전면적 개편과 함께 내용을 대폭 늘렸다. 시장거래의 본질과 시장 실패 그리고 시장경제에서 정부의 역할을 균형 있게 이해할 수 있도록 전체를 다시 서술했고, 국제경제 부분은 국제무역과 환율을 중심으로 꼭 알아야 할 개념만을 담았다. 또한 최신 기출문제를 각 장의 말미에 친절한 해설과 함께 수록했다. 즉, 실생활에서 중요한 경제와 금융의 전반적인 주요 개념들을 분야별로 체계적으로 접근해 기초적인 이해부터 개념 원리를 학습할 수 있게 했다.

매일경제는 국민경제 지식을 업그레이드하기 위해 경제·경영 이해력을 검정하는 매경TEST를 지난 2009년 8월 출범시킨 데 이어, 2012년 2월부터 청소년의 경제·금융 지식을 한 차원 높이기 위한 틴매경TEST를 시행해 오고 있다. 틴매경TEST는 2013년 12월 국가공인 시험으로 승격됐다. 이 책을 통해 틴매경TEST 응시자들이 고득점을 얻길 바라며 동시에 경제·금융에 대한 체계적인 사고의 틀을 갖추길 기대한다.

국가공인 매경TEST와 틴매경TEST가 국내 최고의 검정시험으로 평가받는 데 힘쓰고 있는 매일경제 경제경영연구소 직원들의 헌신에 감사한다. 책이 나오는 데 최병일 매일경제 경제경영연구소 책임연구원을 비롯한 콘텐츠팀 연구원의 노고가 많았다.

국제 및 국내 경제를 보면 그동안 겪어보지 못했던 일들이 일어나고 있고 앞으로도 그럴 것으로 예측된다. 글로벌 경쟁시대를 살아갈 청소년들에게 경제·금융 사고력은 선택이 아니라 필수로 경쟁력을 갖춘 국가, 기업, 국민이 되는 데 중요한 힘이 될 것이다. 모쪼록 이 책이 미래 꿈나무인 청소년들의 경제·금융 아이큐Financial Quotient를 높이는 데 기여한다면 기쁘겠다.

매일경제 경제경영연구소 소장
박기효 부장

틴매경TEST 개요

틴매경TEST 🔍

틴매경TEST는 그동안 전 국민의 경제·금융 교육을 선도한 매일경제가 청소년 경제·금융 교육이 강조되는 시대 흐름에 맞춰 청소년의 경제·금융 이해력 증진을 위해 내놓은 국가공인 인증시험입니다. 금융권 취업을 준비하는 학생들과 상경계열 대학 진학을 목표로 하는 학생들이 자신의 경제·금융 실력을 스스로 검증해볼 수 있는 새로운 검정 수단입니다.

틴매경TEST의 가장 큰 특징 중 하나는 금융 영역 비중이 전체의 반을 차지한다는 점입니다. 이는 글로벌 금융 위기와 코로나19라는 팬데믹 이후 각국의 청소년 금융 교육 강화 추세와 맥을 함께합니다. 아울러 생활 금융 및 금융 시장에 대한 이해력은 경제·경영 공부의 밑바탕이 될 뿐 아니라 금융권 취업 시 실무를 익히는 데도 도움이 될 것입니다.

틴매경TEST 실시요강

주최	매일경제신문사
후원	청소년금융교육협회
시험장소	서울, 인천, 대구, 대전, 부산, 광주, 전주 등
신청방법	매경TEST 홈페이지에서 접수
응시료	2만 원(20명 이상 1만 5,000원)
출제양식	5지 선다형/OMR카드 기입식
출제문항 수	50문항(60분)
출제분야	경제·금융 각 25문항/100점 만점
응시대상	중학교 2학년~고등학교 3학년
홈페이지	http://mktest.org

틴매경TEST 구성항목 및 배점

구분	지식		사고력		분석력		총계	
	문항 수	배점	문항 수	배점	문항 수	배점	문항 수	배점
경제	10	15	10	25	5	10	25	50
금융	10	15	10	25	5	10	25	50
총계	20	30	20	50	10	20	50	100

틴매경TEST 출제영역

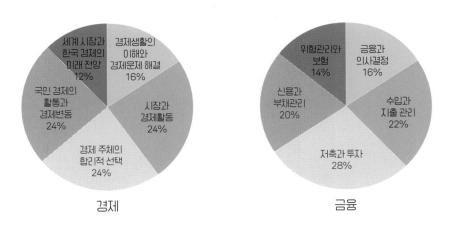

경제

금융

금융

구분	주요 개념 및 내용
I.금융시장과 금융 서비스	• 금융시장 • 금융기관의 분류 및 특징 • 금융 서비스의 종류와 활용
II.수입과 지출 관리	• 총소득과 가처분소득의 개념, 소득의 유형 • 가계의 소비 지출 및 비소비 지출
III.저축과 투자	• 저축의 의미, 금리의 종류 및 결정요인 • 저축상품 • 화폐의 시간가치, 위험과 수익률 • 주식과 채권 • 간접·기타 투자상품
IV.신용과 부채 관리	• 신용 점수, 신용카드 기본 지식 • 부채 관리 기본 지식 • 채무조정제도
V.보험	• 보험의 기본 원리와 기능 • 보험계약 요소 • 보험의 종류
VI.금융 법규 및 세제	• 자본시장통합법 • 예금자보호제도 및 금융소비자보호제도 • 금융 관련 세제

경제

구분	주요 개념 및 내용
I.경제생활의 이해와 경제 문제의 해결	• 희소성 • 기회비용과 매몰비용
II.시장과 경제활동	• 수요와 공급, 탄력성 • 시장균형과 사회후생 • 재화시장의 종류와 특징: 독점, 과점, 독점적경쟁, 완전경쟁 시장
III.시장 실패와 정부의 역할	• 시장 실패 현상과 원인: 독과점, 공공재, 외부효과, 정보비대칭 • 시장 실패의 교정, 소득분배
IV.국민경제의 이해	• 국민경제의 측정: GDP와 물가지수 • 국민경제의 순환, 총수요와 총공급
V.경기 변동과 인플레이션 그리고 실업	• 경기 변동의 원인 • 물가와 인플레이션, 명목이자율과 실질이자율 • 실업의 측정방법, 실업의 유형과 원인 • 필립스 곡선
VI.경제 안정화 정책	• 재정 정책, 정부구매, 조세 정책 • 통화금융 정책, 신용 창조와 화폐 수요
VII.국제경제의 이해	• 국제무역, 절대우위와 비교우위 • 외환시장과 환율제도

틴매경TEST 등급기준

평가등급	점수대	평가내용
틴매경TEST	A+ (90점 이상)	경제·금융 분야에 폭넓은 지식을 갖고 있으며 경제·금융 환경 변화와 전망에 능동적으로 대처할 수 있는 매우 우수한 경제 사고력과 의사결정 능력을 보유했는지 여부
	A (80점 이상~90점 미만)	경제·금융 지식과 이해력이 보통 이상이고 이를 바탕으로 한 우수한 경제 사고력을 보유했는지 여부
	B (70점 이상~80점 미만)	일상적인 경제 문제를 합리적으로 해결하는 데 큰 어려움이 없는 정도의 경제·금융 지식을 보유했는지 여부
	C (60점 이상~70점 미만)	일상적인 경제·금융 문제를 해결하는 데 필요한 지식을 보유했는지 여부
	D (60점 미만)	경제·금융 문제 해결 능력을 위해 좀 더 노력이 필요한 경우

틴매경TEST 구성항목 및 배점

틴매경TEST는 현행 경제·금융 교육과정에 맞춰 문제가 출제되기 때문에 매경TEST에 비해 좋은 성적을 받기가 쉽고 수상 기회도 많습니다. 또한 주요 시중은행 등 금융권들도 고졸 사원 채용을 확대하고 있어 틴매경TEST를 통해 금융에 대한 이해력이 검증된 학생들은 취업 시 유리한 고지를 점할 수 있습니다.

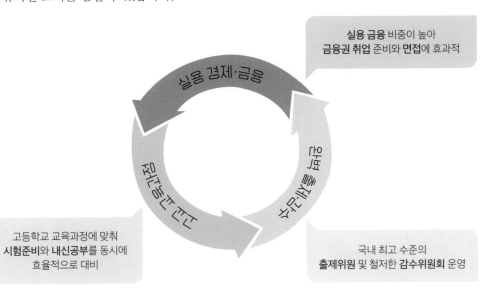

CONTENTS

· 경제 ·

틴매경TEST

금융

○ ○

농부는 아무것도 없는 빈 땅에 씨를 뿌려 농작물을 키운다.

목수는 나무토막을 이어 붙여 가구를 만들고 요리사는 쌀과 야채,

고기를 조리하여 맛있는 음식을 요리한다.

모든 직업인은 무언가 재료를 이용하여 새로운 가치를 만들어내는 셈이다.

그렇다면 금융업은 어떤 일을 할까?

은행은 단순히 돈을 받고 빌려주는 것일 뿐 새롭게 만들어내는 것은 없지 않은가?

금융에서 창조되는 새로운 가치란 과연 무엇일까?

틴매경TEST - 금융

PART

1

금융시장과
금융 서비스

설치

CHAPTER 1

금융이란 무엇인가?

#대부자 #차입자 #이자 #금융중개기관

금융이란 여유자금을 보유한 사람이 자금이 필요한 사람에게 자금을 빌려주는 것을 말한다. 서로 소유권을 주고받으면서 거래가 종료되는 실물 재화와 달리, 금융은 '돈을 주고' '일정 기한 후' '돈을 돌려받는 행위'가 한 묶음으로 이루어지므로 여러 가지 특징이 나타난다. 아래의 사례를 통해 금융의 필요성과 특징을 살펴보자.

잡스는 1억의 투자금으로 1년 동안 사업해 3억을 벌 사업 아이디어가 있지만, 현재 보유한 돈이 없어 사업을 시작하지 못 하고 있다. 한편 같은 마을에 사는 부자 버핏은 여윳돈을 1억 가지고 있다. 만약 금융이 없다면, 잡스의 사업 아이디어는 실현되지 못하고, 버핏은 여윳돈을 그대로 금고에 보관할 수밖에 없다.

어느 날 버핏을 만난 잡스는 그에게 1년 동안 자금을 빌려달라고 요청했다. 버핏은 1년 동안 그 돈을 쓰지 않고 참는 데서 생기는 불편함과 잡스의 사업이 실패해서 돈을 돌려받지 못할 수도 있다는 점을 고민한 끝에 1년 뒤에 빌려준 1억 원뿐만 아니라 2,000만 원을 추가로 준다는 조건으로 돈을 빌려주기로 했다. 두 사람 사이에 금융 거래가 발생한 것이다. 이를 통해 사회 전체적으로 2억 원 만큼의 새로운 가치가 창출될 수 있었다.

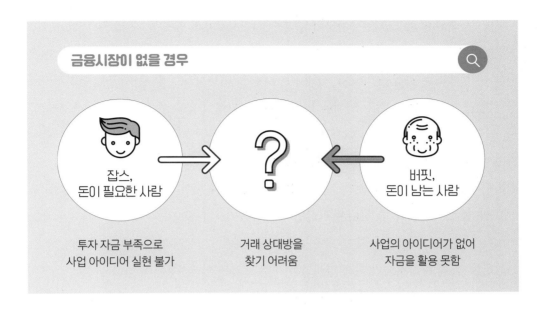

금융시장이 없을 경우 🔍

잡스,
돈이 필요한 사람

?

버핏,
돈이 남는 사람

투자 자금 부족으로
사업 아이디어 실현 불가

거래 상대방을
찾기 어려움

사업의 아이디어가 없어
자금을 활용 못함

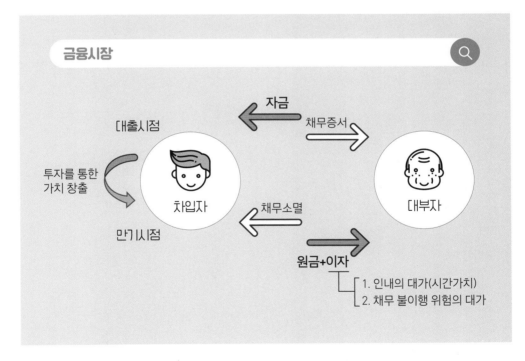

금융시장 🔍

대출시점

자금

채무증서

투자를 통한
가치 창출

차입자

채무소멸

대부자

만기시점

원금+이자

1. 인내의 대가(시간가치)
2. 채무 불이행 위험의 대가

위의 사례에서처럼 금융은 자금이 충분한 사람으로부터 부족한 사람(주로 기업가)으로 전달되도록 함으로써 기업의 성장과 경제의 발전을 촉진하는 중요한 기능을 담당한다. 이때 돈을 빌리는 사람을 차입자, 빌려주는 사람을 대부자라고 하며, 자금을 돌려주기로 한 기간을 만기라고 부른다. 만기에 빌린 돈(원금) 외에 추가로 갚는 돈이 이자에 해당하며, 원금 대비 이자의 비율이 이자율이다. 대부자가 얻는 이자수익은 그가 만기까지의 시간 동안 돈 사용을 참은 것에 대한 대가 측면, 즉 '시간가치'와 차입자의 채무 불이행으로 약속한 원리금(원금+이자)을 온전하게 돌려받지 못할 수도 있는 '위험'이 반영되어 있다.

　만약 잡스가 버핏과 다른 마을에 살았다면 금융거래가 발생하지 못했을 것이다. 자금의 수요자와 공급자가 서로의 필요에 맞는 사람을 찾는 것에는 상당한 시간과 비용이 소요되는데, 거래가 성사되기 위해 발생하는 이런 노력을 거래비용이라 한다.

　은행은 금융중개기관으로서 이런 난점을 해결해준다. 버핏은 남는 돈을 금고 대신 은행에 맡김으로써 이자를 받을 수 있으며, 잡스는 돈 많은 투자자를 찾아 돌아다니는 대신 은행의 대출창구를 찾아가면 된다. 은행은 수많은 예금자들로부터 자금을 조달한 다음 여러 차입자들에게 대출해줌으로써 자금을 효율적으로 중계해주고 거래비용을 절감해준다.

01 아래의 대화 중 금융시장에 대한 올바른 설명을 모두 고르면?

> 철수 : 은행이 없더라도 차입자와 대부자가 직접 금융거래를 할 수 있으니 은행은 불필요한 기관 이야.
>
> 영희 : 주식시장이야말로 돈 번 사람만큼 잃은 사람이 생기니까 도박판이나 마찬가지야.
>
> 민아 : 은행이 없다면 우리는 돈을 보내주거나 금액이 큰 거래를 하는데 불편할거야.
>
> 수현 : 주식시장에서 주가가 상승하면 그 회사는 신규주식 발행으로 자금 조달이 용이해지니까 경영에 도움이 되지.

① 철수, 영희   ② 철수, 민아

③ 영희, 민아   ④ 영희, 수현

⑤ 민아, 수현

02 다음 중 아래의 사례와 가장 관련 깊은 설명은?

> A와 B가 금융기관에서 동일한 기간 같은 금액을 신용대출 받으려고 상담한 결과, 두 사람에게 제 안된 이자율은 서로 달랐다. A는 공기업 직원으로 안정된 수입원이 있던 반면 B는 아직 직업과 소득이 없었기 때문이다.

① 담보물의 가치가 서로 달랐기 때문이다.

② 채무 불이행 위험이 반영되었기 때문이다.

③ 금융기관이 금융업무 처리비용이 낮기 때문이다.

④ 돈을 일정 시간 사용하지 못하고 기다리는 것에 대한 보상이다.

⑤ 이자에 다시 이자가 붙으면서 원리금이 점점 더 빠르게 증가하기 때문이다.

해설 01

차입자와 대부자가 직접 금융거래를 할 수 있지만, 서로에게 적합한 상대방을 찾아다녀야 하는 탐색비용이 발생한다. 은행은 중간에 매개체의 역할을 하면서 금융시장의 효율성을 높이고, 대출업무를 전문화함으로써 (일반적 대부자가 갖지 못하는) 차입자의 상환능력을 조사하는 역량을 갖추고 있어 정보비대칭 문제를 완화할 수 있다. 또한 지급결제 업무를 수행함으로써 금융소비자의 편의를 증진한다. 주식의 유통시장이 활성화되어 경영 전망이 양호한 기업의 주가가 상승하면 그 기업은 발행시장에서 자금을 확보하기가 용이해진다. 따라서 유통시장의 발전은 직접금융에 도움을 준다.

정답 ⑤

해설 02

B는 A보다 대출 상환능력이 부족하기 때문에 금융기관입장에서는 채무 불이행 위험이 큰 고객이다. 따라서 위험할증risk premium을 반영하여 좀 더 높은 금리를 요구해야 실제 부도가 났을 때에 대비할 수 있다.

정답 ②

CHAPTER 2

금융시장과 금융기관

#직접금융 #간접금융 #발행시장 #유통시장

금융이 반드시 은행을 거쳐서만 이루어지는 것은 아니다. 증권시장을 통해 채무증서나 주식을 사고파는 형태로도 금융거래가 이루어진다. 이처럼 모든 형태의 금융거래가 이루어지는 가상적 공간을 금융시장이라고 한다. 여의도의 증권거래소 같은 실제 존재하는 시장뿐만 아니라 은행에 남는 용돈을 예금하는 것, 은행이 기업가에게 대출해주는 것, 혹은 개인적으로 아는 사람에게 채무증서를 작성하고 돈을 빌리는 것 등 모든 금융거래가 금융시장에 해당한다.

1 직접금융시장과 간접금융시장

금융시장 중에서 은행을 거치지 않고 자금 수요자와 공급자가 직접 자금을 거래하는 경우를 직접금융시장이라 부른다. 이때 금융거래의 매개체로 채무증서나 주식 등이 사용된다. 채무증서는 만기에 자금을 상환할 것을 명시한 증서로 채권이나 어음 등이 이에 해당하며, 주식은 기업의 소유권을 나타낸 증서를 말한다. 주식투자자는 기업에 자금을 주고 주식을 구매함으로써 기업의 일부분을 소유하게 된다. 따라서 주식에는 만기가 없지만, 주식보유자(주주)는 주식을 타인에게 판매함으로써 자금을 회수할 수 있다.

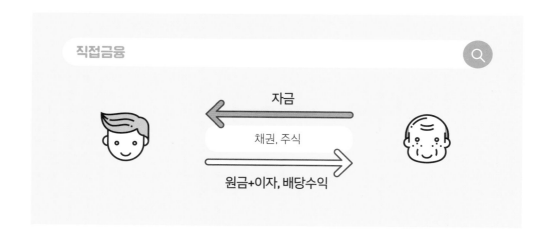

　　중간에 은행이 매개체가 되어 수요자와 공급자를 연결해주는 경우 간접금융시장이라 한다. 은행은 높은 금리로 대출해주고 낮은 금리로 예금 이자를 지급하면서 그 차이(예대마진)만큼 수익을 얻기 때문에 예금자는 직접금융시장 대비 낮은 수익을 얻는다. 그러나 대출해준 기업이 파산하여 손실을 보더라도 그 책임은 은행이 직접 지며 예금자의 예금은 지급을 보장받는다. 이 때문에 더 안전한 금융투자 방법이라고 볼 수 있다.

2   발행시장과 유통시장

주식이나 채권이 최초로 발행되어 거래되는 시장을 발행시장_{Primary Market}이라 한다. 주식회사가 유가증권시장에 상장하는 경우나 이미 상장된 회사의 신규주식 발행, 혹은 신규 채권의 판매가 이에 해당한다. 이렇게 발행된 증권을 보유한 투자자는 때때로 급전이 필요하거나 다른 종목에 투자하기 위해 기존의 투자를 철회하고 현금을 확보할 필요가 생긴다. 이때 투자자는 차입자(혹은 주식회사)에게 자금 상환을 요청하는 대신 유통시장_{Secondary Market}에서 보유한 증권을 매각함으로써 현금화할 수 있다. 금융시장이 발달한 국가일수록 금융자산의 현금화가 용이하기 때문에 투자자는 급전이 필요한 상황을 걱정하지 않고 투자할 수 있다.

또한 발달된 유통시장에서는 채권이나 주식에 대해 수많은 투자자가 정보를 수집하고 투자 결정을 내리면서 금융자산의 적절한 가격(주식가격 혹은 채권 이자율)이 찾아진다. 즉, 금융자산의 가치가 고평가/저평가되어있을 경우 빠르게 적정 가치로 수렴한다.

3   화폐시장, 자본시장, 외환시장, 파생금융상품시장

직접금융시장 중에서 '자금이 얼마나 빠르게 회수되는가?'를 기준으로도 화폐시장과 자본시장으로 구분할 수 있다. 조달한 자금의 만기가 1년 이내로 짧은 경우 화폐시장(단기금융시장)이라고 부른다. 화폐시장은 금융기관, 기업, 개인 등이 일시적인 자금 수급의 불균형을 조정하는 데 활용된다. 자본시장은 기업이 자본재(기계설비, 공장, 건물 등 생산활동에 사용되는 재화)를 확충할 목적으로 장기간(만기 1년 이상) 자금을 조달하는 시장을 말한다. 외환시장은 서로 다른 화폐가 거래되는 시장으로 개인이 여행을 가거나 기업이 상품을 수출입 하면서 원화와 달러를 교환하는 것이 외환시장에서의 거래에 해당한다. 마지막으로 파생금융상품시장은 기초자산(주식이나 채권 등)의 가격을 기반으로 이차적으로 파생되어 만들어진 금융상품이 거래되는 시장이다. 선물_{Future}, 옵션_{Option} 등이 대표적인 파생금융상품이며 투자 원금 이상으로 손실을 볼 수 있다는 점에서 투자에 주의가 따른다.

금융시장의 구조

```
금융시장 ─┬─ 직접금융시장 ─┬─ 화폐시장        ─┬─ 콜시장
         │                │ (단기금융시장)     ├─ 환매조건부채권(PR)시장
         │                │                   ├─ 양도성예금증서(CD)시장
         │                │                   ├─ 기업어음 시장
         │                │                   └─ …
         │                │
         │                ├─ 자본시장         ─┬─ 채권시장
         │                │ (장기금융시장)     └─ 주식시장
         │                │
         │                ├─ 외환시장
         │                │
         │                └─ 파생금융상품시장
         │
         └─ 간접금융시장 ─┬─ 예대시장
                          ├─ 집합투자시장(펀드시장)
                          ├─ 신탁업시장
                          └─ 보험시장
```

4. 금융기관의 분류

금융시장에서 자금(돈)의 수요자와 공급자 간에 금융거래를 돕는다. 기관별로 제공하는 금융서비스에 따라 크게 은행, 비예금취급 금융기관, 보험회사, 금융투자회사, 기타 금융기관, 금융보조기관 등으로 구분할 수 있다. 비은행 예금취급기관은 은행과 유사한 여신 및 수신 업무를 취급하지만 영업대상이 제한되면서 은행과는 다른 규제를 받는다.

대분류	세분류	특성
은행	일반은행 (상업은행)	예금업무를 통해 조달한 자금으로 대출을 수행하며 지급결제 업무도 담당 * 시중은행(KB국민, 신한, 우리, KEB하나, SC제일, 씨티, 카카오뱅크, 케이뱅크) * 지방은행(경남, 광주, 대구, 부산, 전북, 제주은행) * 외국은행 국내 지점
	특수은행	일반 은행이 재원이나 전문성 등의 제약으로 인해 필요한 자금을 충분히 공급하지 못하는 특정 산업 부문에 대하여 자금을 원활히 공급기를 위하여 설립 * 산업은행, 수출입은행, IBK기업은행, 농협은행, 수협은행
비은행 예금 취급 기관	상호 저축 은행	지역밀착형 서민 금융기관. 저축 상품의 수익률이 은행에 비해 높고 대출 절차가 간편하며 은행 예금과 거의 동일한 상품을 취급
	신용 협동 기구	조합원을 대상으로 예금·대출을 취급. 조합원 간 상부상조를 도모
	우체국 예금	민간금융이 취약한 농어촌 지역까지 저축수단을 제공함을 목적으로 전국 우체국을 금융창구로 활용하는 공영 예금 기관. 예금, 우편환, 보험 업무를 취급
	종합 금융 회사	일반 예금과 보험 업무를 제외한 단기 금융, 외화 조달 및 주선, 리스, 투자 신탁, 유가 증권 등 거의 모든 금융 업무를 담당 * 외환위기를 거치면서 퇴출 및 합병으로 현재 우리종합금융 1개사만 남아 있음
금융 투자회사	투자매매중개업자 (과거 증권사)	주식, 채권 등 유가증권 발행업무를 대행(발행시장) 기존에 발행된 유가 증권의 매매를 중개(유통시장)
	집합투자업자 (과거 자산운용회사)	• 2인 이상의 투자자들로부터 모은 재산을 운용 • 증권 투자 대행 기관의 역할을 하며, 전문지식이 부족하거나 직접 투자가 어려운 투자자들이 이용하기에 적합한 투자 신탁펀드 또는 뮤추얼펀드를 운용
	투자일임/투자자문업자	금융투자상품의 투자 판단 자문 업무 수행
	신탁회사	신탁(투자자로부터 재산의 소유권을 이전받아 운용하여 수익을 내는 업무) 운용
보험 회사	생명 보험 회사	다수의 보험계약자를 상대로 보험료를 받아 대출, 유가 증권, 부동산 등에 투자하여 보험계약자의 노후, 사망, 질병, 사고 시 보험금을 지급
	손해 보험 회사	
	우체국 보험	
기타 금융기관	금융 지주 회사	주식 보유를 통해 금융기관을 자회사로 소유하고 경영하는 회사
	여신전문 금융 회사	대출만 취급할 수 있는 금융기관. 카드사가 이것에 해당함
	밴처캐피탈 회사	중소기업이나 벤처기업에 투자
	증권 금융 회사	증권(주식, 채권 등) 거래가 활발하게 이루어지도록 증권 자금을 융통
	자금 중개 회사	개인과 기업 간 자금 거래 중개 전문
금융 하부구조	한국은행	통화공급 및 통화정책 수행 금융기관을 위한 지급결제시스템 운영 및 지급결제제도 총괄감시
	금융감독원	금융기관 감독업무 수행
	예금보험공사	예금자보험 업무 담당. 예금 보험에 가입한 금융기관 검사

* 금융투자회사에 속한 회사들은 자본시장법 시행으로 기존에 수행하던 업무 외에 금융투자업에 해당하는 모든 업무 수행이 가능해짐

5 소비자 보호 금융기관

소비자 보호 업무는 금융감독원, 한국소비자원, 예금보험공사, 공정거래위원회 등에서 담당하고 있다. 그중에서 금융 소비자 보호는 금융감독원이 종합적으로 담당한다.

1. 금융감독원

금융감독원은 금융기관에 대한 검사·감독 업무 등의 수행을 통하여 건전한 신용 질서와 공정한 금융 거래 관행을 확립하고 예금자 및 투자자 등 금융 수요자를 보호하는 것을 목적으로 하는 기관이다. 금융감독원은 금융 회사에 대한 감독 업무, 금융 회사의 업무 및 재산 상황에 대한 검사와 검사 결과에 따른 제재 업무, 증권 불공정 거래 조사 및 회계 감리, 금융 분쟁의 조정 등 금융 소비자 보호 업무, 금융 위원회 및 소속 기관에 대한 업무 지원 등의 기능을 수행하고 있다.

2. 한국소비자원

1987년 소비자 보호법에 따라 설립된 기관으로 초기 명칭은 한국소비자보호원이었으나 2007년 소비자기본법에 따라 한국소비자원으로 변경됐다. 소비자의 권익을 증진하고 소비 생활의 향상을 추구한다. 한국소비자원은 주로 일반 상거래와 관련한 소비자 보호 업무를 하고 있으며, 소비자의 교육 및 정보 제공 등 폭넓은 업무를 맡고 있다.

3. 그 외 기관·단체

이외에 공정거래위원회, 기획재정부, 감사원 등의 정부 기관, 예금보험공사, 은행연합회 등을 비롯한 금융 업종별 협회 등도 예금자 보호, 민원 처리, 홍보 차원의 금융 정보 제공 및 소비자 교육 등의 소비자 보호 업무를 수행한다. 그 외 다수의 민간 소비자 및 시민 단체에서도 소비자 보호 업무를 수행하고 있다.

01 아래의 빈칸 (A), (B)에 해당하는 것을 올바르게 짝지은 것은?

> 기업이 사업자금을 조달하는 방법 중 하나는 (A)에서 (B)를 이용하는 것이다. 간접금융에 해당하는 이것은 기업의 신용과 상환능력 파악에 특화된 금융중개기관을 통해서 이루어진다. 기업이 직접자금을 조달하는 방식에 비해 높은 조달비용을 지불해야 하지만, 아직 상장하지 못했거나 규모가 작은 기업은 이 방식에 주로 의존한다.

	A	B
①	은행	주식
②	은행	대출
③	증권사	주식
④	증권사	채권
⑤	증권사	대출

해설 01

간접금융은 은행과 같은 금융중개기관을 통해 대출받는 것을 뜻한다. 증권사는 기업이 직접자금시장에서 주식이나 채권발행을 통해 자금을 조달하는 업무를 돕는 기관으로 대출업무는 수행하지 못한다.

정답 ②

CHAPTER 3

생활과 금융서비스

#예금 #전자금융 #보안

지금까지 금융산업을 조망해보았다. 우리는 소비자로서 금융을 더욱 빈번하게 이용하고 있다. 그럼 이제 우리가 일상생활에서 주로 접하는 금융서비스와 이용 시 주의점을 배워보자.

1 일반금융

가장 대표적인 것은 예금과 대출이다. 예금을 통해 현금을 안전하게 보관하면서도 필요할 때 얼마든지 인출할 수 있는 유동성을 함께 누릴 수 있다. 대출은 우리가 보유한 재산보다 더 큰 액수의 지출이 필요할 때 (주택구매 혹은 사고로 인한 피해) 자금을 마련할 수단으로 가계의 삶의 질을 개선·보전할 수 있게 해준다.

한편 지로 및 자동 계좌이체 서비스는 월급을 통장에 자동으로 받을 수 있고 전기 요금, 전화 요금, 신용카드대금, 보험료 등 각종 요금을 지정한 납기일에 예금 계좌에서 자동으로 납입할 수 있어 편리를 더해준다. 또한 신용카드나 체크카드 등 결제수단은 현금 소지의 불편을 줄여주고 소액의 신용대출 서비스를 제공해주기도 한다.

2 전자금융

전자금융은 금융 업무에 IT기술을 적용하여 자동화·전산화한 것을 말한다. 전자 금융 서비스는 은행을 직접 방문하지 않고 집이나 사무실에서 정보화 기기를 이용해 은행 업무를 볼 수 있게끔 해주며, 금융업무의 접근성을 높이고 비용을 절감해준다.

오프라인에서 이용할 수 있는 전자금융 기기는 대표적으로 현금자동입출금기ATM: Automatic Teller Machine와 현금자동지급기CD:Cash Dispenser가 있다. ATM은 은행 창구에 가지 않고 예금과 출금이 가능한 기계다. 통장이나 은행 카드(직불카드, 신용카드)만 있으면 현금자동입출금기로 다양한 금융 서비스를 받을 수 있다. 현금 및 수표의 입금·지급, 통장 정리 등이 가능하며, 금융기관의 업무 시간에 상관없이 24시간 이용할 수 있다.

CD는 고객이 금융기관 등으로부터 발급받은 현금 카드를 이용하여 현금 인출, 계좌 이체, 잔액 조회 등을 할 수 있는 무인 단말기로, 무인無人 현금 인출기라고도 한다. 예금자가 통장 번호, 성명 등이 기록된 자기 카드를 카드 판독기에 삽입하고 암호와 금액을 입력하면 온라인으로 접속된 컴퓨터에서 대조 및 확인된 후 현금이 자동으로 나온다. 온라인을 통해 전자금융을 이용할 수 있는 대표적 방법은 아래와 같다.

전자금융서비스	특징
인터넷뱅킹	인터넷 사용이 가능한 장소에서 PC, 노트북 등의 전자기기를 이용하여 은행 업무 이용
모바일뱅킹	무선 휴대폰을 이용하여 인터넷에 접속하여 은행 업무 이용
텔레뱅킹	유선전화를 이용하여 은행 업무 이용
펌뱅킹	기업과 금융기관이 컴퓨터 시스템을 전용회선이나 VAN: Value Added Network 망으로 연결한 후 기업의 자금 집금 관리 업무, 자동 계좌 이체 업무, 자금 지급 이체 업무, 실시간 자금 관리 업무 등을 온라인으로 처리하는 금융 자동화 시스템
	금융기관과 기업 간 전용회선을 이용한다는 점에서 인터넷뱅킹과 차별화됨
전자화폐	IC카드 또는 네트워크에 연결된 컴퓨터에 은행 예금이나 돈 등을 전자적 방법으로 저장한 것으로 현금을 대신할 새로운 개념의 화폐

3 전자금융 보안장치

전자금융은 은행 창구에서와 같은 본인확인 절차가 없기 때문에 보안이 중요하다. 본인이 아닌 사람이 신분을 속이고 출금할 위험이 있으므로 비대면 채널에서의 보안을 위해 아래와 같은 수단을 사용하고 있다.

전자금융 보안장치	특징
공동인증서 (과거 공인인증서)	• 공인인증기관에서 발행한 사이버 거래용 인감증명서로서 '전자서명법'에 의하여 법적 효력과 증거력을 보유 • 인터넷에서 발생하는 계약 및 거래에 있어서 이를 공인하는 효력이 있음 • PC, USB, 휴대폰 등에 저장하여 보관
금융인증서	• 금융인증서는 민간에서 만든 공동인증서와 같은 효력을 가지는 인증서 • 금융결제원 클라우드에 저장하는 방식
보안카드	• 전자 금융 거래의 인증을 위하여 고객에게 제공되는 카드 • 30~50개 내외의 고정된 난수가 기록되어 있으며 전자금융거래를 할 때마다 보안카드에 기록되어 있는 난수를 확인함으로써 보안을 인증
일회용 비밀번호 생성기 OTP; One Time Password	• 전자금융거래의 인증을 위해 금융 거래를 할 때마다 새로운 비밀번호를 생성하는 보안 매체 • 보안카드와 달리 지속해서 새로운 숫자의 비밀번호를 제공하기 때문에 보안 유출의 가능성이 매우 낮음
USB 보안키	• 자금 관리 서비스를 비롯한 기업 전용 인터넷 뱅킹 서비스에 제공되는 보안 매체 • 지정된 USB 보안키를 PC의 포트에 꽂아야만 보안이 인증됨

4 전자금융거래 시 주의할 점

전자금융서비스는 금융기관에 찾아가는 번거로움과 거래에 드는 경제적인 비용 및 시간을 줄여주는 등 많은 장점이 있지만, 온라인상에서 개인 정보를 이용하여 숫자만으로 거래하는 것이기 때문에 이용할 때 많은 주의가 필요하다.

인터넷뱅킹을 이용하여 자신이 거래하는 금융기관에 접속하여 계좌를 조회하거나 다른 계좌로 이체·송금하는 등의 금융거래서비스를 이용 시 주의할 점은 다음과 같다.

주의점	내용
비밀번호 관리	• 비밀번호를 다른 사람이 알아내기 쉬운 형태는 지양 • 주기적으로 교체 • 접속 비밀번호와 이체 비밀번호는 서로 다른 것을 사용하는 것이 안전
로그아웃	• 금융 거래가 끝났다면 반드시 로그아웃 • 거래 도중에 통신이 끊어졌을 때는 금융 거래가 모두 종료되었는지 잔액 조회나 입출금 내역 조회로 반드시 확인
거래 금액 한도 설정	• 1회/하루에 이체할 수 있는 최고 금액의 한도를 각자 거래 규모에 맞게 설정 • 보안사고가 나더라도 피해를 최소한으로 줄일 수 있음
바이러스 주의	• 이메일이나 문자메시지 등으로 전파되는 바이러스/악성코드 주의 • 백신 프로그램을 PC에 설치하고 주기적으로 바이러스 점검
금융 정보 관리	• 자신이 입력한 정보가 컴퓨터에 남지 않도록 주의 • 휴대폰에 암호나 보안카드 등 금융 정보가 남지 않도록 주의

⑤ 온라인 결제 이용 시 주의할 점

온라인 쇼핑몰에서 물건이나 서비스, 전자화폐를 구매할 때에는 신용카드 결제, 실시간 계좌 이체, 온라인 입금과 휴대 전화 소액 결제 등을 이용할 수 있다. 온라인 결제 서비스를 이용 시 주의할 점은 다음과 같다.

온라인 결제 시 주의점	내용
거래 상대방 사전 조사	• 상대방을 신뢰할 수 있는지 면밀히 검토 • 사이트의 초기 화면이나 결제 전 화면에서 사업자등록번호를 확인 • 공지사항과 게시판을 확인하여 최근까지 활발하게 운영되고 있는 사이트인지 반드시 점검
개인 정보 보안 주의	개인 정보 및 카드 정보를 결제 서비스 제공업체 시스템에 입력할 때에는 믿을만한 업체의 시스템인지, 개인 정보 보호가 철저한지 확인
비밀번호 누출 주의	• 신뢰할 수 있는 결제 방식이 아닌 경우 주의 • 통장 비밀번호나 카드 비밀번호를 요구한다면 절대 응하지 말 것
전자화폐 이용 시 주의	• 소액의 전자 화폐를 이용할 때에도 주의 • 관련 약관을 내려 받아 자세히 읽고 충분히 숙지한 후 사용
금융 정보 누출 주의	금융기관이나 정부 기관에서는 금융 정보를 요구하지 않으므로 이메일, 전화, 문자메시지 등으로 카드번호나 계좌번호 등의 금융 정보를 요구한다면 직접 금융 회사에 전화해서 확인

○ ○

금융에 대해 더 깊이 살펴보기 전에 우선

돈을 빌려주는 사람(대부자)의 여유자금이 어디서 발생하는지 생각해보자.

분명 그가 벌어들인 돈(수입)이 그가 사용하는

돈(지출)보다 크기 때문에 남는 돈이 생겼을 것이다.

학생일 때는 수입과 지출이 단순하지만,

가구 단위에서는 다양한 형태의 수입과 지출 내역이 발생한다.

바람직한 가계 경제 운영을 위해 수입과 지출에 대해 자세히 알아보자.

틴매경TEST - 금융

PART

2

수입과 지출 관리

< ═══════ >

설치

CHAPTER 1

수입과 지출

#소비지출 #비소비지출 #가처분소득
#경상소득 #비경상소득 #근로소득 #사업소득 #재산소득 #이전소득

월급, 투자수익, 복권당첨금, 월세, 건강보험료, 관리비... 우리는 다양한 수입원과 지출명세의 홍수 속에 빠져 살고 있다. 우리의 수입과 지출을 체계적으로 구분해보자.

수입의 가장 중요한 원천은 근로소득이지만, 그 외에 증권의 매각 시 자산 변동으로 인한 수입, 부채 증가로 인한 수입(차입금) 등 다른 요소도 포함된다. 한편 지출은 크게 소비지출과 비소비지출로 나뉜다. 소비지출은 일정 기간 가구에서 가구원의 생활에 필요한 재화나 용역을 산 대가로 지출한 비용을 말한다. 총지출에서 구성 비중이 가장 큰 항목으로 가계의 경제 흐름을 파악하는 데 중요한 역할을 한다. 소비 지출은 식료품비, 광열·수도비, 교육비, 교양·오락비, 주거비, 피복·신발비, 교통·통신비, 기타 잡비 등으로 구성된다.

비소비지출은 세금(소득세와 재산세, 자동차세 등) 및 각종 사회보장비(국민연금, 건강 보험), 대출이자, 분실금 등의 비용을 모두 합한 금액이다. 가계가 마음대로 늘리거나 줄일 수 없는 고정 비용 성격의 지출이다.

1 소득과 영향 요인들

소득은 경제주체가 일정한 기간에 걸쳐 경제활동에 참여함으로써 받은 대가를 말한다. 소득을 얻기 위해 우리는 직장에서 노동력을 제공하며 보유한 재산을 자본의 형태로 기업에 투자하고 그 대가를 받기도 한다.

소득은 가계 소비 지출의 원천이다. 소득의 일부를 소비함으로써 가족의 욕구 충족과 노동력의 재생산이 가능해진다. 소비하고 남은 부분은 가계의 미래 위험을 감소시키고 장래의 생활을 보장하는 가치 축적의 수단이 된다. 소득에서 세금 및 4대 보험료 등 비소비지출을 제하면 자유롭게 소비 또는 저축할 수 있는 소득인 가처분소득이 된다. 가처분소득은 크게 소비와 저축으로 나눠진다. 소비는 소비자의 욕구 충족을 위해 재화와 용역을 구입하여 사용·소모하는 활동이며, 저축은 소득 중에서 소비하고 남은 부분으로 미래의 소비를 위해 오늘의 소비를 줄여 남겨 놓은 것이다.

소득은 다음과 같이 경상소득과 비경상소득으로 나눈다. 경상소득은 일상적인 경제 활동을 통해 정기적으로 얻는 소득을 말한다. 그렇다면 소득에 영향을 미치는 요인은 무엇이 있을까? 다양한 요인들에 대해 알아보자.

구분		의미 및 사례
경상소득	근로소득	• 타인(회사)에게 고용되어 노동을 제공한 대가로 얻는 소득 • 급여, 상여, 각종 수당(급식 수당, 시간 외 수당, 통근 수당 등) • 세금과 각종 부담금을 공제하기 전의 총액
	사업소득	• 자기 사업으로 얻는 소득 • 자신이 사업을 경영하는 미용실, 슈퍼마켓, 서점 등에서 얻은 소득
	재산소득	• 가계가 소유한 돈, 건물, 토지 등과 같은 재산을 빌려주거나 파는 과정에서 발생하는 수익 • 예금 및 적금 이자, 부동산 임대료, 배당금 등
	이전소득	• 아무런 대가를 치르지 않고 일방적으로 주어지는 소득 • 지급받은 국민연금, 사회보장제도에 의해 지급되는 정부의 생활보조금 등 무상으로 얻는 소득
비경상소득		• 일정하지 않고 일시적으로 발생하는 소득 • 경조소득, 퇴직수당, 복권 당첨금

소득 구성 🔍

소득 − 세금 및 4대 보험금 등 비소비 제출 = 가처분 소득 = 소비+저축

1. 직업

직업은 생계를 유지하기 위하여 자신의 적성과 능력에 따라 일정 기간 계속하여 종사하는 일을 말한다. 소득을 얻기 위해서는 직업을 선택해야 한다. 직업 선택에는 근로소득을 얻는 회사원, 사업을 통해 소득을 얻는 자영업자, 건물이나 토지를 사서 임대료를 받는 재산 소득자 등이 있다. 이 중 근로자·자영업자가 되는 경우가 일반적이다.

2. 직업 이외의 요인들

자산 🔍 경제적 가치가 있는 소유물로 가계 소득에 영향을 주는 대표적인 요인이다. 보유 자산의 종류에 따라 소득에 영향을 미치는 정도는 달라질 수 있다. 실물 자산의 경우 인플레이션이 발생하면 가치가 상승하고 환금성이 떨어지는 반면, 화폐 자산의 경우 인플레이션이 발생하면 가치는 하락하지만 환금성은 높은 편이다.

거주지 🔍 거주지에 따라 직종에 영향을 받는다. 대도시일수록 사무직, 서비스 업종 종사자가 많으며 소득 수준이 높은 편이다. 거주지에 따라 생활비의 차이가 발생할 수 있다.

전문 기술 🔍 전문 기술은 인적 자본의 가치를 결정하는 중요한 요인 중 하나다. 전문 기술을 보유할수록 인적 자본의 가치가 높아지며 중요해지고 소득 수준이 높은 편이다.

건강 🔍 건강은 인적 자본의 가치를 결정하는 요인 중 하나로 건강할수록 꾸준히 오랫동안 소득을 얻을 수 있으며 병원비, 약값 등 추가적인 비용 지출이 발생하지 않는다.

교육 수준 🔍　　교육 수준은 인적 자본의 가치를 결정하는 중요한 요인이다. 교육 수준이 높을수록 인적 자본의 가치가 높아져 근로소득이 증가한다.

01 아래는 A가족 구성원들의 소득을 나타낸 것이다. 다음 중 2020년 소득에 대한 분석으로 올바르지 않은 것은?

구분	가계소득	
	2019년	2020년
아버지	급여	퇴직금
어머니	상가임대료 수입	상가임대료 수입
딸	정기 예금 이자 수입	카페운영 수입

① 근로소득이 없어졌다.

② 사업소득이 새롭게 발생했다.

③ 비경상소득이 새롭게 발생했다.

④ 재산소득은 유지하고 있다.

⑤ 이전소득은 발생하지 않았다.

해설 01

근로소득은 근로를 제공하고 받은 소득으로 아버지의 급여가 해당한다. 사업소득은 자기 사업에서 얻어지는 소득으로 카페 운용 수입이 해당한다. 재산소득은 부동산임대료와 예·적금 이자 등이 해당한다. 비경상소득은 일정하지 않고 일시적으로 발생하는 소득으로 퇴직금, 경조 수당 등이 해당한다. 근로소득은 급여가 없어졌으므로 소멸했고 사업소득은 새롭게 발생했다. 재산소득의 종류는 줄어들었다(부동산 임대료, 예·적금 이자→ 부동산 임대료). 이전소득은 2019년, 2020년 모두 없었고 비경상소득(퇴직금)이 새롭게 발생했다.

정답 ④

CHAPTER 2

총소득과 가처분소득

#가처분소득 #소비성향 #생애소득

우리가 벌어들인 소득을 전부 소비할 순 없다. 세금과 보험료 등 반드시 내야하는 지출이 있기 때문이다. '인생에서 피할 수 없는 것은 2가지, 죽음과 세금'이라는 말도 있다. 세금과 의무 보험 등 각종 항목에 대해 자세히 알아보자.

1 총소득과 가처분소득의 개념

일정 기간 개인이 획득하는 소득과 이 소득을 실제로 자유롭게 소비·저축할 수 있는 소득과는 차이가 있다. 총소득은 개인이 벌어들이는 모든 재화의 합, 즉 전체 소득을 뜻한다. 이 중 자유롭게 소비 또는 저축할 수 있는 소득을 가처분소득이라 한다.

가처분소득은 개인소득에서 세금, 4대 보험료 등을 포함한 비소비지출을 공제하고 여기에 이전소득(사회 보장금, 연금 등)을 보탠 것으로 소득 분배에 대한 평등 정도를 측정하는 데 활용된다. 가처분소득 중 소비가 차지하는 비율을 소비 성향이라고 하며 저축이 차지하는 비율을 저축 성향이라고 한다. 고소득층일수록 저축 성향이 높고 소비 성향이 낮다. 유년기·노년기는 소비 성향이 1보다 크고 저축 성향은 (-)이며, 성년기는 '0 〈 소비 성향, 저축 성향 〈 1'이다.

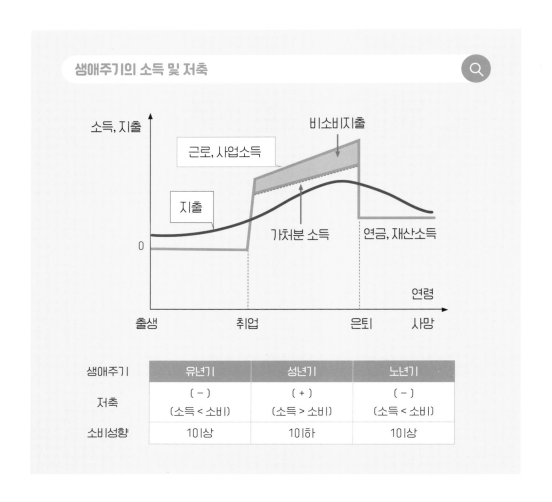

생애주기의 소득 및 저축

생애주기	유년기	성년기	노년기
저축	(−) (소득 < 소비)	(+) (소득 > 소비)	(−) (소득 < 소비)
소비성향	1이상	1이하	1이상

② 가처분소득에 영향을 미치는 요인

총소득이 많아질수록 실제로 자유롭게 소비·저축할 수 있는 가처분소득도 많아진다. 반대로 비소비지출이 많아질수록 가처분소득은 작아진다. 최근 비소비지출 비중이 크게 증가했다. 비소비지출 증가의 주된 원인은 가계 대출 이자 비용의 증가다. 고용 보험과 각종 사회 보험 가입자가 늘어난 것도 비소비지출이 늘어나는 이유 중 하나다. 구체적인 비소비지출 항목은 다음과 같다.

소득 532	경상소득 521	근로소득	340
		사업소득	95
		재산소득	4
		이전소득	82
	비경상소득		11

비소비지출		105	
처분가능소득 427	소비지출 294	식료품·비주류음료	47	가계지출 399
		주류·담배	4	
		의류·신발	13	
		주거·수도·광열	37	
		가정용품·가사서비스	15	
		보건	26	
		교통	33	
		통신	15	
		오락·문화	17	
		교육	29	
		음식·숙박	34	
		기타상품·서비스	24	
흑자액(저축)		133		

1. 세금

세금이 많아질수록 가처분소득은 작아진다. 고소득층에 대한 누진세율을 올릴수록 가처분소득이 줄어들어 누진세를 강화하면 소득 재분배 효과는 커진다. 소득세제는 그 방식에 따라 3가지로 구분할 수 있다.

비례세 🔍 과세표준에 대하여 일정률의 세율만이 적용되는 형태의 조세로 과세표준의 증감에 정확히 비례하여 조세가 결정되는 것이다. 즉, 세율이 30%고 과세표준이 1만 원이라면 소득세는 3,000원이 되고 과세표준이 2만 원이라면 소득세는 6,000원이 된다.

누진세 🔍 소득 금액이 커질수록 높은 세율이 적용 되는 세금으로 과세 물건의 수량이나 화폐액이 증가함에 따라 점차 높은 세율이 적용되는 조세를 말한다. 우리나라에 적용되는 누진세로는 소득세, 법인세, 상속세, 증여세 등이 있다.

역진세 🔍 역진세란 과세 대상이 클수록 세율이 더욱 낮아지는 조세를 말한다. 현재 우리나라의 세제에서는 역진세가 없다. 하지만 생필품에 대한 간접세는 소득이 높은 사

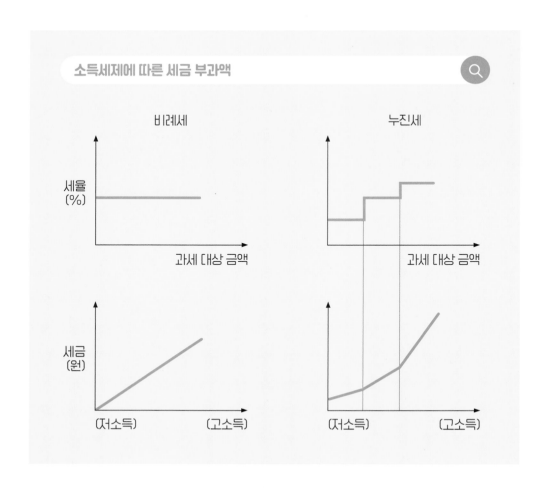

람이나, 낮은 사람이나 똑같은 세액을 부담하고 있다. 이에 따라 소득액이 높아질수록 그 가운데 차지하는 과세액의 비율은 상대적으로 감소하므로 역진적 성격을 가지고 있다고 할 수 있다.

2 사회보장비

사회보장으로 들어가는 금액이 커질수록 가처분소득은 줄어든다. 최근 국민연금, 건강 보험료 등 사회 보험에 들어가는 금액이 늘어나면서 비소비지출이 크게 증가했다.

가구당 비소비지출 중 연금, 사회 보험 금액 및 증감률

(단위: 천 원, %)

구분	2018년 4/4분기		2019년 1/4분기		2019년 2/4분기		2019년 3/4분기	
	금액	증감률	금액	증감률	금액	증감률	금액	증감률
비소비지출	953.9	10	1,078.30	8,3	1,020.20	8.3	1,138.20	6.9
연금	152.9	12.1	153	9.1	156.7	7.8	161.4	5.9
사회보험	154	11.6	159.9	8.6	167.3	7.3	166.5	7.5

자료 : 통계청, 2019년 3/4분기 가계동향조사

국민연금 🔍 　노령으로 인한 근로소득 상실을 보전하기 위한 사회 보험을 도입한 소득 보장 정책이다. 국민의 생활 안정과 복지 증진을 도모하는 사회보장제도 중 하나다.

국민건강보험 🔍 　국민의 질병 및 부상에 대한 치료 및 건강 증진을 종합적으로 보장하는 보험이다. 국민의 질병이나 부상에 대하여 보험 급여를 실시하여 국민 보건과 사회 보장을 향상시킬 것을 목적으로 한다.

고용보험 🔍 　실업 예방, 고용 촉진, 근로자의 직업 능력 향상, 실직 근로자의 생활 안정 및 재취업을 위한 지원금을 지원하는 사회 보험이다. 실업 보험 사업, 고용 안정 사업, 직업 능력 사업 등의 노동 시장 정책을 연계하여 통합적으로 실시한다.

산업재해보상보험 🔍 　직무와 연관되어 질병과 상해를 입은 경우의 치료비와 사망 시 사망 보험금을 지급하는 보험으로 '산재보험'이라고 부른다. 산재보험은 재해를 입은 근로자의 노동력 보전, 재해 입은 근로자 가족의 생활 안정, 기업의 산업재해로 인한 위험 부담의 경감을 지원하는 제도다.

노인장기요양보험 🔍 　고령이나 노인성 질병 등으로 일상생활을 영위하기 어려운 노인들에게 장기요양급여를 제공하는 사회 보험 제도다. 노후의 건강 증진 및 생활 안정을 도모하고 그 가족의 부담을 덜어줌으로써 국민의 삶의 질을 향상시킬 것을 목적으로 한다.

3 대출 이자

대출 이자가 높아질수록 가처분 소득은 줄어든다. 최근 주택 관련 대출 외에도 사업 자금 조달을 위한 대출의 비중이 증가하고 있다. 또한 대출 이자의 상승으로 가계의 이자 비용이 증가하고 있다.

가구당 비소비지출 중 대출 이자 금액 및 증감률 (단위: 천 원, %)

구분	2018년 4/4분기		2019년 1/4분기		2019년 2/4분기		2019년 3/4분기	
	금액	증감률	금액	증감률	금액	증감률	금액	증감률
비소비지출	953.9	10	1,078.30	8,3	1,020.20	8.3	1,138.20	6.9
이자 비용	107.4	24.1	112.4	17.5	115.7	12.4	118.5	10.5

자료 : 통계청, 2019년 3/4분기 가계동향조사

01 아래는 A, B국의 소득세율을 나타낸 것이다. 다음 〈보기〉 중 올바른 해석을 모두 고르면? (단, A, B국 모두 사회보장비를 소득의 5%만큼 납부하도록 하고 있다.)

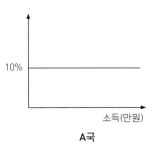

A국

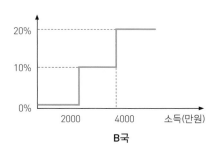

B국

─〈보기〉─

㉠ A국 국민은 소득이 증가하더라도 일정한 세금을 납부한다.

㉡ 소득이 3,000만 원인 B국 국민이 납부할 소득세는 300만 원이다.

㉢ 소득이 1,000만 원인 A국 국민의 가처분소득은 850만 원이다.

㉣ 소득이 2,000만 원인 B국 국민의 가처분소득은 1,900만 원이다.

① ㉠, ㉡   ② ㉠, ㉢   ③ ㉡, ㉢   ④ ㉡, ㉣   ⑤ ㉢, ㉣

해설 01

A국은 10%로 비례세가 부과되고 있어 소득 증가에 따라 소득세는 일정하게 증가한다. 소득이 1,000만 원일 경우 소득세 10%와 사회보장비 5%를 납부한 후 850만원이 가처분소득이 된다. B국은 누진세가 부과되어 소득 2,000만 원까지는 납부할 세금이 없으며(0%), 2,000~4,000만 원까지 소득에는 10%의 소득세가 적용된다. 소득이 3,000만 원인 B국 국민은 2,000만 원을 넘는 소득(3,000만 원 – 2,000만 원 = 1,000만 원)에 대해서 세금 100만 원만을 소득세로 납부하면 된다. 한편 소득이 2,000만 원일 경우 소득세는 0원, 사회보장비는 100만 원이 된다.

정답 ⑤

CHAPTER 3

소비와 지출

#식료품비 #주거비 #교육비

지출은 일차적으로 총소득에서 빠져나가는 비소비지출이 이뤄진 후, 이차적으로 가처분소득에서 소비 지출하고 저축을 각각 얼마나 할 것인지를 결정하면서 이뤄진다. 가처분소득의 크기, 현재와 미래 사이의 소비 배분 등 여러 요인을 고려하여 소비 지출을 할 것인지, 저축할 것인지에 대한 합리적 배분의 기준을 정해야 한다.

가계의 소비 지출은 욕구 충족을 위해 재화와 용역을 구입하여 사용·소모하는 활동으로 가구원의 생활에 필요한 재화나 용역을 구입한 대가로 지출하는 비용이다.

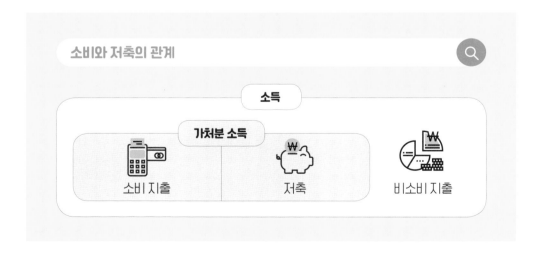

식료품비	쌀, 채소, 과일, 음료수 등과 같은 식료품을 사거나 외식비와 같이 음식을 사먹는 데 들어가는 비용
광열·수도비	• 조명, 냉난방(전기, 가스, 석유, 건전지, 석탄 등), 수돗물의 사용과 관련된 비용 • 필수적 성격이 강함
주거비	• 집을 빌리거나 고치고 관리하는 데 들어가는 비용 • 주택의 노후화 정도에 따른 감가상각비를 포함하는 경우도 있음
교육비	• 자녀나 가족 구성원의 교육 활동에 들어가는 비용 • 입학금, 수업료, 교재비, 부교재비, 학용품비, 학습지비, 학원비 등
교양·오락비	음악 감상, 영화 관람, 연극 관람, 독서 등과 같은 취미 활동이나 여가 생활에 들어가는 비용. 신문 구독료, 휴가비 포함
피복·신발비	옷, 신발 등 구매비, 세탁 및 수선 비용
교통·통신비	버스비, 택시비, 자동차 연료비 및 전화, 인터넷 요금
보건·의료비	• 질병의 예방과 치료 등에 들어가는 비용 • 의약품비, 병원 진료비, 입원비, 수술비, 간병비, 건강진단비, 안경·콘택트렌즈 구입비 등
기타 잡비	-

가계 소비에 영향을 미치는 대표적 요인은 아래와 같다.

소득 🔍 소비는 현재의 소득뿐만 아니라 과거·미래의 소득에 의해서도 영향을 받는다. 과거 소득의 적거나 많은 정도에 따라 가계의 소비 패턴이 변화하며 이는 현재의 소비에도 영향을 준다. 미래의 소득이 많아질 것으로 예상되면 가계의 소비도 증가할 것이다.

실질 자산 가치의 변동 🔍 가계가 소유하고 있는 주식, 채권, 부동산 등과 같은 실질 자산의 가치 변동은 가계의 소비에 많은 영향을 준다. 만약 가계의 실질 자산의 가치가 하락하면 소비는 감소할 것이다.

이자율 🔍 현재 소비와 미래 소비에 대한 선택에 중요한 영향을 미친다. 이자율이 증가하면 저축과 미래 소비가 증가하며 현재 소비는 감소한다. 이자율이 감소하면 상대적으로 현재 소비가 증가한다.

미래 경기에 대한 전망 🔍 장래 경기에 대한 전망은 소비에 영향을 미친다. 경기가 나아질 예상이면 소비는 증가하고 경기가 나빠질 예상이면 소비는 감소할 것이다.

01 아래 〔그림〕은 대학 진학 여부에 따른 K의 생애소득곡선을 나타낸다. 다음 중 이에 대한 올바른 해석으로 가장 거리가 먼 것은?

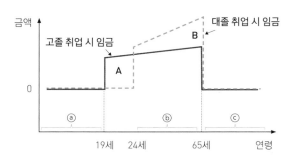

대학 진학 여부에 따른 K의 생애소득

① ⓐ시기에 K는 경제활동인구에 포함되지 않는다.

② 대졸 취업 시 임금상승률이 고졸 취업 시보다 더 높다.

③ 만약 B〉A 관계가 성립한다면 대학 진학을 선택하는 것이 더 합리적이다.

④ K가 고졸 취업을 선택할 때의 기회비용은 ⓑ기간 대졸 취업 시 받는 임금의 합계액이다.

⑤ 대졸 취업자의 직접 시작 시기가 늦춰지고 퇴직 시기가 빨라질수록 대졸자의 임금 프리미엄은 증가한다.

02 아래 〔그림〕은 사람들의 생애주기에 따른 소득과 소비 변화를 나타낸다. 다음 중 이에 대한 설명으로 가장 적절하지 않은 것은? (단, 생애주기 동안 소득과 소비 규모는 일치한다.)

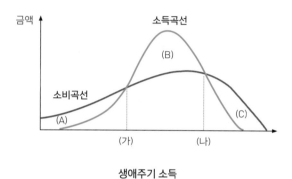

생애주기 소득

① (가)시점부터 저축이 발생한다.
② (나)시점의 누적저축액이 최대가 된다.
③ (A)와 (C)의 면적은 부의 감소 규모를 나타낸다.
④ 평균 수명이 연장되면 (B)의 면적은 (A)와 (C)의 면적을 합한 것 보다 커진다.
⑤ 소득은 특정 기간에 한정적으로 발생하나, 소비는 생애주기 전반에 걸쳐 발생한다.

03 아래는 A국 정부의 경제정책에 관한 기사다. 다음 중 A국 경제에 대한 가장 올바른 설명은?

> **NEWS**
>
> ## 정부 세율 인하에 나서...
>
> 정부는 ㉠ 모든 소득 구간에 대해 세율을 인하하였습니다. 특히 ㉡ 최고소득 구간인 4억 원을 초과하는 소득에 대한 소득세율을 50%에서 45%로 인하하고 ㉢ 최저 소득 구간인 1,000만 원 이하 소득에 대해서도 종전의 6% 세율에서 4%로 인하하였습니다.

① A국의 소득세는 비례 세율이 적용되고 있다.

② ㉠은 A국의 물가 하락요인이다.

③ ㉢과 달리 ㉡은 소득재분배를 악화시키는 요인이다.

④ ㉡과 ㉢은 모두 재정건전성을 개선하는 수단이 된다.

⑤ A국 정부는 경기 과열에 대비한 긴축 재정 정책을 실시하고 있다

[그림]은 대학 진학 여부에 따라 어떻게 생애소득이 달라지는지 간략히 보여준다. 대학 진학 대신 고졸 취업을 선택할 때의 기회비용은 ⓑ기간 대졸자가 받는 임금 합계액이다. 고졸 취업 시 입직 시기가 빨라져서 임금소득을 벌어들일 수 있는 기간이 길어진다는 이점이 있다. 한편, 대졸 취업을 선택하면 고졸 취업에 비해 입직 시기가 늦어 임금소득을 얻을 수 있는 기간이 짧지만 최초 임금과 임금상승률이 더 높다는 이점을 가진다. 따라서 A→B라면 고졸 취업이, B→A라면 대졸 취업이 더 매력적이다. 만약 대졸자의 입직 시기가 늦어지고 퇴직 시기가 앞당겨진다면 B영역이 감소하므로 대졸자의 임금프리미엄college premium은 감소한다. 한편 ⓐ시기에 K는 비경제활동인구(전업학생, 전업주부)다.

정답 ⑤

사람들이 일생 얻는 소득과 소비의 변화 추이를 그래프로 나타낸 것을 생애주기곡선이라고 한다. 생애주기곡선에 따르면 소득은 특정 기간 한정적으로 발생하지만, 소비는 생애주기 전반에 걸쳐 지속해서 이뤄진다. (가)시점 이전과 (나)시점 이후는 소득보다 소비가 많은 시기로 부의 감소가 나타나며, (가)시점과 (나)시점 사이의 기간은 소득이 소비보다 많은 시기로 부의 증가가 나타난다. 따라서 (가)시점부터 소득과 소비의 차이만큼 저축이 가능해지며, 소비가 소득 수준을 다시 역전하는 (나)시점에 다다르면 누적 저축액은 최대가 된다. 한편 생애주기 동안 유입되는 소득과 지출되는 소비가 일치한다고 했으므로, (A)와 (C)의 면적을 합하면 (B)의 면적과 같아진다. 향후 평균수명이 연장되면 (C)의 면적이 확대된다.

정답 ④

소득세는 직접세에 해당하며 주로 누진세율이 적용된다. 제시된 자료에서는 소득이 많은 구간에 대해 높은 세율이 적용되고 있으므로 A국에서는 누진세 제도가 실시되고 있음을 알 수 있다. 일반적으로 소득세율을 인하하면 가계의 처분가능소득이 증가해 총수요가 증가한다. 총수요 증가는 물가 상승 요인이다. 최고 소득 구간의 세율을 인상하고 최저 소득 구간의 세율을 인하하면 소득 재분배 효과가 증가한다. 최고 소득 구간의 세율을 인하하는 것은 소득 재분배를 악화시키는 요인이 된다. 세율을 인하하면 정부의 세입이 감소하므로 재정건전성이 악화될 수 있다. A국 정부가 세율 조정으로 경기 과열에 대비한 긴축 재정 정책을 실시한다면 세율을 인상할 것이다.

정답 ③

○ ○

세금 납부 이후 남은 가처분소득은 비로소 우리 마음대로 써도 되는 돈이다.

그러나 이것 또한 남김없이 다 써버리면 은퇴 후 사용할 돈이 없다.

어릴 때는 소득 없이 지출만 하지만, 취직 후에는 저축을 더 많이 하는 것이 일반적이다.

미래를 위해서는 얼마나 저축해야 할까?

저축할 자금은 은행에 예금하는 것이 좋을까, 주식에 투자하는 것이 좋을까?

PART

3

저축과 투자

설치

CHAPTER 1

저축과 금리

#이자율(금리) #단리 #복리 #할인율과 수익률 #저축상품

저축할 때 가장 안전하면서 간편한 방법은 은행에 맡기는 것이다. 예금이나 적금상품에 가입하여 은행에 돈을 맡기면 은행이 부도나지 않는 한 원금과 약속된 이자수입을 얻을 수 있다. 이자계산법의 종류와 은행에서 판매하는 금융 상품에 대해 알아보자.

1 저축의 의미

저축貯蓄은 한자로 풀어보면 '쌓아서 모으다'라는 뜻이다. 즉, 소득 중 소비하지 않고 남은 부분이며 미래 소비를 위해 현재 소비를 억제한 결과다. 이렇게 현재 시점에서 느낄 수 있는 소비의 만족을 나중으로 미루는 대신에 미래를 대비하는 것이 저축이다. 가처분소득에서 현재의 소비를 뺀 부분에 해당하며 정해진 이자 수익은 얻을 수 있지만 그 이상의 수익은 얻을 수 없다. 그리고 원금과 이자 손실이 거의 없다고 볼 수 있다. 이러한 저축을 가처분소득으로 나눈 값을 백분율로 표시해 저축률이라고 한다. 우리나라 가계저축률은 1990년대를 지나면서 크게 하락하고 있다.

저축의 이해

가처분소득 — 소비 지출 = 저축

지출의 원천   현재의 만족을 얻기 위한 지출   미래의 소비

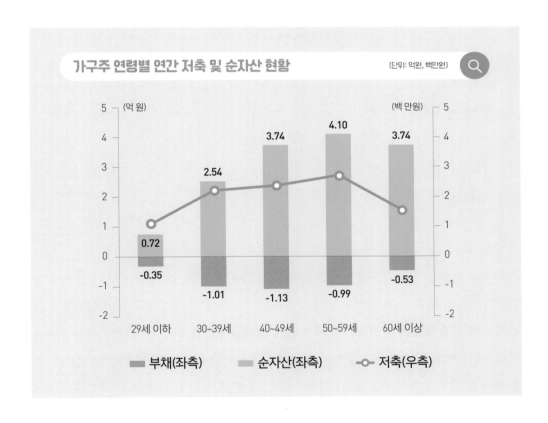

가구주 연령별 연간 저축 및 순자산 현황

(단위: 억원, 백만원)

- 부채(좌측)   - 순자산(좌측)   -◯- 저축(우측)

2   저축의 중요성

1. 개인 차원

저축은 장래 우리의 삶을 더욱 안락하고 풍요롭게 하는 수단인 동시에 투자 재원의 역할을 한다. 또한 저축은 장래의 예기치 않은 질병이나 재난에 대한 대비와 자녀 교육이나 주택 구입 및 노후 생활 등의 대비를 위한 목돈 마련의 수단이 된다. 불필요한 소비도 줄일 수 있다. 이처럼 저축은 안정적인 가계 운영을 가능하게 한다.

2. 기업 및 국가 차원

국가 경제에서도 저축은 경제 성장의 중요한 역할을 한다. 국민들이 저축한 돈은 금융 기관을 통해 기업에 공급되어 투자와 생산을 증가시킴으로써 일자리가 늘어나고 소득 수준이 향상되며 이는 다시 저축의 증대로 이어진다. 또한 저축은 불필요한 소비를 제한함으로써 물가 안정과 자원 절약에 기여한다. 저축이 늘어나면 투자에 필요한 재원을 외국에 의존하지 않고 자체적으로 조달할 수 있으며 외국 빚을 상환하거나 해외 투자도 가능하게 한다.

3   이자

1. 이자의 의미

이자는 자금을 빌려주거나 빌리는 대가로 받거나 지불하는 일정한 비율의 돈을 말한다. 즉, 이자는 현재 쓰고 싶은 욕구를 억제하는 대신에 받는 대가다. 은행에 예금하면 예금에 대한 대가로 이자를 받고 은행에서 돈을 빌리면 원금을 빌려 쓴 대가인 이자를 지불하게 된다. 예를 들어 은행에 10만 원을 예금하고 1년 뒤에 12만 원을 받는다고 할 때, 돈을 예금한 대가로 받는 2만 원이 이자다. 이자 2만원이 원금 10만 원에서 차지하는 비율이 이자율 또는 금리가 된다.

2. 이자 계산법

단리식 🔍 원금에 대해서만 이자를 계산하는 방식이다. 예를 들어 100만 원을 예금할 때 매년 이자율이 10%라고 한다면 1년 후 이자는 '100만 원× 0.1 =10만 원'이 된다. 이때 이자 10만 원을 찾아가면 다음 해에 원금 100만 원에 대해서 이자 10만 원이 생긴다.

> • 단리식의 이자 = 원금 × 이자율 × 기간
> • 단리식의 원리금 = 원금 × (1 + 이자율 × 기간)

복리식 🔍 첫해에는 단리법과 이자 계산법이 동일하나 그다음 해에는 첫해에 받은 이자를 원금에 포함해 이자를 계산하는 방식이다. 100만 원을 예금할 때 매년 이자율이 10%라고 한다면 첫해에는 10만 원의 이자를 받는다. 다음 해에는 첫해의 원금 100만 원과 이자 10만 원을 합한 금액 110만 원에 대한 10%의 이자인 11만 원을 받는다.

> • 복리식의 이자 = 원금 × $(1 + 이자율)^{기간}$ − 원금
> • 복리식의 원리금 = 원금 × $(1 + 이자율)^{기간}$

72의 법칙 🔍 복리식으로 계산할 때 원금이 두 배가 되는 기간이 대략 얼마나 걸릴지 알려주는 법칙으로 '72÷이자율'로 계산한다. 예를 들어 이자율이 연 3%라면 원금이 2배로 늘어나려면 24년이 걸린다. 72의 법칙을 이용하면 정확한 기간은 아니지만 대략적인 기간을 알 수 있다.

> • 72 / 이자율(%단위) = 원금이 2배가 되는 기간

---

4 금리

금리는 자금 시장에서 구체적으로 거래되고 있는 자금의 사용료 또는 임대료를 말하

며, 이자 금액을 원금으로 나눈 비율로 '이자율Interest Rate'이라고도 한다. 금리는 은행에서 사용하는 이자율인 공공금리, 시장에서 적용되는 금리인 시장금리로 구분한다. 이러한 이자율은 현재의 가치와 미래의 가치를 연결해주는 고리 역할을 한다. 100만 원에 대해 이자율이 연 10%라면 1년이 지난 후 100만 원은 110만 원으로 그 가치가 늘어난다. 이처럼 시간의 흐름에 따라 증대되는 돈의 가치는 현재 자신이 가지고 있는 돈을 현재 써버리는 것(소비)의 기회비용이 된다. 즉, 현재 그 돈을 소비한다면 가치 증대를 얻을 수 없지만 소비하지 않고 저축한다면 현재의 소비를 포기하는 대신 이자를 포함한 돈을 가질 수 있게 된다.

앞서 살펴본 단리와 복리 이외에도 금리에는 다양한 종류가 있다. 이러한 금리 중에서 가장 대표적인 금리가 예금 금리와 대출 금리다. 예금 금리와 대출 금리를 먼저 살펴보고 다른 금리들도 알아보자.

1. 예금 금리와 대출

예금 금리는 우리가 은행에 돈을 예금하고 받는 금리고, 대출 금리는 반대로 돈을 빌릴 때 내는 금리다. 즉, 돈을 빌려준 사람(예금자)의 입장에서는 당장 돈을 쓰지 않고 일정 기간을 참고 기다린 것에 대한 보상이다. 은행 입장에서는 고객이 예금한 돈에 대한 일종의 사용 대가다. 은행에 예금한 돈은 다시 기업이나 개인에게 빌려주는 데 사용된다. 이렇게 고객의 예금을 이용해 돈을 번 은행이 대가를 치르는 것이 예금 금리다. 따라서 예금 금리의 높고 낮음은 돈의 수요와 관련이 있다. 즉 예금의 종류, 가입 기간, 돈을 쉽게 찾을 수 있느냐 없느냐 등에 따라 달라지는 것이다. 일반적으로 보통 예금보다 정기 예금의 예금 금리가 높다. 정기 예금은 일정 기간 돈을 쉽게 찾을 수 없도록 은행에 맡겨 두기 때문에 이 돈의 수요가 많아서 이자율이 높다. 그러나 보통 예금은 돈을 언제든지 쉽게 찾아갈 수 있기 때문에 이 돈의 수요가 적어 이자율이 낮아지는 것이다.

한편, 대출 금리는 위험 부담이 클수록 높아진다. 즉, 대출 기간과 돈을 빌리는 사람의 신용도 등에 따라 차이가 난다. 대출 기간이 길고 돈을 빌리는 사람의 신용도가 낮을수록 위험 부담이 커지므로 금리는 올라간다. 은행 입장에서는 그만큼 돈을 못 받을 가능성이 높아지기 때문이다.

일반적으로는 대출 금리가 예금 금리보다 높다. 은행 입장에서 예금은 돈을 사오는 것이고 대출은 돈을 파는 것이다. 물건을 만들어 파는 제조업체가 원가에 일정액의 순이익을 붙여서 가격을 정하는 것과 마찬가지로 은행도 원가인 예금 금리에 이익을 더해 가격에 해당하는 대출 금리를 결정하기 때문이다.

2. 할인율과 수익률

이자율은 예금이나 대출 등 은행 거래에만 사용되는 것이 아니라 증권이나 채권 등 유가 증권에 투자할 때도 활용되고 있다. 이자율을 먼저 적용하면 할인율이라고 하고 은행의 예금 이자율처럼 나중에 적용하면 수익률이라고 한다. 할인율의 경우 현재 투자하는 금액은 미래에 받을 금액을 현재 가치로 환산한 금액이 된다. 따라서 이러한 현재 가치 금액에 대한 선이자(현재 시점에 미리 받는 이자)의 비율이 바로 할인율이다. 하지만 수익률은 현재 투자하는 금액에 대한 이자(미래 시점에 받게 되는 이자)의 비율이다.

예를 들어 1만 원을 투자했다가 1년 후에 이자를 1,000원 받는다면 그때 이자율은 '(1,000/10,000) × 100 = 10%'가 된다. 이때 10%가 바로 수익률이다. 그런데 이자를 미리 지급받고 돈을 빌려주는 경우도 있다. 즉, 1만 원을 투자할 때 1,000원을 1년 후가 아니라 현재 받는다면 1,000원의 이자를 뗀 나머지 9,000원에 대한 이자율을 계산해야 한다. 따라서 '(1,000/9,000) × 100 = 11.11%'가 된다. 이때 적용되는 11.11%의 이자율을 할인율이라고 하는 것이다.

3. 고정 금리와 변동 금리

고정 금리는 처음 정한 금리가 만기까지 가는 금리고, 변동 금리는 시중 금리의 움직임에 따라 변하는 금리다. 최근의 금융 상품들은 대부분 변동 금리가 많다. 변동 금리는 매달 또는 3개월, 6개월, 1년마다 시장 상황에 따라 금리가 달라진다. 돈을 빌리는 입장에서는 금리가 하락하는 시기에는 변동 금리가, 금리가 상승하는 시기에는 고정 금리가 유리하다. 그만큼 이자 부담이 줄어들기 때문이다. 반대로 예금할 때는 금리가 오를 것 같으면 변동 금리를, 내릴 것 같으면 고정 금리를 선택하는 것이 유리하다.

4. 명목 금리와 실질 금리

물가 상승률의 고려 여부에 따라 명목 금리와 실질 금리로 구분한다. 명목 금리는 돈의 가치, 즉 물가 상승률을 고려하지 않은 금리다. 그러나 실질 금리는 물가 상승률을 감안한 금리다. 즉, 명목 금리에서 물가 상승률을 빼면 실질 금리가 된다. 따라서 실제 받은 이자가 얼마인지를 알아보려면 실질 금리를 고려해야 한다.

5. 세전 금리와 세후 금리

금리는 세금의 포함 여부에 따라 세전 금리와 세후 금리로 구분한다. 세전 금리는 세금을 떼기 전의 금리고 세후 금리는 세전 금리에서 세금을 제외한 금리다.

5 금리의 결정 요인

금리를 결정하는 요인은 여러 가지가 있다. 재화나 서비스의 가격이 수요와 공급에 의해서 결정되듯이 금리도 돈의 가격이므로 돈의 수요와 공급에 의해서 결정된다. 즉, 돈을 빌리려는 수요가 공급보다 많으면 금리는 올라가고 반대로 돈을 빌려주려는 공급보다 수요가 적으면 금리는 떨어진다. 그렇다면 이러한 돈에 대한 수요와 공급에 영향을 미쳐서 금리를 결정하는 요인들이 무엇인지 살펴보자.

1. 경기 동향

돈의 수요는 크게 경기 동향과 그에 따른 기업의 투자에 의해 좌우된다. 경기가 호황일 때는 기업들이 물건을 만들면 잘 팔릴 것으로 예상하고 투자를 증가시키기 때문에 돈에 대한 수요가 증가하여 금리는 올라간다. 반대로 경기가 하강 국면에 진입하면 기업의 투자 의욕과 돈에 대한 수요가 감소하며 금리도 하락한다.

2. 물가 상승

미래의 물가 상승에 대한 기대가 높을수록 현재 소비에 대한 수요가 증가한다. 물가가 상승한다는 말은 미래에 소비할 수 있는 재화나 서비스가 감소한다는 의미다. 따라서 현재 돈의 수요가 늘어나고 금리는 올라간다. 반대로 물가가 안정될 것이라는 기대가 커지면 금리는 하락한다.

3. 다른 나라의 금리 수준

국가 간의 자금 이동이 자유로운 상황에서 금리는 다른 나라의 금리 수준에도 영향을 받는다. 우리나라가 금리를 많이 올려 다른 나라보다 금리 수준이 훨씬 높다고 가정해보자. 그러면 외국인들이 우리나라 은행에 예금하려고 할 것이다. 동일한 액수의 돈을 맡겨도 훨씬 더 많은 이자를 받을 수 있기 때문이다. 즉, 외국인들 입장에서는 자기 나라와의 금리 차이만큼 이득을 볼 수 있다. 이렇게 우리나라 은행에 예금하려는 외국인들이 늘어나면 돈의 공급이 늘어나 금리는 하락하게 된다.

4. 금리와 경제

금리는 경기가 호황일 때 상승한다. 경기가 좋으면 사람들은 은행 돈을 빌려서 투자하므로 돈의 수요가 증가한다. 돈의 수요가 증가하면 돈의 가격인 금리 또한 당연히 오른

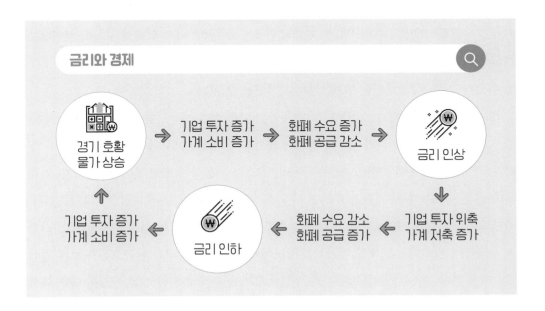

다. 하지만 금리가 상승하면 대출 이자가 높아지므로 기업들은 투자를 줄이고 소비자들은 높은 이자에 유인되어 소비를 줄이고 저축을 늘린다. 기업 투자의 감소로 인해 돈의 수요 또한 줄어들고 소비자들의 저축 증가로 인해 돈의 공급은 늘어나면서 금리는 하락한다. 이러한 금리 하락이 어느 정도 진행되면 기업의 대출 이자가 적어지므로 은행에서 대출받아 투자를 증가시키고 국민들은 은행으로부터 낮은 이자를 받으니 차라리 돈을 쓰게 되므로 소비가 증가한다. 즉, 기업에 의한 자금 수요가 늘어나고 소비자들로 인해 돈의 공급이 줄어들어 금리가 다시 상승하고 경기가 좋아지고 물가도 상승한다. 금리와 경제는 상호작용에 의해 적절한 수준을 유지하게 되는 것이다. 그러나 현실은 이와 달리 여러 가지 요인으로 인하여 자동 조절이 잘 이뤄지지 않는다. 따라서 금융시장에서의 정부 정책은 불가피하므로 정부는 항상 시장의 움직임을 예의 주시하면서 적절한 정책을 실시해야 한다.

6 화폐의 시간 가치와 이자율

화폐는 시간의 흐름에 따라 가치가 변한다. 시간이 흐르면 화폐로 구매할 수 있는 상품이 변하기 때문이다. 예를 들어보면 현재 1만 원으로 구매할 수 있는 상품과 1년 뒤에 1만 원으로 구매할 수 있는 상품의 양은 조금씩 달라질 수 있다. 이를 화폐의 시간적 가치라고 한다. 일반적으로 사람들은 미래의 현금보다는 현재의 현금을 더 선호하는 데 이를 유동성 선호라고 한다. 그 이유는 크게 4가지로 설명될 수 있다.

첫째, 사람들은 미래의 소비보다는 현재의 소비를 선호하는 시차 선호의 성향이 있다. 즉, 인간의 생명은 유한하기 때문에 현재 소비가 가능한 현금흐름을 선호하게 된다. 둘째, 미래의 현금은 인플레이션에 따르는 구매력 감소의 가능성이 항상 존재한다. 셋째, 현재의 현금은 새로운 투자 기회가 주어질 경우 생산 활동을 통해 높은 수익을 얻을 수 있다. 마지막으로 미래의 현금흐름은 미래의 불확실성으로 인한 위험이 항상 존재한다. 그러므로 사람들이 선호하는 현재의 현금흐름을 포기하게 하려면 미래의 현금흐름을 보다 많이 제공해야 한다. 이처럼 추가로 지불하는 금액(이자)을 현재의 현금 흐름(원금)에 대한 일정한 비율로 나타낸 것이 이자율이다. 이러한 이자율은 화폐의 시간적 가치를 반영하는 척도로서 미래 가치를 현재 가치로 또는 현재 가치를 미래 가치로 평가하기 위한 기준이 된다. 따라서 이자율은 앞서 설명한 시차 선호, 인플레이션, 생산 기회, 위험 등을 반영하여 결정된다. 이처럼 화폐란 시간이 지남에 따라 그 가치가 달라지는 것이므로 현금흐름의 발생 시점이 다를 경우 화폐의 시간 가치를 고려해야 한다. 미래의 화폐를 현재가치로 환산한 것을 화폐의 현재가치PV, present value라고 한다. 할인율을 사용하여 현재가치를 구하는 방법은 아래와 같다.

* 현재가치 = 미래의 화폐 금액 / (1 + 할인율)

7 저축상품

1. 요구불 예금

요구불 예금은 예금의 만기나 예치 기간 등을 정하지 않고 아무 때나 자유롭게 입금과 출금을 할 수 있는 예금이다. 유동성 면에서는 현금과 유사하지만 분실할 우려가 없다는 장점이 있다. 하지만 은행 입장에서는 맡긴 돈을 언제 찾아갈지 모르므로 이자율이 거의 없거나 매우 낮은 편이다. 요구불 예금은 재산을 늘리는 목적보다는 필요에 따라 자금을 모으거나 결제하는 계좌로 이용하거나 수시로 필요한 자금을 은행에 보관하는 예금이다.

보통 예금 🔍 가입 대상, 예치 금액, 예치 기간 등에 아무런 제한을 두지 않는 가장 전통적인 요구불 예금이다. 거래에 제한이 없는 대신 예금주에 대한 이자율이 매우 낮다. 필요에 따라 자금을 모으거나 결제하는 계좌로 이용된다.

당좌 예금 🔍 수표나 어음을 통하여 거래되는 수시입출금이 가능한 요구불 예금으로 가입 자격은 금융기관이 정한 일정한 자격을 갖춘 법인 또는 사업자등록증을 소지한 개인이다. 다른 요구불 예금과는 달리 당좌 예금 개설에 따른 일정액의 거래보증금을 납부하여야 하고 해당 예금에 대해 이자를 지급하지 않는다는 특징을 가지고 있다.

가계당좌 예금 🔍 가계 수표를 통해서 거래되는 수시입출금이 가능한 요구불 예금으로서 가입자 격은 금융기관에서 정한 일정한 자격을 갖춘 개인 또는 개인 사업자다. 일반인들의 은행 이용도를 높여 신용 사회의 기반을 조성하고 가계 저축을 증대시키기 위해 실시된 가계 우대성 요구불 예금이다. 당좌 예금과는 달리 가계당좌 예금 개설에는 따로 개설보증금이 없고 해당 예금에 대하여 통상 보통 예금 정도의 이자를 지급한다.

2. 저축성 예금

예금주가 일정 기간 돈을 찾지 않을 것을 약속하고 저축하거나 또는 이자 수입을 얻기 위해 일정 금액을 은행에 예치하는 예금이다. 은행은 자금을 자유로이 운영할 수 있으므로 다른 예금보다 안정성이 보장되며 예금주는 많은 이자를 받을 수 있어 재산을 늘릴 수 있는 저축 수단이 된다. 대표적인 저축성 예금에는 적립식 예금에 해당하는 정기 적금과 거치식 예금에 해당하는 정기 예금이 있다.

적립식 예금 🔍 매월 일정 금액을 적립한 후 만기 시 목돈을 마련할 목적으로 이용되는 금융 상품이다. '적금' 또는 '부금'으로 통칭하고 있으며 만기가 있는 상품이기 때문에 요구불 예금보다 상대적으로 유동성은 낮으나 수익성은 높은 금융 상품이다. 예금 신규 시 예금주가 매월 적립할 금액과 납입일, 기간 등을 정한 후 사전에 정해진 바에 따라 월 불입금을 납입하면 은행은 만기 시 사전에 정한 이자를 계산하여 원리금을 지급한다.

구분	설명내용
정기적금	• 목돈 마련을 위한 적립식 예금의 대표적인 상품 • 계약 금액과 계약 기간을 정하고 일정액을 정기적으로 납입한 후 만기에 이자를 지급받는 상품 • 만기 이전에 중도 해지할 경우 약정한 이자에 못 미치는 이자를 수령 • 정기 적금에 가입할 때에는 자신의 수입을 고려하여 액수와 기간을 정해야 함
장기주택마련저축	• 서민 및 무주택자의 주택 마련을 돕기 위한 7년 이상 장기 적립식 예금 • 비과세 혜택 및 소득공제 등 다양한 세제 지원 • 분기당 300만 원 이내에서 자유롭게 납입 가능
상호부금	• 예금주가 일정한 기간을 정하여 부금을 납입하면 신용협동기구 등이 예금주에게 사전에 약정한 금액을 급부하여 줄 것을 약정하는 목적부 적립식 예금

거치식 예금 🔍 　예금주는 최초 예금 신규 시 일정한 금액을 약정 기한까지 예치하기로 약정한 후 자금을 예치한다. 은행은 약정 기간이 만료되면 원금과 약정 이자를 지급하는 목돈 운용을 위한 저축성 예금이다. 만기까지 예금을 유지할 경우에는 당초 약정한 이자를 지급받을 수 있으나 중도 해지 시에는 약정 이자보다 낮은 중도 해지 이율로 이자를 지급받는다.

구분	설명내용
정기 예금	• 목돈을 한꺼번에 맡기고 약정 기간 동안 해지하지 않으면 높은 금리 적용 • 목돈을 굴리기에 적절한 거치식 예금 • 기관에 따라 최저가 입금액 이상이 되어야 신규 개설이 가능 • 기간이 길수록 이자는 더 높지만 중도 해지하면 이미 정했던 이자율보다 낮은 이자율이 적용
양도성예금증서CD	• 정기 예금에 양도성을 부여한 거치식 예금으로 은행이 무기명 할인식으로 발행 • 중도 해지가 허용되지 않으나 금융시장에서 자유롭게 매매되므로 유동성이 높음

3. 입출금식 예금

저축 예금 🔍 　가계 저축 증대를 위한 가계 우대성 예금으로서 수시 입출금식 저축성 예금이다. 보통 예금과 마찬가지로 가입 대상이나 예치 한도에 제한을 두고 있지는 않으나 보통 예금과 비교하여 상대적으로 고금리를 지급한다.

시장금리부 수시입출금식 예금MMDA 🔍 　시장 실세 금리를 적용하는 고금리 수시 입출금식 저축성 예금으로서 입출금이 자유롭고 각종 이체와 결제도 가능하다. 종합금융회사 등의 어음관리계좌CMA, 증권회사 등의 단기 금융 펀드MMF에 대응하기 위해 은행에 도입됐다. 예금 금액에 따라 차등금리가 적용된다.

기업 자유 예금 🔍 　개인사업자, 법인사업자를 위한 입출금 자유 예금으로 예금 잔액별로 차등금리를 적용하는 상품이다.

4. 절세형 금융 상품

일반적으로 저축 상품에서 발생하는 이자소득에 대해서는 14%의 이자소득세와 이자소득세의 10%에 해당하는 1.4%의 농어촌특별세가 부과된다. 그러나 다음 〈표〉에서와

구분	대상	가입 한도	세율
생계형 저축	만 60세 이상의 남녀 노인, 기초 생활 보장 수급자, 장애인 및 유공자	5,000만 원	비과세
조합 출자금 (새마을금고, 신협, 단위 농·수협 등)	조합원	1,000만 원	
장기 저축성 보험	가입 후 10년 이상 경과 시	없음	
장기 주택 마련 저축 (펀드, 보험)	가입 후 7년 이상 경과 시	금융 회사 합쳐서 분기당 300만 원	
3년 이상 적립식 장기 주식형 펀드	가입 후 3년 이상 경과 시	분기당 300만 원	
3년 이상 거치식 장기 회사채형 펀드	가입 후 3년 이상 경과 시	5,000만 원	
세금 우대 종합 저축	20세 이상 성인으로 1년 이상 예치 또는 납입한 자	1,000만 원	9.5% 세금 우대
	60세 이상의 노인 및 장애자로 1년 이상 예치 또는 납입한 자	3,000만 원	
조합 예탁금 (새마을금고, 신협, 단위 농·수협 등)	20세 이상 조합원 및 준조합원	3,000만 원	1.4% 농특세

같은 저축 상품에 대해서는 과세하지 않거나 세금 감면 혜택이 주어진다.

5. 기타 예금 상품

주가지수 연계 예금 ELD: Equity Linked Deposit 🔍 은행에서 발행, 판매하는 주가지수 연동 예금으로 투자 금액 대부분을 안전 자산에 투자함과 동시에 나머지 금액을 선물이나 파생 상품 같은 고수익 상품에 투자하는 상품이다. 자산의 대부분을 채권 같은 안전 자산에 투자하므로 원금을 보존하면서도 일반 예금보다는 높은 수익률을 추구할 수 있다.

01 아래는 투자자 A와 B가 가입한 예금 상품에서 발생하는 누적 이자금액을 나타낸다. 이를 바탕으로 투자자 A와 B가 가입한 예금 상품에 대해 올바르게 설명한 것을 고르면? (단, 최초 약정 이자율, 물가상승률은 변하지 않으며, 투자자 A와 B는 각각 단리 또는 복리 중 하나에 해당하는 비과세 예금 상품에 가입했다.)

투자자	투자원금	만기	누적 이자금액		
			1년 후	2년 후	3년 후
A	100	5년	8	16	24
B	100	3년	10	21	33.1

① 투자자 A는 연 8% 복리 이자를 지급받는다.

② 투자자 B는 원금에 대해서만 이자를 지급받는다.

③ 투자자 B의 이자율은 연 10%에서 시작해 매년 상승한다.

④ 만기 시 투자자 A가 지급받는 누적이자금액은 42만 원이다.

⑤ 만기 시 투자자 B는 투자자 A보다 더 많은 원리금을 돌려받는다.

02 투자자 A는 3개월 전 1주당 10만 원에 매입한 B사 주식을 오늘 1주당 11만 5,000원에 매도했다. 투자자 A는 B사 주식 보유 기간 동안 1주당 5,000원의 배당금을 지급받았다. 다음 중 B사 주식에 대한 투자자 A의 연간 투자수익률은 얼마인가? (단, 연율화 시 복리를 적용한다.)

① 60.00%

② 72.80%

③ 80.00%

④ 107.36%

⑤ 172.80%

03 K는 연말 상여금으로 지급받은 100만 원을 3년 만기 정기 예금에 예치했다. 만기 시 K가 지급받는 이자가 아래와 같이 계산될 때, 해당 정기예금의 (가) 이자 지급 방식과 (나) 연간 이자 지급 횟수를 올바르게 짝지은 것은?

100만원×$(1+0.015)^{12}$-100만원≒195,618원

    (가)   (나)

① 단리계산   3회

② 복리계산   4회

③ 단리계산   4회

④ 복리계산   12회

⑤ 단리계산   12회

04 직장인 A와 B는 연 금리 5%인 3년 만기 정기 예금에 가입해 원금 1,000만 원을 예치했다. A씨와 B씨 가운데 한 명은 단리로 이자를 지급하는 예금 상품에, 다른 한 명은 복리 예금에 가입했다. 2년 후 A의 원리금은 1,100만 원으로 확인됐다. 다음 중 A와 B가 각각 가입했던 예금상품에 대한 올바른 설명을 〈보기〉에서 모두 고르면?

〈보기〉

ㄱ. A는 복리, B는 단리 상품에 가입했다.

ㄴ. 1년 후의 A의 원리금 잔액은 1,050만 원이다.

ㄷ. 2년 후 A와 B의 원리금 잔액은 서로 같다.

ㄹ. 3년 후 만기 시 환급금은 B가 A보다 많다.

① ㄱ, ㄴ   ② ㄱ, ㄷ

③ ㄴ, ㄷ   ④ ㄴ, ㄹ

⑤ ㄷ, ㄹ

해설 01

투자자 A는 매년 동일하게 8만 원씩 이자가 발생하므로 연 8% 단리 상품에 가입했다. 따라서 5년 후에는 40만원의 누적 이자가 발생한다. 투자자 B는 연 10% 복리 상품에 가입했다. 따라서 만기 3년 후 누적 이자액은 33만1000원으로, 투자자 A보다 환급금이 많다. 복리상품은 원금뿐만 아니라 이자에도 이자가 붙는다. 이자율이 상승하는 것이 아니라 이자금액이 상승한다.

정답 ⑤

해설 02

투자수익률이란 투자 기간 동안 투자를 통해 발생하는 수익률을 말하며 다음과 같이 계산한다.

$$\frac{\text{매도금액 - 매입금액} \pm \text{보유기간 중 현금 흐름}}{\text{매입금액}} \times 100$$

이때 계산된 투자수익률은 주식을 보유한 기간의 수익률로 기간수익률이라고 한다. 투자자 A의 주식 매입금액은 10만 원, 매도금액은 11만 5,000원이며, 배당금 5,000원이 지급됐으므로 보유 기간 중 5,000원의 현금 유입이 발생했다. 이를 상기 수식에 대입하면 투자자 A의 기간수익률은 20%다. 그러나 투자별 투자 기간이 상이할 경우 여러 투자안의 투자 성과를 비교하는 것이 어렵기 때문에 일반적으로 투자수익률은 연간수익률로 변환해 표시한다. 복리를 적용한 연율화 수익률은 다음과 같이 계산한다. 따라서 투자자 A의 연간 투자수익률은 107.36%다.

정답 ④

해설 03

위 식은 일정 기간마다 이자를 원금에 합쳐 그 합계 금액에 다시 이자를 계산하여 지급하는 방식인 복리계산을 나타낸다. 이자 지급 시 매회 1.5%의 이율이 적용되며, 3년 동안 총 12번의 이자가 지급되므로, 연간 4회가 지급된다.

정답 ②

해설 04

2년 후 A씨의 원리금 합계액이 1,100만 원이라면 A는 단리 예금, B는 복리 예금에 가입한 것으로 추정할 수 있다. 1년 후 예금의 원리금은 복리와 단리에 관계없이 A와 B 모두 동일하다. 그러나 2년 후부터는 복리 예금 상품에는 이자에 다시 이자가 가산되므로 원리금이 단리 상품의 원리금보다 증가한다.

정답 ④

CHAPTER 2

투자

#위험 #기대수익 #포트폴리오투자 #투기 #수익성 #안전성 #유동성 #주식 #채권

은행 예금은 안전하지만 수익률은 낮다는 단점이 있다. 반면 주식은 좀 더 높은 수익을 얻을 수 있지만, 투자금을 잃을 수도 있다. 투자 자산별 특징과 투자의 유의사항을 알아보자.

1 투자의 개념 및 필요성

대부분의 사람은 한평생 직업 등을 통하여 얻은 소득을 소비하면서 살아간다. 그러나 모든 돈을 전부 소비하는 것은 아니다. 어떤 경우에는 소득이 지출보다 많을 때가 있고 혹은 지출이 소득보다 많은 경우도 있다. 즉, 소득과 지출의 불일치로 인해서 대학 입학이나 결혼과 같은 인생의 중요한 순간에는 돈이 많이 필요할 수 있다. 이렇게 자금이 많이 필요한 때를 대비하여 많은 사람이 평소에 저축하거나 투자한다. 현재의 소득이 원하는 지출보다 크다면 일반적으로 사람들은 남는 소득으로 저축하는 경향이 있다. 많은 자금이 필요할 경우를 위해서 돈을 절약하며 모아 두는 것이 저축이기 때문이다. 저축은 위험이 낮지만 기대 수익도 낮은 편이다. 즉, 원금과 이자 손실은 거의 없지만 정해진 이자 수익을 얻을 뿐 그 이상의 수익은 얻기가 힘들다는 의미다. 이 때문에 남는 소득으로 저축을 하는 대신에 투자하기도 한다.

투자란 사전적 의미로는 미래의 가치를 얻기 위해 현재의 가치를 희생하는 행위를 총칭하므로 저축과 비슷한 개념으로 볼 수도 있다. 하지만 '위험(원금의 손실 가능성)'과 '기대 수익'의 측면에서 저축과 구분된다. 즉, 일반적으로 위험과 기대 수익은 상충관계를 가지므로 높은 위험을 부담할수록 기대 수익은 크지만 낮은 위험을 부담하는 경우에는 그만큼 기대 수익이 작아진다. 이러한 원리에 따라 저축은 위험이 낮은 만큼 기대 수익이 낮지만 투자는 위험이 높은 만큼 기대 수익 또한 높다. 따라서 위험 부담이 높을지라도 높은 수익을 원하는 사람들은 저축보다는 투자하는 경향이 있다. 즉, 은행의 예금은 가입 시점에서 만기일에 받게 될 원리금이 확정되므로 원금 손실 가능성은 거의 없지만 약정한 이자 이상의 수익을 기대할 수는 없다. 반대로 주식이나 채권은 큰 수익을 낼 수도 있지만 때에 따라 원금까지도 손실을 볼 수 있다. 그러므로 다음의 그래프에서 알 수 있듯이 예금은 저축 상품(상품1), 주식이나 채권은 투자상품(상품2)이라고 하는 것이다.

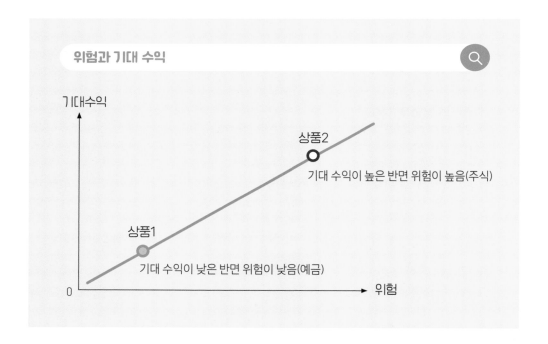

2 투자와 투기

투자는 상품이나 물품의 정상적인 가격 변동에서 발생하는 차익의 획득을 목적으로 하는 거래 행위를 말한다. 투기는 금융 상품이나 물품 그 자체의 정상적 매매 차익보다는 의도적인 가격 조작이나 허위의 가격 형성을 유도하여 비정상적인 시세 차익을 유도하는 거래 행위를 말한다. 투자와 투기는 결국 모두 이익을 얻기 위한 거래다. 하지만 투자는 중장기적 관점에서 앞으로 가치가 상승할 것이라는 확실한 판단에 따라 돈을 내는 것이라면 투기는 확실하지 않은 우연에 의해 이익과 손실이 좌우되는 모험인 경우가 많다. 투자와 투기를 구분하는 가장 큰 기준은 그 결과가 사회 전체에 어떤 영향을 미치는가다. 투자는 '플러스섬 게임Plus-Sum Game', 투기는 '제로섬 게임Zero-Sum Game'이다. 투자는 개인이 돈을 불리기 위한 행위이지만 사회 전체적으로도 가치를 창출하는 결과를 가져온다.

예를 들어 사람들이 주식이나 채권에 투자하면 기업이 필요로 하는 자금을 원활하게 조달할 수 있고 결과적으로 우리 경제가 발전할 수 있는 원동력이 된다. 반면 투기는 어떤 사람이 이익을 얻으면 다른 사람은 반드시 손해를 보게 된다. 즉, 투기하는 사람만이 큰 이득을 누리고 나머지 사회 구성원들은 오히려 피해를 보는 경우가 많다. 투기의 목적은 '시세 차익'에 따른 이익을 얻는 것이기 때문이다. 선의의 투자자가 공장을 세우기 위해 땅을 사는 것이라면 투기하는 사람은 나중에 비싼 값에 되팔아 이익을 얻기 위한 목적으로 땅을 사는 것이다. 이러한 투기는 국가적으로 자원의 낭비를 초래하고 경제에 악영향을 미칠 수 있으므로 투기를 근절하는 것이 국가 경제 발전을 위해서 필수적인 과제라고 할 수 있다.

3 투자 의사결정

1. 투자 정보 및 고려 요인

투자 계획을 위해서 기본적으로 투자 대안에 대한 특성을 잘 알고 있어야 한다. 그리고 투자 의사결정을 할 때 가장 기본적으로 고려해야 할 요소들이 있다. 투자상품을 선택할 때 목적과 기간 외에도 다음과 같은 수익성, 안전성, 유동성 등을 고려해야 하는 것이다.

수익성 🔍　투자로 인해 높은 이자 수익이나 가격 상승 이익을 기대할 수 있는 정도를 말한다. 투자의 최대 목표는 적은 투자 금액으로 최대의 수익을 올릴 수 있는 대안을 선택하는 것이다. 그러나 투자 수익이 크면 투자 위험도 큰 것이 일반적이므로 다른 조건이 동일하다면 수익률이 높은 금융 상품을 선택해야 한다.

안전성 🔍　원금이 보존될 수 있는 정도를 의미한다. 즉, 원금이 안전하게 돌아올 가능성이 크다면 안전성이 높은 것이고 원금을 손해 볼 가능성이 크다면 안정성이 낮은 것이다. 투자 위험 요소가 많을수록 그 투자 수단의 안전성이 낮다고 할 수 있으며 예상되는 투자 위험 요소에는 시장 위험, 시장금리 위험, 인플레이션 위험 등이 있다.

유동성 🔍　투자한 돈을 빠르고 쉽게 현금으로 바꿀 수 있는 정도를 의미한다. 따라서 유동성을 '환금성'이라고도 한다. 토지나 주택 등과 같이 현금으로 전환하기 위해서 구매할 사람이 나타날 때까지 시간이 많이 걸리거나 거래 가격이 높아서 팔기 쉽지 않은 경우는 유동성이 낮다고 볼 수 있다.

　이러한 수익성·안전성·유동성(환금성)은 서로 상충하는 경우가 많으므로 금융 상품의 성격에 따라 수익성·안전성·유동성의 중요도를 달리하는 방식으로 금융 상품을 선택해야 한다. 예를 들면 은행의 예금이나 적금은 '안전성'이 매우 높지만 정해진 이자 수익만 얻을 수 있으므로 '수익성'은 낮은 편이다. 이와는 반대로 주식은 '고위험·고수익'의 특성이 있는 대표적인 금융상품이다. 채권은 이러한 주식과 예금의 중간 정도의 성격이라고 볼 수 있다.

2. 투자에 따른 위험

　투자 의사결정 시에는 고려할 위험에 어떤 것들이 있는지 살펴볼 필요가 있다. 투자에 따르는 위험은 크게 '체계적 위험'과 '비체계적 위험'으로 구분할 수 있다. 투자에는 많은 위험이 따르므로 투자 의사결정 시 위험 관리는 매우 중요하다고 할 수 있다.

체계적 위험 🔍　전체적인 시장 상황과 관련된 위험이다. 즉, 정부 정책의 변화, 환율의 변화, 시장금리의 변동 등과 같이 전체적인 주식시장 상황에 영향을 주는 요인에 의하여 발생하는 위험이라고 할 수 있다. 예를 들어 최근의 유럽 경제 위기는 전 세계의 경제뿐만 아니라 주식시장의 주가에도 영향을 끼쳤다. 이러한 체계적 위험은 개별 투자자가 회피할 수 없는 위험이다.

비체계적 위험위험 🔍 회사의 부정부패, 내부 비리, 노조 활동, 소송 등과 같이 일부 특정 기업에만 개별적으로 영향을 미치는 위험이다. 이런 경우는 해당 기업의 주식에 투자한 사람들만 주가 하락으로 인한 손실을 보게 된다. 즉, 이러한 비체계적 위험은 일부 투자 대상에만 영향을 미치는 요인이므로 투자 대상 기업을 잘 고르기만 하면 개별 투자자가 회피할 수 있는 위험이다.

4 투자의 방법

1. 직접 투자

투자자 자신의 책임하에 스스로 내린 분석과 투자 결정에 의해 선정한 투자 대상에 직접 투자하는 것을 말한다. 직접 투자는 투자자가 자금이 필요한 기업이나 공공기관이 발행하는 주식이나 채권을 직접 사는 것이다. 직접 투자에서는 증권 구매로 발생하는 주식의 배당금 및 채권의 이자 수익 등을 투자자가 직접 획득하게 된다. 하지만 이런 직접 투자를 위해서는 상당한 수준의 투자 지식과 경험 및 시간적 여유 등이 필요하다.

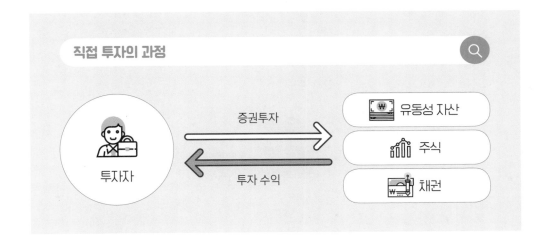

2. 간접 투자

간접 투자는 투자자와 자금이 필요한 기업 및 공공기관 사이에 금융기관이 개입하는 것이다. 자산운용회사, 증권회사, 은행, 보험과 같은 전문적인 투자 회사들이 운용하는 투자상품에 가입하여 간접적으로 투자하는 것을 의미한다. 즉, 간접 투자는 자신이 직접 주식이나 채권을 사는 직접 투자와는 달리 금융기관에 돈을 맡겨서 투자하는 방법이다.

간접 투자상품은 수많은 투자자로부터 자금을 모아 펀드를 형성하고 이를 여러 가지 유가 증권이나 자산에 투자하여 최종적으로 획득하는 손익을 투자자에게 배분하는 상품이다. 여기서 펀드란 '어떤 목적을 위해서 여러 사람으로부터 모은 돈'으로서 일종의 '기금'과 같은 것이다. 따라서 펀드는 주식이나 채권 등에 투자하여 돈을 벌기 위한 목적으로 모으는 기금이다.

많은 사람이 간접 투자를 하는 이유는 직접 투자보다 간접 투자가 많은 장점이 있기 때문이다. 무엇보다도 간접 투자는 적은 돈으로 쉽게 투자할 수 있다. 주식이나 채권 등에 직접적으로 투자하기 위해서는 거액의 자금이 필요한 경우가 많지만, 펀드는 적은 돈으로도 투자할 수 있기 때문이다. 또한 펀드 투자는 전문 지식이 부족하고 시간적 여유가 없는 사람들에게 유리하다. '펀드매니저'와 같은 경험 많은 전문가가 투자를 대신해주기 때문에 직접 투자보다 투자에 대한 위험을 줄이고 수익을 올릴 가능성이 높기 때문이다.

또한 펀드 투자는 주식 및 채권 등의 여러 가지 종목으로 포트폴리오를 구성하기 때문

구분	간접 투자	직접 투자
투자 자금	거액의 공동 투자	소액의 개인 투자
자산 운용 주체	펀드매니저	투자자 본인
투자 결과에 대한 책임	투자자 본인	투자자 본인
투자 및 거래 비용	공동 투자로 비용 절감	상대적으로 저렴
포트폴리오	다수 종목 분산 투자	소수 종목 집중 투자
위험 관리	체계적 위험 관리	위험 관리 취약

에 직접 투자보다 훨씬 안전하며 위험도 크게 줄일 수 있다는 장점이 있다. 포트폴리오란 여러 종목에 분산 투자한 투자 자산의 집합체를 의미하는 데 가진 돈을 한 군데만 집중하는 것이 아니라 여러 대상에 골고루 투자함으로써 위험을 줄일 수 있다. 주식에 투자할 경우 하나의 주식만을 사는 것이 아니라 여러 회사의 주식을 고르게 나누어 사는 것이 분산 투자다. 이렇게 골고루 나누어 투자하는 것을 '포트폴리오를 구성한다'라고 표현하며 이는 투자 위험을 줄이기 위해 다양한 자산에 분산 투자한다는 의미를 지닌다.

하나의 주식만 살 때는 주가가 하락할 때 큰 손해를 입을 수 있지만 여러 회사의 주식을 사면 어떤 회사의 주가는 하락할지라도 다른 회사의 주가는 상승할 수 있기 때문에 전체적으로는 손해를 보지 않을 수 있다. 오히려 하나의 주식만 사는 경우보다 손실이 더 적을 수도 있는 것이다. 이렇게 포트폴리오, 즉 분산 투자를 통해 위험을 줄일 수 있다는 점이 펀드 투자의 큰 장점이다. 투자자 개인이 직접 투자하는 경우에는 투자 자금이 많지 않기 때문에 여러 종류의 투자 자산에 나누어 투자하고 싶어도 한계가 있기 마련이다.

⑤ 직접 투자상품

1. 주식

주식은 주식회사가 경영 자본을 마련하기 위하여 투자자로부터 돈을 받고 회사 소유자라는 증표로 발행한 것이므로 주식에 투자한 사람(주주)은 돈을 빌려주는 것이 아니라 회사를 소유하는 것이다. 즉, 회사의 주인이 되어 소유한 주식에 비례해서 수익을 나누어 가질 수 있는 권리가 생긴다. 하지만 이러한 권리와 함께 의무도 생기므로 소유한 주식만큼 출자 의무를 부담하며 만일 회사가 파산할지라도 자신이 가진 주식만큼 손해를 보게 된다. 이를 '주주 유한책임의 원칙'이라고 한다. 회사의 주인이 됐다는 권리를 표시한 '증서'에 해당하는 주식은 주식회사의 자본을 이루는 단위로서 출자 지분을 나타내는 유가 증권이다. 주식을 명확히 이해하기 위해서는 먼저 '주식회사'에 대해서 이해할 필요가 있다.

회사를 설립하기 위해서는 많은 사업 자금이 필요한데, 이를 회사의 '자본금'이라고 한다. 일반적으로 회사를 세울 때 많은 사람이 돈을 모아 자본금을 형성하는 경우가 많다. 왜냐하면 회사 설립을 위한 초기 자금을 모두 은행에서 빌리면 나중에 지불해야 할 이자 및 원금이 너무 큰 부담이 되는 빚이기 때문이다. 따라서 여러 사람이 자본금을 모아 설립하는 회사가 바로 주식회사가 되는 것이다. 이렇게 회사를 만들기 위해 돈을 투자한 사람들은 회사의 주인에 해당하는 '주주'가 되어 회사의 소유권이 표시된 종이, 즉 '주식'을 소유하게 된다.

주식회사의 주식 발행은 회사만 유리한 것이 아니라 회사의 주식을 갖게 되는 주주들에게도 충분한 이점을 제공한다. 회사가 사업을 하여 매년 벌어들이는 수익에 대해서 주주가 가지고 있는 주식 수만큼의 수익을 나눠주기 때문이다. 이것을 '배당'이라고 하는데 주주가 돈을 투자한 대가로 지급되는 것이다. 하지만 회사의 실적이 좋지 않아서 손해가 나는 경우에는 배당을 받을 수 없다. 그리고 주주는 배당 수익뿐만 아니라 '시세 차익' 또한 기대할 수 있다. 주식을 싸게 사서 주식 가격이 올랐을 때 비싸게 팔면 그 차이만큼 얻을 수 있는 이익이 시세 차익이다. 많은 사람이 주식에 투자하는 목적은 대부분 시세 차익을 얻기 위함이다.

일반적으로 주식의 종류는 주주들에게 제공되는 권리의 종류와 관련이 있다. 의결권 존재 여부와 재산권 행사 순위에 따라 상법상 다음과 같이 주식의 종류가 구분된다.

보통주 🔍 표준이 되는 주식으로서 일반적으로 주식이라고 하면 보통주를 의미한다. 보통주는 기업에 투자한 투자자들에게 출자의 증거로 제공되는 증권으로서 각 주식은 평등한 권리 내용을 가진다. 보통주를 취득한 투자자들은 투자 대상 기업에 대해 주주로서 주식 1주당 1개의 의결권을 행사함으로써 경영에 참여할 권리를 갖는다. 그리고 이

주주의 권리		우선주	보통주
재산권	이익 배당	선순위	후순위
	잔여 재산 분배권	선순위	후순위
경영 참여권	주주 총회에서의 의결권	없음	있음

익 배당을 받을 권리 등 경제적 이익과 관련된 권리를 행사할 수 있다.

우선주 🔍　　우선주는 보통주보다 이익 배당, 잔여 재산 분배 등 재산적 이익을 받는데 있어서 우선적인 권한을 부여받는 주식의 한 종류다. 그리고 보통주를 소유하는 주주들보다 다소 높은 배당을 받는다는 장점이 있으나 회사 경영에 참여할 수 있는 권리인 의결권이 없다는 단점이 있다.

주식의 가격은 무엇에 영향을 받을까? 주식시장에서 주가는 무수히 많은 외부 요인에 의해 실시간으로 변동하기 때문에 주가 변화 방향을 예측하기란 쉽지 않다. 그러나 일반적으로 주식의 가치는 그 회사가 미래에 창출할 수익에 기반한다고 볼 수 있다. 따라서 해당 기업의 미래 경영 전망이 긍정적일수록 주가는 상승하는 힘을 받는다. 투자자들이 기업의 최신 뉴스에 관심을 쏟는 이유는 긍정적 사건으로 주가 상승하기 전에 미리 투자하여 시세 차익을 누리기 위함이다.

한편 주식은 미래에 창출될 기업 수익을 현재가치로 환산한 것으로 볼 수 있기 때문에 금리가 상승할 경우 주가에는 하락요인으로 작용한다. 중앙은행이 기준금리를 인상할 경우 주식시장의 모든 주식이 전반적으로 영향을 받기 때문에 투자자들의 관심이 집중되곤 한다.

신문이나 방송에서 증권 관련 기사가 나올 때 자주 등장하는 말이 코스피, 코스닥, 코넥스, 다우존스, 나스닥 등이다. 이들 모두 주가지수와 연관된 용어다. 각각의 용어가 무엇을 의미하는지 살펴보자.

코스피KOSPI는 Korean Composite Stock Price Index의 약자로 한국거래소KRX의 유가증권시장에 상장된 종목을 대상으로 산출하는 국내 종합 주가지수다. 유가증권시장의 대표 지수인 코스피는 1980년 1월 4일을 기준 시점으로 주가지수를 100으로 한다. 이 날의 주가지수에 개별 종목의 주가에 상장 주식 수를 가중한 기준 시점의 시가 총액과 비교 시점의 시가 총액을 대비하여 산출되는 시가 총액 방식 주가지수라고 할 수 있다.

코스닥KOSDAQ은 우리나라 벤처기업을 육성하고 중소기업의 원활한 자금 조달을 위해 만든 시장이다. 일반 투자자들에게는 새로운 투자수단을 제공하는 역할을 한다. 코스닥은 미국의 '나스닥NASDAQ시장'을 본떠 만든 것으로 증권 거래소와는 다른 별도의 시장으로서 특정한 거래 장소가 없는 전자상거래 시장이다. 따라서 기존 증권 거래소보다 규제가 덜하고 시장의 진입과 퇴출이 비교적 자유롭기 때문에 '고위험·고수익'시장이라고 한다. 코스닥 지수는 코스닥시장에 상장된 종목을 대상으로 산출되는 종합 지수로서 코스피 지수와 동일한 시가 총액 방식으로 산출된다.

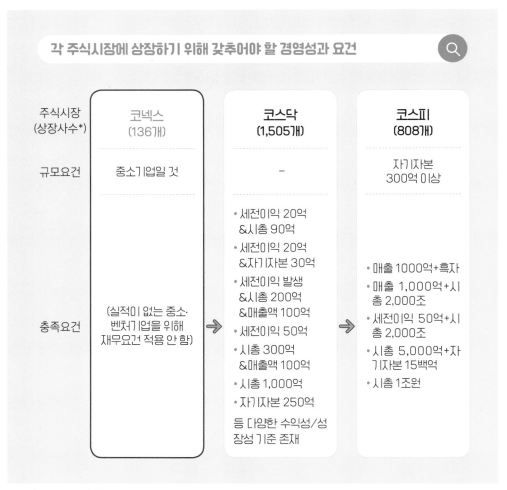

각 주식시장에 상장하기 위해 갖추어야 할 경영성과 요건

주식시장 (상장사수*)	코넥스 (136개)	코스닥 (1,505개)	코스피 (808개)
규모요건	중소기업일 것	–	자기자본 300억 이상
충족요건	(실적이 없는 중소· 벤처기업을 위해 재무요건 적용 안 함)	• 세전이익 20억 &시총 90억 • 세전이익 20억 &자기자본 30억 • 세전이익 발생 &시총 200억 &매출액 100억 • 세전이익 50억 • 시총 300억 &매출액 100억 • 시총 1,000억 • 자기자본 250억 등 다양한 수익성/성 장성 기준 존재	• 매출 1000억+흑자 • 매출 1,000억+시 총 2,000조 • 세전이익 50억+시 총 2,000조 • 시총 5,000억+자 기자본 15백억 • 시총 1조원

※ 2021년 6월 기준. 코스닥시장에서 벤처기업의 경우 좀 더 완화된 요건 적용

코넥스KONEX는 코스닥시장 상장 요건을 충족시키지 못하는 벤처기업과 중소기업이 상장할 수 있도록 2013년 7월 1일부터 개장한 중소기업 전용 주식시장이다. 코스닥에 비해 진입 문턱과 공시부담을 크게 낮춘 시장으로 중소기업이 코넥스 시장 상장 후 공신력과 성장성을 확보해 코스닥시장으로 이전 상장하는 것을 목표로 하고 있다.

K-OTC는 비상장주식의 매매를 위하여 한국금융투자협회가 「자본시장과 금융투자업에 관한 법률」에 따라 개설·운영하는 제도화·조직화한 장외시장이다.

다우 지수는 뉴욕의 다우존스사가 매일 발표하고 있는 뉴욕 주식시장의 평균 주가를 말한다. 대표적인 30개 회사의 주가를 단순하게 평균을 내서 발표하고 있다. 미국 기업 경제를 대변하는 대표적인 지수 중 하나로 우리나라뿐 아니라 세계 경제와 주식시장에 큰 영향을 미치는 지수다.

나스닥 지수는 벤처·중소기업들의 주식을 장외에서 거래하는 나스닥시장의 종합 주가 지수다. 나스닥은 뉴욕 증권 거래소와 같이 특정한 장소에서 거래가 이뤄지는 증권시장이 아니라 컴퓨터 통신망을 통해 거래 당사자에게 장외 시장의 호가를 자동으로 제공, 거래가 이뤄지도록 하는 일종의 자동시세통보시스템이다.

6 주식시세표

다음으로 아래와 같은 주식시세표를 읽는 방법을 살펴보자.

코드번호 🔍 유가증권시장(코스피 시장)과 코스닥시장에서 거래되는 종목들은 0으로 시작하는 여섯 자리의 고유번호를 가진다. 코드번호 옆에는 알파벳이 표시돼있다. 이는 주식이 처음 발행될 때 증권의 앞면 금액란에 표시하는 액수인 액면가를 의미한다.

종가 🔍 당일 폐장시간에 최종적으로 결정된 해당 주식의 1주당 가격을 의미한다.

등락 🔍 당일 종가와 전일 종가의 차를 의미하며 전일(대)비로 표기되기도 한다. 숫자 부분은 가격이 얼만큼 변동했는지를 보여주며, ▲▼↑↓0 등의 기호는 가격이 올랐는지, 떨어졌는지, 변동이 없는지를 나타낸다. ▲는 주가(종가)가 전날 보다 올랐음을, ▼는 주가(종가)가 전날보다 내렸음을, 0은 전전날 종가와 비교하여 전날 종가에 변화가 없

종목명	코드번호	종가	등락	거래량	고가	저가
유가 증권						
금속						
튼튼 제강	000001d	33400	250 ▼	6854	33500	33300
말랑 철강	000002b	1240	160 ▲	54531	1240	1230
섬유 의복						
A패션	000003d	59300	0	19113	19450	19220
B패션	000004c	10500	450 ▲	76600	10100	10300

음을 의미한다. ↑는 주가가 상한가에 도달했음을, ↓는 주가가 하한가에 도달했음을 의미한다.

거래량 ⚲　거래가 이뤄진 날 매매가 성사된 주식의 수량을 의미한다. 주식시장에는 주식을 사겠다는 매수 주문과 주식을 팔겠다는 매도 주문이 있다. 주식을 사려는 사람이 요청하는 매수 가격인 매수 호가와 주식을 팔려는 사람이 요청하는 매도 가격인 매도 호가가 일치하면 거래가 체결된다. 거래량은 이런 방식으로 거래된 주식의 수량이다.

고가 ⚲　장중에 거래된 주식의 최고 가격을 의미한다.

저가 ⚲　장중에 거래된 주식의 최저 가격을 의미한다.

시가 ⚲　장중 처음으로 거래가 체결됐을 때의 가격을 의미하며 상한가와 하한가는 전일 종가를 기준으로 다음 거래일에 오를 수 있는 최대값과 내릴 수 있는 최소값을 의미한다. 우리나라는 단기의 폭등과 폭락으로부터 개인 투자자들을 보호하기 위해 가격의 하루 변동 폭을 미리 정해두고 있다. 그 기준 가격은 전일종가로 하며 변동 폭은 유가증권시장, 코스닥시장 모두 상·하 30%다. 이 범위를 초과한 경우 주문을 넣을 수 없고 매매가 이뤄지지 않는다.

1. 채권

채권은 정부, 지방자치단체, 기업 등이 불특정 다수의 투자자에게 자금을 조달하기 위해 정해진 조건에 따라 미래에 이자와 원금을 지급할 것을 약속하고 발행하는 증권을 말한다. 즉, 채권은 채권 발행자가 이자 지급을 약속하고 투자자들로부터 자금을 빌린 후 그 반대급부로 제공하는 일종의 차용 증서다. 채권 투자자들은 증서에 표시된 만기까지 채권을 보유함으로써 안정적으로 이자 수익만 얻을 수도 있지만, 주식처럼 유통 시장에서 자유롭게 매매하여 거래 차익을 얻을 수도 있다. 채권은 정부나 공공기관, 금융기관, 그리고 신용도가 높은 주식회사 등에서 주로 발행하므로 원금과 이자에 대한 안전성이 높은 편이다. 또한 채권은 만기일 전이라도 증권회사 등을 통해 언제든지 팔아서 현금화할 수 있기 때문에 채권 보유 기간이 길다는 특성에도 불구하고 유동성도 높은 편이다.

채권이라는 투자 금융상품을 이해하기 위해서는 관련 개념을 정확히 알 필요가 있다. 다음과 같은 채권 용어에 대해서 살펴보자.

만기일 Maturity Date 🔍　원금을 상환하기로 약속한 날을 말한다. 만기일은 채권에 기재된다.

액면가 Face Value 🔍　만기일에 상환하기로 약속한 원금으로서 채권 한 장마다 권면 위에 표시된 금액을 말한다.

표면 이자율 Coupon Rate 🔍　만기일까지 매기 지급하기로 약속한 이자율이다. 액면 금액에 대해 1년 동안 지급하는 이자 금액의 비율을 나타내며 채권을 발행할 때 결정된다. 따라서 액면 이자율이라고도 하며 매기 지급하는 이자액은 액면가에 표면 이자율을 곱한 값이다.

잔존 기간 🔍　채권의 발행일부터 원금 상환일까지 기간을 원금 상환 기간이라고 하며 이미 발행된 채권을 중도에 매입(매도)한 경우 매입(매도)일부터 원금 상환일까지 기간을 잔존 기간이라고 한다.

채권의 종류는 일반적으로 채권 발행 주체, 이자 지급 방법, 상환 기간, 발행 금액 등에 따라서 다음과 같이 분류할 수 있다.

구분	종류	내용
발행 주체	국채	정부가 막대한 자금이 필요할 경우 발행하는 채권. 국회의 동의를 얻어 발행하며 국민 주택 채권 1종 및 2종, 양곡 증권, 외국환 평형 기금 채권 등이 포함된다. 정부가 원리금 지급을 보증하기 때문에 신용도가 가장 높은 채권이다.
	지방채	시, 도, 군 등의 지방 자치 단체가 필요한 자금을 조달하기 위해 발행하는 채권으로 지하철 공채, 도로 공채, 상수도 공채 등이 있다.
	특수채	한국통신공사, 담배인삼공사, 지하철공사, 수자원공사 등 정부가 설립한 특별한 법인(회사)이 발행하는 채권이다.
	회사채	상법상의 주식회사가 발행하는 채권으로 제3의 보증 기관이 원리금 지급을 보장하는지 여부에 따라 보증 사채, 무보증 사채 등으로 구분한다.
상환 기간	단기채	원리금 상환 만기가 1년 이하인 채권이다.
	중기채	원리금 상환 만기가 1년 초과, 5년 이하인 채권(대부분의 회사채)이다.
	장기채	원리금 상환 만기가 5년을 초과하는 채권(대부분 국채)이다.
보증 여부	보증채	원리금 상환을 발행자 이외에 공신력 높은 금융기관 등 제3자가 채권 원리금 지급을 보증하는 채권이다.
	무보증채	원리금 상환에 대하여 제3자가 보증 없이 발행자 자신의 신용에 의하여 발행하는 채권이다. 채권 투자자가 원금 회수에 대한 위험을 부담하므로 일반적으로 보증채보다 수익률이 높다.
이자 지급 방식	이표채	채권 앞면에 이표(다른표)가 붙어 있어 이자 지급일마다 이것을 하나씩 떼어 이자와 교환하는 채권이다.
	할인채	원금에서 원금 상환일까지의 이자를 미리 떼어내고 남은 금액으로 발행되는 채권이다.
	복리채	이자 지급 기간 동안 이자가 복리로 재투자되어 만기 상환 시 원금과 이자를 동시에 지급하는 채권이다.
기타	신주인수권부사채	신주인수권부사채는 은행 등에서 채권을 발행할 때 채권을 구입하는 투자자에게 일정 기간 후(예를 들어, 채권을 구입한 지 1~2년 후) 그 은행에서 앞으로 발행할 주식, 즉 신주를 특정 가격에 배정받을 수 있는 권리를 조건으로 판매하는 채권이다.
	전환사채	전환사채는 채권을 발행할 때는 사채로 발행되지만, 일정 기간이 지난 후(일반적으로 3개월 후)에는 전환 사채를 구입한 사람의 청구에 의하여 주식으로 전환할 수 있는 채권이다.

›› 채권의 가격과 수익률

채권 가격은 다음 식처럼 계산할 수 있다.

채권가격계산

$$P = \frac{C}{(1+r)} + \frac{C}{(1+r)^2} + \cdots + \frac{C+F}{(1+r)^n}$$

C: 표면(액면)이자, F: 액면가액, r: 할인율(채권의 시장수익률), n: 만기

채권의 가치평가는 채권 보유로부터 발생하는 미래 현금흐름을 적절한 할인율로 할인하여 합계하는 과정을 통해서 얻을 수 있다. 이러한 과정은 채권을 현재 가치로 평가하는 방법에 해당한다. 미래에는 인플레이션 등의 영향으로 인한 물가 상승 요인이나 미래의 불확실성에 대한 위험 요인으로 현재의 현금 가치가 미래에도 동일하게 유지된다고 볼 수는 없으므로 채권의 가치는 현재 시점의 가치로 평가해야 한다. 즉, 어떤 증권의 가치를 평가할 때는 해당 증권으로부터 발생하는 미래의 현금흐름을 현재 가치로 평가해야 한다. 이때 필요한 것이 할인율인데 채권에서 미래 현금흐름을 현재 가치화하는데 사용되는 할인율은 해당 채권의 시장수익률이 된다.

채권 투자 시 고려해야 할 위험은 다음과 같다.

채무 불이행 위험 🔍 투자 수단으로서 채권이 가지고 있는 위험은 채권의 특성과 관련이 있다. 채권은 일반적으로 만기가 길기 때문에 원금을 갚게 되는 기간도 길어서 채권을 구매했을 때는 정상적이었던 기업이 점차 잘못되어 파산할 수도 있다. 이런 경우에는 이자 수익은 물론 원금도 받지 못할 수 있는 위험이 있는 것이다. 하지만 채권의 대부분이 정부나 공공기관, 신용도가 높은 주식회사 등에서 발행되기 때문에 투자자가 돈을 못 받게 되는 위험 수준은 상대적으로 낮은 편이다.

인플레이션 위험 🔍 채권의 상환 기간이 길기 때문에 생기는 위험은 채무 불이행 위험뿐만 아니라 인플레이션 위험도 있다. 채권 상환 기간이 돌아오기 전에 인플레이션이 나타난다면 채권에 투자한 돈의 가치가 감소하여 실질 수익률 또한 감소하는 위험이 발생할 수도 있다. 물가는 상승하지만 받게 되는 이자 수익은 고정되어 있으므로 실제 수익률은 마이너스가 될 수도 있기 때문이다.

시장금리 위험 🔍 채권의 표면(액면) 이자율은 고정되어 있어서 만기 시점까지 이자 금액은 변동하지 않는다. 이러한 특성으로 인해 시장금리(이자율)가 상승하면 손해를 보게 되는 위험이 있다. 채권 발행 이후 시장금리가 높아지면 이미 발행된 채권의 금리는 상대적으로 낮아지는 결과가 나타나기 때문이다.

» 채권과 시장금리

채권과 관련된 위험에서 살펴봤듯이 시장금리는 채권과 밀접한 관련이 있다. 그렇다면 시장금리는 채권 가격에 어떠한 영향을 미치는지 알아보자. 채권 가격은 시장에서 채권을 사고파는 가격을 의미한다. 처음에 채권이 발행될 때는 채권에 표시된 금액(액면가)이 그대로 채권 가격이 된다. 그러나 시장금리가 변동됨에 따라 채권 가격도 변한다. 예를 들어 시장금리가 하락하면 새로 발행되는 채권의 이자율은 낮지만 이미 기존에 발행된 채권의 이자율은 상대적으로 높아서 기존에 발행된 채권을 매입하려는 사람들이 늘어난다. 즉, 기존 채권에 대한 수요가 높아져서 기존에 발행된 채권의 가격이 상승한다. 채권을 사려는 사람 입장에서는 처음 발행된 금액보다 조금 더 높은 가격을 주고 새로운 채권을 살지라도 앞으로 계속 받게 될 표면(액면)이자가 높기 때문에 매우 매력적인 투자 수단이 될 수 있기 때문이다. 하지만 시장금리가 상승하는 경우에는 새로 발행되는 채권의 금리가 높지만 기존에 발행된 채권의 이자율은 낮기 때문에 기존에 발행된 채권을 팔고 새로 발행되는 채권을 사려고 하는 경향이 나타난다. 따라서 기존 채권에 대한 공급이 높아지므로 기존에 발행된 채권의 가격은 하락하게 된다.

2. 주식과 채권의 비교

대표적인 직접 투자상품인 주식과 채권에 대해서 살펴봤다. 이러한 주식과 채권의 차이점을 알아보자. 무엇보다도 주식 소유자는 회사의 '주인'이 되는 것이고 채권 소유자는 회사에 돈을 빌려준 '채권자'가 되는 것이다. 따라서 채권자는 회사의 수익과 무관하게 일정한 이자 수익을 안정적으로 받을 수 있지만, 주주는 회사의 수익에 따라 얻는 이익이 변동된다. 즉 회사의 이익이 많으면 회사 정책에 따라 받을 수 있는 배당금 등의 수익도 높아질 수 있지만, 회사가 손실이 생기면 이익을 전혀 못 받을 수도 있는 것이다. 주식 소유자는 주주로서 회사의 의사결정에 참여할 수 있지만, 채권 소유자는 의결권이 없으므로 의사결정 과정에 참여할 수 없다. 또한 주식 발행은 자기 자본의 증가를 수반하지만, 채권 발행은 타인 자본(부채)의 증가를 수반한다. 다음 〈표〉를 보며 그 밖의 다른 차이점들도 알아보자.

구분	주식	채권
발행자	주식회사	정부, 지방 자치 단체, 특수 법인, 주식회사
증권 소유자의 지위	주주	채권자
조달 자금의 성격	회사의 자본이 됨(자기 자본)	회사의 부채가 됨(타인 자본)
자본의 조달 형태	투자	대부(돈을 빌려줌)
증권의 존속 기간	영구 증권	기한부 증권(영구 채권 제외)
이익 분배	회사의 이익 및 배당 정책에 따라 주주 총회의 승인 하에 임의로 지급	영업 실적과 관계없이 약정된 이자 지급
원금 상환	원금 상환 안 됨	원금 상환됨
경영 참여 여부	의결권이 있는 주식의 경우 그에 비례하여 경영에 참여 가능	경영권과 무관
안정성	주가와 직접적인 관계를 맺고 있어 상황에 따라 이익뿐만 아니라 손실 가능성	원리금이 확정되어 있으므로 회사가 파산만 하지 않으면 일정 수익이 안정적으로 보장

7 간접 투자상품

1. 펀드의 의미와 종류

펀드는 전문적인 기관이 여러 사람으로부터 모은 돈으로 주식이나 채권 등에 투자하고 수익이 생기면 투자자들에게 투자액의 비율에 따라 배분해주는 대표적인 간접 투자상품이다. 즉, 펀드는 다수의 투자자로부터 자금을 모아 증권 등의 자산에 투자하여 운용한 후 그 결과를 투자자에게 돌려주는 상품이다. 다수의 투자 자금을 모아서 거액의 금액을 전체적으로 운용하기 때문에 개인의 소액 자금으로는 하기 힘든 분산 투자를 통하여 위험 분산 효과를 얻을 수 있다는 장점이 있다.

예전에는 펀드의 종류별로 운용(투자)할 수 있는 자산의 종류에 제한이 있었지만, 현재는 '단기 금융 상품 펀드 (MMF)'를 제외한 모든 펀드가 다양한 자산에 운용이 가능하다. 따라서 펀드는 주요 투자 대상이 되는 자산(50% 초과하여 투자되는 자산)을 기준으로 다음과 같이 증권 펀드, 부동산 펀드, 특별 자산 펀드, 단기 금융 상품 펀드(MMF), 혼합 자산 펀드로 구분하고 있다.

분류	상품 내용
증권 펀드	투자 자산의 50% 이상을 증권(증권을 기초 자산으로 하는 파생 상품 포함)에 투자하는 상품
부동산 펀드	투자 자산의 50% 이상을 부동산(부동산을 기초 자산으로 하는 파생 상품, 부동산 관련 유가 증권 등 포함)에 투자하는 상품
특별 자산 펀드	투자 자산의 50% 이상을 특별 자산(증권 및 부동산을 제외한 상품)에 투자하는 상품
단기 금융 상품 펀드	투자 자산의 전부를 단기 금융 상품(CD, 단기대출 등)에 투자하는 상품
혼합 자산 펀드	투자 대상 자산(증권, 부동산, 특별 자산)과 투자 비율의 제한을 받지 않고 운용할 수 있는 상품

이와 같은 펀드들은 주요 투자 대상 자산에 해당하는 기초 자산과 관련된 파생 상품을 포함함으로써 파생 상품 펀드를 별도로 구분하지 않고 있다. 그리고 혼합 자산 펀드는 주요 투자 대상을 특정하지 않고 어떤 자산에나 자유롭게 운용할 수 있는 펀드다. 이렇게 주요 투자 대상 자산을 기준으로 펀드를 구분할 수도 있지만 증권 투자 비율에 따라 펀드를 다음과 같이 분류할 수도 있다. 즉, 펀드는 주요 투자 증권의 종류와 투자 비율에 따라 구분될 수도 있다.

분류	상품 내용
채권형	운용 대상에 주식이 편입되지 않고 자산 총액의 60% 이상을 채권(금리, 선물 포함)으로 운용하는 상품
주식형	자산 총액의 60% 이상을 주식(주가지수 선물, 옵션 포함)에 운용하는 상품
주식 혼합형	자산 총액의 50% 이상, 60% 미만을 주식(주가지수 선물, 옵션 포함)에 운용하는 상품
채권 혼합형	자산 총액의 50% 미만을 주식(주가지수 선물, 옵션 포함)에 운용하는 상품

2. 수익 증권과 뮤추얼 펀드

간접 투자에는 수익 증권과 뮤추얼 펀드가 있다. 이들은 서로 매우 유사한 특성이 있다.

수익 증권 🔍   개인이 재산의 운용을 타인에게 신탁한 경우 그로부터 생겨나는 운용 수익을 받을 권리가 표시된 증권을 말한다. 즉, 수익 증권은 투자 전문 대행기관이 투자자로부터 자금을 모아 펀드를 조성하고 이를 유가 증권 등에 투자하여 얻은 수익을 돌려주는 형태의 간접 투자 금융 상품이다. 수익 증권은 단순히 '펀드'라는 용어로도 사용되는 데, 수익 증권이라는 용어보다 펀드라는 용어가 더 일반적으로 사용되고 있다.

뮤추얼 펀드mutual fund(투자 회사) 🔍 　　　투자자로부터 돈을 모아 펀드를 만들어 운용한 후 투자 실적에 따라 투자자들에게 투자 수익을 배당해주는 투자 전담 주식회사 형태의 간접 투자상품이다. 따라서 뮤추얼 펀드는 펀드 상품 자체가 주식회사의 형태를 갖기 때문에 투자자는 주식을 구입함으로써 펀드의 주주가 되는 것이다. 즉, 뮤추얼 펀드의 투자자들은 수익 증권 대신 펀드의 주식을 받게 되며 거래소 등에 상장 또는 등록되어 거래가 가능하다.

3. 기타 펀드

인덱스 펀드 🔍 　　　지수에 투자하는 펀드로서 지수의 움직임에 맞춰 수익률을 제공한다. 인덱스 펀드Index Fund는 임의로 자산 운용에 편리한 지수를 개발하고 동 지수에 사용된 종목별 비중에 따라 분산 투자를 함으로써 주식 투자 수익률을 시장 평균 수익률에 접근시키는 투자기법이다. 예를 들어 A와 B기업에 주가를 50%씩 반영해 지수를 만들었다고 한다면 이 지수에 연계된 인덱스 펀드에 10만 원을 투자한 투자자는 2개 종목에 각각 5만 원씩 주식을 산 것이 된다. 다양한 종목에 분산 투자하기 때문에 위험은 낮고 보수는 적어 장기 투자에 적합하다.

상장 지수 펀드ETF, Exchange Traded Funds 🔍 　　　ETF는 지수를 추종하는 인덱스 펀드를 거래소에 상장시켜 주식 종목처럼 거래하는 것을 말한다. 인덱스 펀드와 주식의 성격을 동시에 갖춘 상품으로 일반 펀드보다 수수료가 저렴한 게 장점이다. 인덱스를 추종한다는 점에서 인덱스 펀드와 동일하지만, 장중 실시간 거래가 불가능한 불편함 등을 상당 부분 해소함으로써 인덱스 펀드에서 진화·발전된 상품으로 평가받는다.

사모 펀드 Private Equity Fund 🔍 　　　사모 방식으로 조성된 자금을 사적으로 투자하는 펀드를 총칭하는 것이다. 즉, 소수의 투자자로부터 자금을 모아 주식이나 채권 등에 운용하는 펀드로서 크게 '일반 사모 펀드'와 '사모 투자 전문 회사'로 불리는 PEF로 나뉜다. 일반 사모 펀드는 소수의 투자자들로부터 단순 투자 목적으로 자금을 모아 운용하는 펀드로 주식형 사모 펀드가 대표적이다. 이에 비해 PEF는 특정 기업의 주식을 대량 인수해 경영에 참여하는 방식으로 기업 가치를 높여 되팔아 수익을 남기는 펀드다.

헤지 펀드 Hedge Fund 🔍 투자 위험 대비 높은 수익을 추구하는 적극적 투자 자본을 말한다. 금융 당국의 규제를 상대적으로 적게 받는 투자 자금을 의미하는 단어로 주로 사용된다. 따라서 헤지 펀드는 투자 지역이나 투자 대상 등 당국의 규제를 받지 않고 고수익을 노리지만 투자 위험이 높은 투기성 자본이다. '헤지'란 본래 위험을 회피·분산시킨다는 의미지만 헤지 펀드는 위험회피보다는 투기적인 성격이 더 강하다.

4. 주가지수 연동 상품

ELS Equity Linked Securities 🔍 주가 연계 증권ELS는 증권사에서 발행, 판매하는 상품으로 개별 주식이나 주가지수의 변동에 따라 수익률이 결정되는 파생 상품이다. 목표수익률에 따라 ELS의 구조가 다양하기 때문에 투자자의 관점과 위험 선호도에 따라 상품을 선택할 수 있다. ELS는 예금 대비 높은 수익률을 추구하면서도 주식이나 선물옵션보다는 안전한 투자를 원하는 투자자에게 적합한 상품이다. 하지만 원금보장형 ELS라 할지라도 손실구간에서 중도 해지할 경우 원금 손실 가능성이 있다는 단점이 있다.

ELF Equity Linked Fund 🔍 주가지수 연계 펀드 ELF는 증권사나 은행에서 판매하는 금융 상품으로 개별 주식의 가격이나 주가지수와 연계하여 수익률이 결정되는 파생 상품이다. ELS를 펀드 형태로 만들어 판매하는 상품으로 상품구조는 ELS와 거의 유사한 편이다. 하지만 ELF는 펀드 형태로 판매되기 때문에 주식매매 차익이 비과세된다는 장점이 있다. ELF 가입 시 원금 보존 추구형 상품일지라도 원금 보존을 추구하여 운영할 뿐 실제 운용 과정에서 손실이 발생할 경우 원금이 보장되지 않는다는 것을 주의해야 한다.

⑧ 기타 투자상품 ⋮

자산을 합리적으로 관리하기 위해서는 투자의 대상이 되는 다양한 금융 상품들의 특징을 이해해야 한다. 주식과 채권 이외에도 투자 수단으로 활용되는 여러 가지 금융 상품들이 존재한다.

1. 어음 관리 계좌 CMA: Cash Management Account

증권 회사 및 종합 금융 회사의 대표적인 수시 입출금식 실적 배당형 단기 금융 상품으로서 결제기능이 결합된 금융 상품이다. 종합 자산 관리 계좌라고도 한다. 고객이 예치한 자금을 어음이나 양도성 예금 증서CD, 국공채 등의 채권에 투자하여 그 수익을 고객에게 돌려주는 상품이다. CMA는 투자 대상에 따라 MMF형 CMA, MMW형 CMA, 종금형 CMA, RP형 CMA 등이 있다.

2. 환매 조건부 채권 RP: Repurchase Agreements

금융기관이 보유하고 있는 국채, 지방채, 공사채, 상장법인 등이 발행한 채권 등의 유가 증권을 일정 기간 경과 후 일정가액으로 다시 환매수할 것을 조건으로 고객에게 매도하는 금융 상품이다. 즉, 파는 쪽에서 사는 쪽에게 정해진 기간이 되면 반드시 일정한 가격으로 다시 사겠다는 약속을 하고 거래하는 채권이다. 이러한 조건으로 채권을 사고파는 이유는 장기로 발행되는 채권의 유동성을 높여주기 위해서다. 장기 채권을 한 번 사면 만기가 될 때까지는 돈이 묶이게 되므로 사기 전에 여러 가지를 고려할 필요가 있기 때문이다. 결국 RP는 1~3개월 물이 일반적이며 중도환매도 가능하기 때문에 장기 채권의 유동성을 높여주며 채권 유통 시장의 발전에 기여하고 있다.

주요 금융 상품 한눈에 살펴보기

예금·적금	예금은 일정한 금액의 돈을 계약 기간 맡겨 두고 이자를 받는 것이고, 적금은 계약 금액을 계약 기간 매달 납입하여 이자를 받는 것이다. 주로 예금은 목돈을 운용하기 위하여, 적금은 목돈을 마련하기 위하여 가입한다. 예) • 예금 : 약정 기간 3년, 이자율 3.8% • 적금 : 월 납입금액 5만 원, 이자율 3.2%
주식	어떤 회사에 자금을 투자한 사람에게 그 대가로 발행하는 일종의 소유 지분을 기록한 증서다. 주식을 소유한 사람은 주주가 되어서 기업의 이익 배당에 권리를 행사할 수 있다.
채권	국가나 공공기관, 금융 회사, 기업 등이 미래에 일정한 이자를 지급할 것을 약속하고 돈을 빌린 후 제공하는 증서를 말한다. 채권을 보유하면 발행 기관에서 주는 이자 외에 이를 되팔아서 차익을 얻을 수 있다.
펀드	투자자들로부터 모은 자금을 전문적인 운용 기관이 주식이나 채권 등에 투자하여 그 결과를 투자자들에게 돌려주는 간접 투자상품을 말한다. 적은 돈으로도 투자할 수 있으며 전문가가 투자를 대신한다는 장점이 있다.
보험	가입자들이 미래에 발생할 수 있는 위험에 대비할 수 있도록 만든 제도다. 가입자들은 보험사에 보험료를 납부하여 미리 기금을 만든다. 보험은 위험 보상 외에 금융 상품의 기능도 가지고 있다.
기타 잡비	연금은 노후를 대비하여 저축하는 금융 상품으로서 노후에 10년 이상의 장기간에 걸쳐 지속적으로 일정 금액을 받을 수 있다.

주식 행: 투자자 → 투자 자금 → 기업 / 기업 → 주식 → 투자자

펀드 행: 일반 투자자 → 펀드 운용 기관 → 주식 / 채권

01 아래는 각 포트폴리오의 자산 구성 내역이다. 다음 중 위험 추구형 투자자 A와 위험 회피형 투자자 B가 선택할 가능성이 높은 포트폴리오를 골라 올바르게 짝지은 것은?

포트폴리오	채권(%)	주식(%)	파생 상품(%)
1	30	60	10
2	70	20	10
3	15	60	25
4	55	35	10

	(가)	(나)
①	포트폴리오1	포트폴리오2
②	포트폴리오1	포트폴리오4
③	포트폴리오3	포트폴리오1
④	포트폴리오3	포트폴리오2
⑤	포트폴리오3	포트폴리오4

02 아래는 금융 상품을 유동성 순서로 나열한 것이다. 다음 중 A, B에 적절한 금융 상품을 올바르게 짝지은 것은?

	A	B
①	주식펀드	펀드
②	현금	부동산
③	부동산	정기적금
④	정기 예금	주식
⑤	정기 적금	펀드

03 증권시장에서는 각 채권의 만기, 액면 가격, 표면금리가 같음에도 불구하고 거래되는 채권의 시장 가격들이 서로 다를 수 있다. 다음 중 채권의 시장 가격이 서로 다른 원인으로 가장 거리가 먼 것은?

① 유동성
② 정보비용
③ 과세 여부
④ 기대인플레이션
⑤ 채무 불이행 위험

04 아래 사례의 (A)에 대한 올바른 설명은?

> 주식회사의 (A)를 거래할 수 있는 시장인 증권거래소에 등록하는 것을 상장이라고 한다. 상장하지 않더라도 거래는 할 수 있으나, 이때에는 (A)를 보유한 사람과 사려는 사람을 개별적으로 탐색해 계약을 체결해야 한다. 그러나 상장을 하면 불특정 다수의 사람을 대상으로 매도 및 매수 주문을 낼 수 있고, 서로 조건이 맞으면 계약을 체결할 수 있다. 증권시장에서 (A)의 가격이 형성되기 때문에 보다 투명한 가격으로 거래가 가능하다.

① 소유자는 채무자이다.
② 표면에 상환 만기일이 표시된다.
③ 타인자본조달의 수단이 된다.
④ 발행사는 투자자에게 책정된 이자를 지급한다.
⑤ 투자자는 수시로 매매 양도가 가능하므로 환금성이 높다.

05 아래에 나타난 자금 조달 내역을 바탕으로 2018년도 대비 2019년도 A기업의 재무 변화를 올바르게 추론한 것은?

A기업 자금 조달 내역

(단위 : %)

구분	2018년	2019년
우선주 발행	10	30
보통주 발행	30	30
회사채 발행	40	10
은행 대출	20	30

① 자기자본 비중이 동일하다.
② 증권시장에서 조달한 비중이 증가했다.
③ 직접금융방식으로 조달한 비중이 감소했다.
④ 이익배당에 우선권이 있는 자본증권 비중이 동일하다.
⑤ 원금과 이자를 상환해야 하는 자본증권 비중이 증가했다.

06 아래 나타난 주식시세표에 대한 올바른 설명을 〈보기〉에서 모두 고르면?

구분	S전자	H자동차	K건설
종가	10,500원	3,700원	9,700원
시가	10,000원	3,000원	10,500원
고가	11,000원	3,800원	10,700원
등락	▲1,000원	▲500원	▼200원

〈보기〉

㉠ 운영주체는 한국예탁결제원이다.

㉡ S전자의 전 거래일 종가는 9,500원이다.

㉢ H자동차의 주가는 당일 지속적으로 상승했다.

㉣ K건설의 당일거래 최고가격은 10,700원이다.

① ㉠, ㉡   ② ㉠, ㉢

③ ㉡, ㉢   ④ ㉡, ㉣

⑤ ㉡, ㉢, ㉣

07 아래는 3영업일간 카카오의 주가 봉도표를 나타낸다. 다음 중 시가와 종가가 가장 높은 날짜를 올바르게 짝지은 것은?

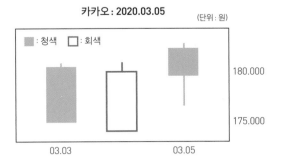

카카오 : 2020.03.05

(단위 : 원)

시가	종가
① 3월 3일	3월 4일
② 3월 3일	3월 5일
③ 3월 4일	3월 3일
④ 3월 5일	3월 3일
⑤ 3월 5일	3월 4일

일반적으로 수익률과 위험도는 파생 상품이 가장 크고, 채권이 가장 작다. 포트폴리오 1과 3은 주식 및 파생 상품 투자 비중이 크므로 위험 추구형 투자자에게 적합하며, 포트폴리오 2와 4는 채권 투자 비중이 크므로 위험 회피형 투자자에게 적합하다. 포트폴리오 1과 3은 주식에 투자하는 비중이 동일하나 포트폴리오 3의 파생 상품 투자 비중이 크므로 투자자 A는 포트폴리오 3에 투자할 것이다. 반면 포트폴리오 2와 4는 파생 상품 투자 비중이 동일하나 포트폴리오 2가 채권에 투자하는 비중이 크므로 투자자 B는 포트폴리오 2에 투자할 것이다.

정답 ④

자산의 유동성이란 금융자산을 현금으로 전환할 수 있는 정도를 말하며 환금성이라고도 한다. 사회에서 통용되는 가장 보편적인 교환수단은 현금으로 현금 이외의 자산은 일단 현금으로 전환해 사용한다. 이때 자산을 현금화하는 과정이 쉽고 빠르다면 유동성이 높고, 현금화가 어렵다면 유동성이 낮아진다. 즉 현금의 유동성이 가장 높고, 다음으로 언제든 인출 가능한 당좌 예금의 유동성이 높다. 만기 시 인출이 가능하고, 만기 전 인출 시 수수료와 이자 등에서 비용이 발생하는 정기 예금이나 정기 적금은 당좌 예금보다 유동성이 낮다. 증권은 일반적으로 거래량이 많을수록 유동성이 높다. 주식은 시장에서 거래량이 많아 원하는 시점에 매매가 가능하기 때문에 채권보다 유동성이 높다. 펀드는 간접투자상품으로 유동성에 제약이 있으며 부동산은 실물자산으로 현금화가 가장 어렵다.

정답 ②

채권의 시장 가격은 각 채권에 내재하는 특징인 채무 불이행 위험, 유동성, 정보비용, 세금 부과 여부 등에 의해 발생한다. 이자율 차이(이자율 스프레드)는 각 채권에 대한 시장 참여자들의 예상과 평가가 반영된 결과로서 경기예측에 유용한 지표가 된다. 인플레이션이나 이자율변동 위험 등은 시장 전체에 대한 위험으로 모든 채권에 동일하게 영향을 미친다.

정답 ④

주식에 대한 설명이다. 주식은 주식회사의 자본을 이루는 단위로, 소유자는 주주다. 발행 주체는 자기 자본조달의 수단이 된다. 투자자는 시세 차익을 목적으로 투자하며 경영 성과에 따라 배당을 받는다. 투자자는 매매 양도가 가능하다. 반면, 채권의 소유자는 채무자이며 채권에는 상환 만기일이 표시된다. 채권은 타인자본조달의 수단이 되며 만기 시 원금과 이자를 상환해야 한다.

정답 ⑤

해설 05

자기자본(우선주+보통주) 비중은 40%에서 60%로 증가했다. 은행 대출을 통한 간접금융 방식은 20%에서 30%로 증가했으므로 직접금융을 통한 방식은 감소했다. 장기금융시장인 증권시장에서 조달한 방식(우선주+보통주+회사채) 비중은 80%에서 70%로 감소했다. 원금과 이자를 상환해야 하는 자본증권(회사채) 비중은 40%에서 10%로 감소했다. 이익배당에 우선권이 있는 자본증권(우선주) 비중은 10%에서 30%로 증가했다.

정답 ③

해설 06

유가증권시장의 운영 주체는 한국거래소다. S전자의 등락은 전일 종가에 비해 1,000원 올랐기에 전일 종가는 9,500원임을 추정할 수 있다. H자동차는 당일 최고가가 3,800원이며 종가가 3,700원이므로 마감 전 가격 하락이 있었음을 유추할 수 있다. K건설의 당일 거래 최고가격은 10,700원이다.

정답 ④

해설 07

증권시장을 분석하는 방법은 크게 기본적 분석과 기술적 분석으로 나뉜다. 기본적 분석은 회사의 재정 상태나 핵심 역량 등을 분석하는 방법을 말하며, 기술적 분석이란 주가나 거래량을 바탕으로 금융시장을 분석하는 방법을 말한다.

봉도표는 기술적 분석에서 가장 기본적으로 사용되는 도구다. 봉도표의 각 봉은 몸체와 심지로 구성되며 이를 통해 주식의 시가, 종가, 고가, 저가에 대한 정보를 한 번에 표시한다. 봉의 몸체는 당일 시가와 종가를 나타내며, 봉의 몸체 아래위로 뻗은 심지는 당일 고가와 저가를 나타낸다. 이때 청색봉은 음봉, 적색봉은 양봉이라고 한다.

시가보다 종가가 낮은 경우에는 음봉으로 나타내며, 시가보다 종가가 높은 경우에는 양봉으로 나타낸다. 따라서 카카오의 시가는 3월 5일에 가장 높고, 종가는 3월 4일에 가장 높다.

정답 ⑤

○ ○

인생을 살다보면 주택 구매나 학자금 마련처럼

큰 액수의 돈이 필요할 때가 있다.

우리가 저축한 금액보다도 더 큰 금액이 필요하다면

어쩔 수 없이 구매를 포기해야 한다.

그러나 이때 우리가 돈을 빌릴 수 있다면 더 나은 삶을 누릴 수 있다.

돈을 빌릴 때는 우리가 돈을 갚을 수 있는 능력,

즉 신용을 입증해야 하며 대출을 받은 이후에는 빚(부채)을

어떻게 갚아야 할지 계획적으로 관리해야 한다.

PART

4

신용과 부채 관리

설치

CHAPTER 1

신용

#신용점수 #신용관리 #신용카드

누군가를 믿을 수 있을 때 "그 친구는 신용이 있어"라고 말하곤 한다. 금융에서는 신용이라는 단어가 좀 더 구체적으로 그가 '돈을 갚겠다는 약속'을 지킬 수 있는지를 의미한다. 미래에 대출을 받고자 할 때 도움이 되기 위해서는 평소에 신용을 잘 관리해야 한다.

1 신용의 의미

신용은 외상으로 물건을 구매하거나 돈을 빌려 쓴 후 약속한 날에 제대로 갚을 수 있는 능력을 말한다. 즉, 신용이란 일반적으로 사람에 대한 믿음으로 경제적인 지불 능력에 대한 사회적인 평가다. '돈을 빌리고 빌려주는 데 있어서 얼마나 믿을 수 있나?'가 신용을 의미한다. 당연히 돈을 빌려서 그 돈을 갚겠다는 약속을 잘 지키는 사람이 신용이 있는 사람이다. 즉, 우리가 어떤 사람에게 '신용이 좋다' 혹은 '신용이 나쁘다'라고 말하는 것은 개인의 경제적 활동에 대한 평가가 된다. 따라서 장래의 어느 시점에서 그 대가를 치를 것을 약속하고 현재에 어떤 가치를 얻을 수 있는 능력을 신용이라고 한다.

신용 거래는 자신의 신용을 바탕으로 미래에 대가를 지불할 것을 약속하고 현재 시점에서 상품이나 현금 또는 서비스를 받기로 하는 일종의 계약 행위를 말한다. 신용 거래는 신뢰를 바탕으로 하는 계약 행위로서 가계의 경우 신용을 이용하여 미래의 소득을 현재에 가져다 사용하게 된다. 즉, 가계(빌리는 경우)는 미래의 재정적 능력을 바탕으로 한 신뢰(신용)를 이용하여 자금을 빌린다. 빌려주는 측에서는 계약의 조건에 따라 자금, 상품, 또는 서비스를 제공하는 역할을 수행할 수 있다는 신뢰(신용)가 필요한 것이다. 일반적으로 '신용'은 돈을 빌려주는(신용을 제공하는) 입장에서 사용하는 말이고, 신용을 이용하는(소비자)입장에서는 신용을 통해 받은 '빚'이다. 그러므로 신용과 빚은 동전의 양면과 같은 개념이다. 신용은 빌릴 수 있는 돈의 양이라고 할 수 있으며 이미 사용한 신용의 양은 빚으로 볼 수 있다.

2 신용의 필요성

1. 대출의 용이성

'신용 사회'라는 말은 신용이 모든 사회생활의 기초가 된다는 의미다. 알게 모르게 신용은 어느새 우리 생활에 깊숙이 파고들고 있다. 평소에는 고마움을 잘 모르지만 막상 신용으로 인해 어려움을 겪으면 신용이 얼마나 중요한 것인지를 새삼 깨닫게 된다. 당장 신용이 없으면 필요할 때 돈을 빌릴 수가 없다. 특히 신용에 까다로운 금융기관에서는 대출을 받기가 더욱 어렵다. 그래서 어쩔 수 없이 사채를 쓰는 사람들이 있다. 사채는 개인끼리 주고받은 빚을 가리킨다. 이러한 사채는 금융 회사와는 비교할 수 없을 만큼 이자가 높다. 신용이 없기 때문에 그만큼의 대가를 치르는 것이다.

2. 기대 생활수준 유지

소비자 입장에서 보면 당장 돈이 없을지라도 신용은 현재 시점에서 만족을 얻을 수 있게 해준다. 미래 소득을 현재로 앞당겨서 사용하기 때문에 비록 현재 소득이 충분하지 못할지라도 소비자가 원하는 생활수준을 유지할 수 있다. 실제로 우리 생활에서 신용을 이용하고 있는 경우는 많다. 신용카드는 물론이고 휴대 전화 요금도 서비스는 미리 사용하고 요금은 한 달 후에 지급하는 일종의 신용 행위다.

3. 금전 관리의 융통성

우리는 살아가면서 인생의 중요한 시점에 대학등록금이나 결혼 비용 등의 목돈이 필요한 때가 있다. 이러면 신용을 통해 필요한 자금을 충당할 수 있으므로 신용은 금전 관리에 융통성을 준다. 목돈을 사용해야 할 때 신용을 이용하면 소비자에게는 오히려 유리할 수도 있다. 신용을 이용하는 것은 사회에서 개인의 신용도를 높이는 역할을 하므로 앞으로의 경제생활을 더욱 편리하게 해주기 때문이다.

③ 개인신용관리의 중요성

일찍이 신용 사회로 정착된 선진국에서는 신용이 나쁘거나 신용 기록이 아예 없는 사람들은 경제 활동에서 심한 제약을 받기 때문에 개인의 신용관리가 생활화되어 있다. 신용 사회에서 신용관리는 점차 강화되고 있으며 그 중요성이 더욱 증가하고 있다.

예를 들어 신용 등급이 나쁜 사람은 보험 가입도 불리하다. 보험 회사는 신용 등급이 나쁜 경우 보험 가입액을 제한할 수도 있다. 취직할 때도 신용 등급을 고려하고 있으며 취업 후 개인 파산을 신청한 직장인은 회사 인사 규정에 따라 불이익을 받기도 한다. 결혼할 때도 신용 등급이 개인의 재정 상태를 증명하는 역할을 한다. 그리고 외국으로 이민 갈 때도 개인의 신용 보고서에 따라서 이민 여부의 판단에 반영된다고 하니 신용관리는 점점 더 중요해지고 있다.

신용은 일단 잃고 나면 회복이 어려우므로 평소에 습관처럼 잘 관리하는 것이 좋은 신용을 유지하는 비결이다. 작게는 빌려 본 책이나 비디오 등을 반드시 약속한 날짜에 돌려주는 것부터 시작해서 휴대 전화 요금 등은 꼭 제때 지불하는 습관을 들이고 무엇이든 약속을 잘 지키는 것이 중요하다. 우리나라에서도 신용 규모가 매년 빠른 속도로 증가함에 따라 채무 불이행자의 수 역시 급속도로 늘어나면서 사회적으로 커다란 문제가 되고 있다. 이러한 채무 불이행자가 되지 않도록 자신의 신용관리에 관심을 가져야한다.

1. 신용 정보의 의미와 활용

신용이란 외상으로 물건을 구매하거나 돈을 빌려 쓰고 미래의 약속한 날에 갚을 수 있는 능력을 의미한다. 따라서 신용 정보란 그 사람이 외상으로 구입한 물건이나 돈을 약속한 날짜에 얼마나 잘 갚을 수 있는지를 평가하는 데 필요한 자료다. 이러한 신용 정보는 은행이 돈을 필요로 하는 사람에게 대출해줄 때 조회된다. 신용 정보에 따라 빌려줄 수 있는 최대 액수와 대출 이자를 정한다.

평소 신용이 좋다면 대출 금액이 많아지고 대출 이자율도 낮아지지만 그 반대의 경우는 대출 금액이 줄어들고 대출 이자율도 높아진다. 최악의 경우에는 은행이 돈을 전혀 빌려주지 않을 수도 있다. 이렇게 신용 정보는 금융 회사에서 돈을 빌릴 때 가장 많이 사용된다. 또한 백화점 고객 카드를 신청하거나 휴대 전화를 사용하려고 통신 회사에 가입할 때 등과 같이 비금융 회사와 상거래를 하는 경우에도 회사 측에서 거래 여부와 거래 조건을 결정하기 위한 근거로 신용이 중요하게 활용되고 있다.

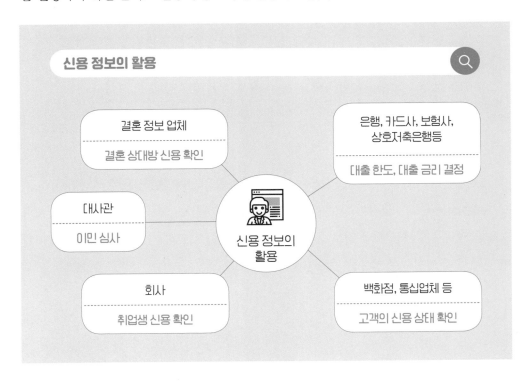

2. 신용 정보의 종류

오늘날의 경제생활에서 신용은 미래의 지불 약속에 대한 이행 가능성을 나타내는 매우 중요한 정보다. 그러나 이러한 경제 주체들의 신용 상태에 대한 정보를 알기 위해서는 오랜 시간과 많은 비용이 필요하다. 따라서 경제 전체의 거래 비용을 줄이기 위하여 개인의 신용을 평가하고 축적하여 이를 공유하는 제도가 운영되고 있다. 즉, 다음과 같은 개인 신용 정보들이 전국 은행 연합회와 신용 조회 회사들에 의해 집중적으로 관리된다.

식별 정보 🔍 성명, 주민등록번호, 자택 주소, 자택 전화번호, 직장명, 직장 주소, 성별, 국적 등과 같이 신용 정보의 주체인 개인을 식별할 수 있는 정보를 말한다.

채무 불이행 정보 🔍 대출금이나 신용카드대금에 대한 연체 정보 및 금융 질서 문란 정보 등을 지칭한다.

금융 거래 정보(신용 거래 정보) 🔍 금융 회사와의 신용 거래에 관한 정보로 다음과 같은 정보가 포함된다.

거래 개설 정보	신용카드 발급, 계좌 개설에 대한 내역
대출 정보	신용 또는 담보 대출 내역
보증 정보	타인 대출에 대한 채무 보증 내역
현금서비스 정보	신용카드의 현금서비스 사용 내역
채무조정 정보	신용 회복 위원회 등의 신용 회복 제도를 이용한 내역

능력 정보 🔍 개인의 소득, 재산 등 경제적인 능력을 알려주는 정보에 해당한다.

공공기록 정보 🔍 법원이 채무 불이행자로 판결했던 정보, 국세청과 지방 자치 단체가 보유한 납세자의 세금 체납 정보 등과 같이 공공기관이 보유한 정보를 말한다. 공공기관이 전국 은행 연합회로 정보를 등록하여 공유한다.

5 개인 신용 점수

1. 개인 신용 점수의 의미

국가와 기업의 상환 능력은 공개 정보를 통해 파악하지만 개인 소득과 재산은 사적인 영역이라서 상환 능력을 정확히 평가하기 힘들다. 게다가 상환 능력이 있어도 연체하는 사람이 있으므로 신용 점수는 과거의 신용 거래 행태를 보고 채무 상환 의지를 평가하는 자료가 될 수는 있지만, 개인의 상환 능력까지 정확히 평가하는 자료라고 할 수는 없다. 따라서 개인의 상환 '의지'는 개인 '신용 점수'를 통해서 파악하고, 개인의 상환 '능력'은 대출을 내주는 금융사에서 '소득과 재산'에 대한 증빙 자료를 통해 파악하곤 한다.

2. 개인 신용 등급의 체계

금융 회사를 이용하는 사람이면 누구나 신용 점수가 매겨진다. 현재 금융기관들이 사용하고 있는 개인 신용 평가 시스템CSS:Credit Scoring System에서는 금융기관이 자체적으로 보유하고 있는 고객 정보와 신용 정보 제공 회사인 CBCredit Bureau에서 제공하는 정보를 활용해 개인들의 신용을 평가한다.

과거에는 신용 점수를 신용 등급으로 구분하여 평가하였으나, 약간의 점수 차이로 등급이 바뀔 경우 받는 불이익이 크다는 한계점을 극복하기 위해 신용 점수제가 시행되고 있다. CB에 따라 신용 점수를 산정하는 방식이 차이가 있는데 신용 등급별로 점수를 매칭하면 다음과 같다.

신용 점수는 연소득, 직업, 근무 연수, 대출 금액, 연체 여부, 결혼 여부, 주택 보유 여부, 재산세 등을 종합하여 산정한다. 각 점수에 해당하는 등급의 의미는 다음과 같다.

1~2등급(최우량 등급): 오랫동안 우량한 신용 거래 경력을 보유하고 있으며 부실화 가능성이 매우 낮은 집단

3~4등급(우량 등급) : 활발한 신용 거래 실적은 없으나 꾸준한 우량 거래를 하면 상위 등급 진입 가능성이 있는 부실화 가능성이 낮은 집단

5~6등급(일반 등급) : 중소 금융 회사와 거래가 있고 단기 연체 경험이 있으며 일반적인 수준에서 신용관리에 주의가 필요한 집단

신용평가사 별 신용점수-등급 환산표

신용등급		NICE	KCB
최우량	1	1000 ~ 900	1000 ~ 942
	2	899 ~ 870	941 ~ 891
우량	3	869 ~ 840	890 ~ 832
	4	839 ~ 805	831 ~ 768
일반	5	804 ~ 750	767 ~ 698
	6	749 ~ 665	697 ~ 630
주의	7	664 ~ 600	629 ~ 530
	8	599 ~ 515	529 ~ 454
위험	9	514 ~ 445	453 ~ 335
	10	444 ~ 0	334 ~ 0

7~8등급(주의 등급) : 주로 중소 금융 회사와 거래가 많고 단기 연체경험도 여러 번 있어 신용의 하락이 예상되는 주의해야 할 집단

9~10등급(위험 등급) : 현재 연체 중이거나 매우 심각한 연체 경험이 있는 부실화 가능성이 높은 집단

3. 개인 신용 등급의 사용

개인 신용 등급 기준으로 최소 6등급 이상인 '일반'이 되어야 은행으로부터 대출을 받을 수 있다. 그 이하로 떨어지면 제2금융권 또는 불가피하게 대부업체나 사채업자를 알아볼 수밖에 없다. 개인 신용 점수가 낮으면 그만큼 높은 금리를 지불하고 대출을 받아야 하는 상황에 직면한다. 개인 신용 점수는 금융 회사를 비롯한 대부업체들이 다음과 같은 사항들을 결정할 때 사용한다.

신규 고객 🔍 신규 고객에게 돈을 빌려주거나 신용카드를 발급할 때 신용 등급이 사용된다.

기존 고객 🔍 기존 고객의 대출금 만기 연장 여부를 결정하거나 이자율을 매길 때, 대출 한도를 조정할 때도 신용 등급을 사용한다. 금융 회사들이 신용 등급을 참조하지만 최

종적인 결정은 일반적으로 각 금융 회사의 자체 심사기준에 의해 이루어진다. 또한 주택 금융 공사의 학자금 대출, 지역 보증 재단의 보증서 발급 등 공공기관이 공적 자금을 사용할 때도 활용하는 등 신용 등급의 활용 범주가 점점 확대되고 있다.

4. 개인 신용 등급 관리 방법

개인 신용 등급은 주로 연체나 부도 발생, 신규 대출금 증가 등 평가 요인에 따라 변동되지만, 상당 부분은 개인 신용 등급 관리 방법에 대한 개인의 정보 부족 및 관리 소홀 등에 의해 기인한다. 따라서 개인 신용 등급 관리 방법을 알아두는 것이 좋다.

건전한 신용 거래 이력 관리 개인 신용 등급은 개인의 과거 신용 거래 실적 및 현재 신용 거래 내용을 바탕으로 평가된다. 따라서 신용 거래가 거의 없는 금융 소비자의 경우 개인 신용 등급 평가 근거 부족으로 높은 신용 등급을 받기 어렵다. 개인 신용 등급을 잘 받기 위해서는 연체 없이 대출 거래, 신용카드 이용 등을 통해 신용 거래 실적을 꾸준히 쌓아야 한다.

적정한 채무 규모 설정 과다한 채무를 보유하게 될 경우 연체 위험이 상승한 것으로 평가되어 개인 신용 등급이 하락하게 된다. 따라서 새로운 대출을 받게 될 경우 개인 신용 등급의 하락에 따른 대출 금리 상승 등으로 인해 이자 부담 등이 증가할 수 있다. 본인의 소득 규모와 기본적 생활비 등을 고려하여 감내할 수 있는 수준 내에서 채무 규모를 설정하고 같은 수준 내에서 대출 및 신용카드 등을 이용해야 한다.

지급기일 엄수 카드 이용 대금, 통신 요금 등에 대한 소액, 단기 연체의 경우 발생 횟수가 증가하면 개인 신용 등급 하락을 초래한다. 대출 상환일, 카드 지급기일 등 모든 지급기일을 철저히 지켜서 개인 신용 정보에 연체 내용이 기록되지 않도록 주의해야 한다. 또한 주기적인 결제 대금의 경우 연체 발생을 방지하기 위해 자동 이체를 활용하는 것이 좋으며 주기적인 통장 잔액 확인도 필요하다.

연체는 금물 연체 정보는 개인의 신용 등급 평가에 가장 부정적으로 영향을 미치는 요소이기 때문에 일단 소액이라도 연체가 발생하면 이를 상환하더라도 그 후 오랫동안 본인의 개인 신용 평가에 불이익 정보로 반영된다. 개인 신용 등급을 높이기 위해서는 계획적이고 합리적인 소비를 생활화하여 소액이라도 절대 연체가 발생하지 않도록 관리해야 한다.

타인에 대한 보증은 금물 🔍　　타인의 대출에 보증을 서는 경우 이러한 보증 내역이 신용 조회 회사에 집중되어 개인 신용 등급에 반영되므로 주 채무자가 연체하지 않더라도 보증인의 개인 신용 등급이 하락하거나 본인의 대출 한도가 줄어들 수 있다. 따라서 타인에 대한 보증은 아주 불가피한 경우에만 서도록 한다.

장기연체부터 상환 🔍　　여러 건의 연체가 발생한 경우 연체 기간이 길수록 개인 신용 등급에 불이익을 많이 받는다. 다수의 연체 건이 있는 경우 가장 오래된 연체 건부터 상환함으로써 연체 정보로 인한 개인 신용 평가에서의 불이익을 감소시켜야 한다.

철저한 주소지 및 연락처 관리 🔍　　금융 회사에 주소, 이메일, 전화번호 등의 변경을 통보하지 않는 경우 청구서가 제대로 전달되지 않고 연체가 발생하더라도 금융 회사로부터 안내를 받지 못하는 경우가 발생한다. 따라서 연락처나 주소지가 변경된 경우 금융 회사에 연락처 및 주소지 변경신청을 해야 한다.

주거래 금융 회사 집중 거래 🔍　　주거래 금융 회사를 정해 이용할 경우 해당 금융기관의 내부 신용 등급에 긍정적인 영향을 미치게 되므로 금융 거래 시 우대 금리 적용, 수수료 면제 등의 혜택을 받을 수 있다.

본인의 신용 정보 현황 파악 🔍　　금융 소비자는 신용 조회 회사에 집중된 본인 신용 정보와 정확성 점검 등을 위해 4개월에 1회 무료로 열람할 수 있다. 본인 신용 정보의 정확성을 정기적으로 확인하고 본인 신용 정보에 오류가 있는 경우 1단계로 신용 조회 회사에 이의를 제기하면 된다. 만약 1단계 처리 결과에 만족하지 못한 경우 금융감독원에 설치된 「개인신용평가 고충처리단」에 2단계로 이의를 제기할 수 있다.

　이와 같은 신용 등급은 소득 수준이 높거나 재산이 많다고 해서 무조건 높은 등급을 받는 것은 아니다. 신용 등급에서 필요로 하는 정보는 연체 여부다. 돈을 빌리고 제때 갚았는지를 보기 때문에 평소에 연체하지 않는 습관을 들이는 것이 중요하다. 더구나 작은 돈이라도 연체 정보는 금융권에 제공되므로 주의해야 한다. 즉, 소액 연체도 기간과 금액에 따라 신용 등급에 영향을 준다. 은행, 카드, 보험, 저축 은행 등 대부분의 금융 회사들은 개인 신용 정보 회사, 신용 평가 전문 기관이 제시하는 정보를 공유하고 있다. 그 밖에 휴대 전화 요금 납부실적, 신용카드현금 서비스 이용 횟수 등도 개인 신용도에 반영된다.

신용 등급 관리 방법

 신용 등급을 올리려면?

3~4등급 ➜ 1~2등급
- 신용 거래 실적을 높인다.
- 꾸준한 우량 거래를 지속한다.

5~6등급 ➜ 3~4등급
- 대출금의 일부를 갚는다.
- 과도한 금액의 추가 대출을 피한다.

7~8등급 ➜ 5~6등급
- 제2금융권 대출을 상환한다.
- 단기간에 신용 조회를 받지 않는다.

9~10등급 ➜ 7~8등급
- 소액이라도 연체 금액을 갚는다
- 추가 대출과 카드 사용은 자제한다.

 등급이 떨어지지 않으려면?

연체
- 5만 원 이상 5일 이상의 연체를 하지 않는다.
- 카드 결제액, 자동차 할부금, 통신 요금 등의 연체에 주의한다.

과도한 대출
- 과도한 대출(연봉 5,000만 원의 회사원일 경우 2억 원 이상의 대출)은 피한다.

짧은 기간 사용 등급 조회 기록
- 짧은 기간 동안 많은 수의 신용 조회 기록을 피한다.
- 신용 조회를 수반하는 금융 거래는 각별히 주의한다.

자료 : 한국신용정보

6 신용카드

1. 신용카드의 개념

신용카드는 신용을 획득하기 위하여 수시로 이용되는 카드, 표찰, 증서, 기타 신용장 치로, 당장은 돈이 없어도 물건을 구입하거나 서비스를 받을 수 있는 증거가 된다. 또한 대금을 당장 지급하지 않고 신용으로 물건이나 서비스를 살 수 있으므로 지급수단의 일 종이라고 할 수 있다. 이러한 의미에서 신용카드를 현금이나 수표에 이은 '제3의 화폐'라 고 하며 일종의 보증서와 같은 역할을 한다.

2. 신용카드의 원리

일반적으로 신용카드를 사용하는 데에는 카드 발행자(은행 또는 카드 회사), 카드 가맹점, 카드 회원 등 3개의 당사자가 관여한다. 먼저 카드 발행자는 신용이 있다고 판단되는 일 정한 자격요건을 갖춘 사람에게 카드를 발급해주고 그 대가로 연회비나 할부 수수료, 이 자 수입 등을 얻는다. 그러면 카드를 발급받은 사람(카드 회원)은 카드를 가지고 가맹점에

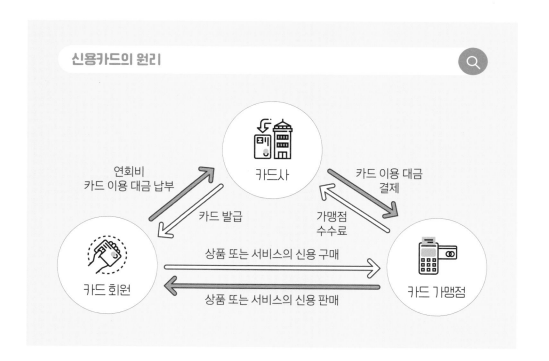

서 물건이나 서비스를 신용으로 구매한다. 이때 물건값은 카드 회원을 대신해 카드사가 가맹점에 결제하고 일정 기간이 지난 다음 카드 회원으로부터 그 대금을 받는다. 이 대가로 카드 가맹점은 카드 발행자에게 수수료를 낸다. 이렇게 해서 신용카드가맹점에서 신용카드를 제시하고 물건을 살 수 있는 것이다. 즉, 우리는 현금이 없어도 상점에서 물건을 가져올 수 있고 그 상점은 신용카드회사에 물건의 대금을 청구하며 우리는 나중에 신용카드회사에 대금을 지불하는 것이다.

3. 신용카드의 기능

지급 결제 수단의 기능 🔍　신용카드의 지급 결제 수단 기능은 현금이나 어음·수표 등을 대신하여 물품의 판매 또는 용역의 대금을 결제하는 기능으로서 신용카드의 가장 대표적인 경제적 기능에 속한다. 최근에 와서 신용카드의 지급 결제 기능은 그 중요성이 더욱 커지고 있으며 이용 금액 또한 증가 추세다.

신용 공여 및 창조의 기능 🔍　신용카드는 당장 현금이 없어도 재화와 서비스를 구매할 수 있으며 할부 구매나 신용 구매 등 판매 신용을 이용할 수 있다. 그리고 일정 한도의 신용 한도를 부여받아 그 한도 범위 내에서 결제 가능한 한도를 초과하여 사용할 수 있다는 점에서 신용 공여 및 창조의 기능이 있다.

4. 신용카드의 장점

편리성 🔍　당장 현금이 없어도 필요한 물건이나 서비스를 구매할 수 있어서 편리하다. 만일 신용카드가 없었다면 고가의 물건을 살 때마다 일일이 많은 양의 돈을 들고 가야만 했을 것이다. 신용카드를 사용하면 많은 현금을 소지하지 않아도 된다.

안전성 🔍　현금이나 수표·어음의 소지, 분실, 도난 등에 따른 위험에서 벗어날 수 있기 때문에 안전하다. 현금 등의 소지에 따른 위험성은 매우 큰 편이다.

합리적인 가계 관리 🔍　신용카드회사에서 보내주는 카드 대금 고지서는 지출기록이 되어 가계 관리에 유용하게 사용될 수 있다. 즉, 자신의 소비내역을 정리할 수 있으므로 합리적인 가계 관리에 도움이 될 수 있는 것이다.

금전적 이득 🔍　일시불 이용 시 대금 지급 기간의 연기효과가 있기 때문에 그 기간 이자 등의 이익을 통해서 금전적인 이득을 취할 수 있다. 또한 할부구매를 통하여 차입 효과를 가질 수도 있다.

세금 절약 🔍 세금을 절약할 수 있다. 상거래의 투명성을 확보하기 위해 정부가 신용카드의 사용 금액에 대하여 일정한도 내에서 소득공제를 해주기 때문이다.

신용도 증가 🔍 신용에 대한 기록이 쌓여서 개인의 신용도를 높일 수 있다.

부가 서비스의 혜택 🔍 포인트 적립, 할인 혜택 등 다양한 부가 서비스를 제공받을 수 있다.

신용 한도 이용 🔍 카드론, 현금 서비스 등 직접적인 신용 한도를 이용할 수 있다.

5. 신용카드의 단점

다양한 신용카드의 장점에도 불구하고 다음과 같은 단점들도 있으므로 신용카드 사용 시 주의해야 한다.

과소비 조장 🔍 물품이나 서비스 구매 시에 현금이 들지 않는 외상구매의 속성으로 인해 충동구매를 할 수 있다. 이러한 충동구매는 과소비를 조장한다.

신용 약화 위험 🔍 자신의 결제 및 상환 능력을 초과하여 신용카드를 사용함으로서 대금 결제를 제때에 하지 못한다면 부채가 발생할 수 있다. 이는 연체로 이어질 수도 있으므로 신용이 나빠지고 나아가 소비자 파산까지 이를 수 있는 위험도 있다.

미래 소득 감소 🔍 현재의 구매력을 증대시킴으로써 순간적인 소비 욕구를 충족시켜 줄 수는 있지만, 미래의 가처분 소득을 감소시킨다. 즉, 장래의 소득을 앞당겨 현재에 소비하는 것이므로 현재의 구매력을 증가시킬 수는 있지만, 전체적인 구매력 자체를 증가시키는 것은 아니다. 따라서 신용카드를 사용할 때는 미래에 갚을 수 있는지를 먼저 고려해야 한다.

사회적 비용 증가 🔍 지나친 카드발급 경쟁으로 인하여 사용하지 않는 다수의 카드를 발급함으로써 회원의 연회비 부담과 카드 회사의 발급 비용 등 불필요한 사회적 비용을 증가시킬 수 있다. 또한 재화 구입 시에 카드 수수료가 가격에 전가되어 현금 지불에 비해 가격이 비싸질 수도 있다.

정보 유출 위험 🔍 개인 정보 유출로 피해를 볼 수 있다.

1. 선불카드

미리 일정액의 현금을 내고 구입하거나 충전한 후 일정한 한도 내에서 사용 가능한 카드다. 일반 신용카드가맹점은 물론 인터넷 쇼핑몰에서도 소액 결제가 가능하고 할인 서비스 등 청소년들이 선호하는 부가 서비스가 많아 편리하다. 이렇게 카드 결제의 편리함과 함께 다양한 부가 서비스를 제공받을 수 있고 충전 금액 내에서만 사용이 가능하므로 과소비를 예방할 수 있는 장점이 있다. 카드 형식으로 되어 있는 선불카드에는 충전형인 교통 카드가 있고 일회용으로 표시 금액만큼만 사용할 수 있는 카드형 백화점 상품권, 공중전화 카드, 게임 선불카드 등이 있다.

2. 직불카드

은행에 예금 계좌만 있으면 누구나 발급받을 수 있다. 카드를 사용할 때 통장에서 돈을 찾아 쓰는 것처럼 바로 은행 계좌에서 돈이 빠져나가기 때문에 돈 관리가 서툰 청소년들에게 적합하다. 하지만 별도의 직불카드 가맹점에서만 쓸 수 있는 데 비해 가맹점 수가 많지 않다는 점이 단점이다.

3. 체크카드

체크카드는 신용카드와 직불카드의 장점을 결합한 카드다. 직불카드와는 달리 모든 신용카드가맹점에서 24시간 사용할 수 있어 편리하다. 연체 위험이 없으면서도 전자 상거래와 해외에서 이용할 수 있고, 포인트 적립, 놀이공원 무료입장 등 각종 혜택과 부가 서비스까지 제공받을 수 있어 편리성은 신용카드와 비슷하다. 은행 예금만 있으면 누구나 쉽게 발급받을 수 있지만, 일반적으로 신용 거래는 할 수 없는 카드다.

CHAPTER 2

대출

#DTI #원금균등분할상환 #원리금균등분할상환 #담보대출 #신용대출

일반적으로 은행은 예금을 통해 조달한 자금을 개인이나 기업에 빌려준다. 이것이 바로 '대출'이다. 특히 은행 등의 금융기관이 개인이나 가계에 자금을 빌려주는 것을 '소비자 대출(소비자 금융)'이라고 한다. 이러한 소비자 대출은 소비자 신용의 일종이라고 할 수 있다. 그렇다면 우선 소비자 신용의 개념부터 살펴보자.

1 소비자 신용

소비자 신용은 기업이 아닌 개인이나 가계에서 소비 행위와 관련한 신용을 사용하는 행위를 말한다. 즉, 소비자 신용이란 금융기관이나 판매업자가 일반 소비자에게 소비생활에 필요한 자금을 빌려주거나 상품 매매 대금의 상환을 일정 기간 연기해주고 그 대가로 미래에 이자나 수수료를 덧붙여서 돌려받기로 약속하는 계약 행위를 의미한다. 이러한 소비자 신용은 크게 신용 판매와 소비자 금융으로 구분할 수 있다. 다음 그래프에서 알 수 있듯이 우리나라의 소비자 신용 규모는 급격하게 증가하고 있다.

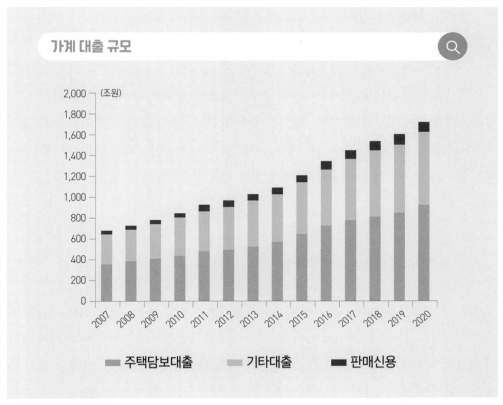

가계 대출 규모

(조원)

■ 주택담보대출　　■ 기타대출　　■ 판매신용

※ 판매신용: 신용카드 할부대출 등

2　신용 판매와 소비자 대출

1. 신용 판매

상품이나 서비스의 판매업자가 물품이나 용역을 판매하고 그 대가를 일정 기간 후에 지급받는 형태로 일종의 외상구매 방식이다. 주로 카드사, 리스사, 할부금융사, 판매업자 등이 물품이나 서비스 판매를 목적으로 신용 판매를 소비자에게 제공한다. 즉, 자동차나 내구재 구입자금을 취급하는 할부금융사나 캐피탈 회사가 있고, 가맹점의 물품과 서비스를 카드사가 미리 지급하고 그 대금을 일시 또는 할부로 소비자들에게 지급받는 신용카드회사가 있다. 이들은 모두 물품 구매에 대한 신용 공여가 발생한다는 점에서 신용 판매로 부른다. 신용 판매가 이뤄지며 신용의 발생이 유형적인 물건에서부터 시작한다.

2. 소비자 대출(소비자 금융)

소비자 대출은 금융 회사에서 일반 소비자들에게 자금을 빌려주고 소비자로부터 미래의 정해진 시기에 빌려준 자금을 갚을 것을 약속받는 것이다. 소비자 대출에는 금융권의 담보부 대출과 신용 대출, 신용카드사의 현금 서비스, 대부업의 사금융 등이 포함된다. 이렇게 신용의 발생이 자금을 빌려 쓰는 것에서 시작되는 것을 소비자 대출Consumer Loan 또는 소비자 금융Consumer Finance이라고 하며 주로 은행, 카드사, 보험사, 상호저축은행, 파이낸스 회사 등 다양한 채널을 통해 소비자에게 소비자 금융이 제공되고 있다.

> ③ **소비자 대출 이용 시 고려할 사항**   ⋮

재무 목표 달성을 위해 소비자 대출을 이용한다면 소비자 대출도 부채라는 사실을 인지하고 적절하게 이용할 방안을 찾아야 한다. 소비자 대출을 이용하는 것이 목적에 따라서 적절한 방법이 될 수도 있지만, 오히려 재무적으로 큰 부담이 될 수도 있다. 따라서 대출을 이용할 때는 대출 금액, 금리의 종류, 상환 방법, 기간 등을 정확히 파악해서 필요 이상의 부채를 가지지 않도록 적절한 관리를 함께 해야 한다.

1. 소득 대비 적정한 대출 한도

대출 한도를 정할 때는 원리금 상환액이 가계의 소득 범위 내에서 이뤄져야 한다. 대출 한도 결정은 총부채 상환 비율DTI:Debt To Income Ratio 과도 연관되어 있는데 금융감독원에서 권하는 총부채상환비율은 금융 부채 원리금 상환액이 소득에서 차지하는 비율을 의미한다. 즉, 연간 소득 대비 연간 대출 원리금 총액의 비율을 의미하는 것으로 담보 대출을 취급하는 하나의 기준이다.

$$\frac{\text{해당 주택담보대출 연간 원리금 상환액} + \text{기타 부채의 연간 이자 상환액}}{\text{연소득}}$$

2. 대출 금리의 조건

고정 금리 🔍 　　대출받는 시점의 금리가 약정 기간 동안 동일하게 적용되는 방식이다. 실제 금리 상승기에도 동일한 금리가 적용되므로 추가 이자부담이 없으나 변동 금리보다 금리가 높은 것이 일반적이다.

변동 금리 🔍 　　대출 기준금리의 변동에 따라 약정된 주기(3개월-5년)로 금리가 변경 적용된다. 대출 기준금리로는 COFIX(자본조달비용지수), 금융채·CD 금리가 사용된다. 금리 하락기에는 하락폭만큼 이자 부담이 감소하나 상승기에는 상승폭만큼 이자 부담이 증가한다.

혼합형 금리 🔍 　　대출을 받고 일정 기간 동안 고정 금리 적용 후 잔여기간에는 변동 금리를 적용한다. 물론 반대의 경우에도 같은 방식으로 일정 기간 동안 변동 금리 적용 후 고정 금리를 적용한다. 고정 금리와 변동 금리의 특징을 혼합한 형태로 소비자의 자금계획에 맞춰 운용이 가능하다.

3. 대출 상환 방식

대출 상환 방식에는 일반적으로 만기 일시 상환, 원금 균등 분할 상환, 원리금 균등 분할 상환 방식 등이 있다. 자신의 재무 목표와 재무 상태를 잘 판단하여 적절한 상환 방식을 선택해야 한다.

만기 일시 상환 🔍 　　대출 기간 동안은 이자만 부담하다 만기일에 대출 원금을 모두 상환하는 방식이다. 약정 기간 중에는 상환에 대한 부담이 없으나 대출 기간이 만료되었을 때 대출금을 상환해야 한다.

원금 균등 분할 상환 🔍 　　대출 원금을 대출 기간으로 균등하게 나누어서 매달 상환하는 방식이다. 이 방식의 경우 매월 일정한 수입이 있을 때 적당한 상환 방법이다. 대출 기간 동안 원금을 분할한 금액과 그에 따른 이자를 매달 갚아 나가는 방식이기 때문에 대출 금액을 갚아 나갈 수 있도록 매달 부담하는 이자가 줄어든다. 즉, 원금 상환에 따른 이자의 감소 효과가 있다.

원리금 균등 분할 상환 🔍 　　만기까지의 대출금 원금과 이자 총액을 대출 기간 동안 균등하게 나누어 미리 계산한 일정한 금액을 매월 상환하는 방식이다. 이 방식은 상환할 원금과 이자가 일정하므로 자금계획을 세우기에 용이하다. 즉, 원금 균등 분할 상환 방법에서 갚아야 할 금액이 매달 달라지는 불편함을 해소할 수 있다.

4 대출의 종류

앞에서 소비자 대출에 대한 개념을 살펴보았다. 이러한 소비자 대출을 포함하여 우리가 일반적으로 '대출'이라고 표현하는 것에는 다양한 종류가 있다. 어떤 기준으로 분류하느냐에 따라 다음과 같은 여러 가지 형태의 대출이 존재한다.

1. 담보 유무에 따른 분류

금융기관에서는 돈을 아무에게나 빌려주지 않는다. 돈을 빌린 개인이나 기업이 제대로 돈을 갚는다는 보장이 없기 때문이다. 따라서 돈을 빌려주기 전에 여러 가지 사항을 꼼꼼히 확인하며 혹시나 돈을 못 갚을 때를 대비해 집이나 땅과 같은 재산을 맡길 것을 요구한다. 이것을 담보라고 하고 이런 조건으로 돈을 빌려주는 것을 담보 대출이라고 한다. 즉 이러한 담보의 유무에 따라 다음과 같이 담보 대출과 신용 대출로 나뉜다.

담보 대출 🔍 집이나 부동산 등을 담보로 대출해주는 것이다. 담보물의 가치에 따라 대출 금액이 달라진다. 이러한 물적 담보 외에 인적 담보도 가능하다. 즉, 돈을 빌려간 사람(채무자) 이외의 제3자(보증인)의 신용이나 재산을 담보로 하는 것이다. 대인 담보라고도 하며, 채권의 안전을 기하기 위하여 채무자 외의 제3자를 보증인(보증 담보) 또는 연대 보증인(연대 채무)으로 세우는 것을 말한다. 인적 담보는 보증인의 신용이나 재산 상태에 따라 담보 가치를 결정한다.

보증인 🔍 대출을 받은 사람에게 반드시 먼저 대출을 갚도록 청구한 후 그 사람이 갚을 수 없으면 보증인에게 상환을 요구한다.

연대보증인 🔍 연대보증인은 대출을 받은 사람과 똑같은 대출금 상환 의무를 진다. 따라서 대출 기관은 대출을 받은 사람에게 청구하지 않고도 곧바로 연대보증인에게 대출금 상환을 청구할 수 있다. 연대보증을 선다는 것은 자신이 대출을 받는 것과 동일한 의미다. 2021년부터 개인의 연대보증은 금지될 예정이다.

신용 대출 🔍 　인적·물적 담보 없이 본인의 신용만으로 대출을 받는 것으로 금융 회사는 신용 대출 대상의 직업, 소득, 거래 실적, 인적 사항, 재산 상태 등을 개인신용평가시스템CSS:Credit Scoring System에 따라 종합적으로 분석한 후 대출 여부와 대출 한도를 결정한다.

2. 채무자에 따른 분류

가계 자금 대출 🔍 　일반 개인에게 대출하는 것이다.

일반 자금 대출 🔍 　개인의 생활 안정을 위한 자금 대출

통장 자동 대출 🔍 　약정 한도 범위 내에서 입출금이 가능한 마이너스 통장 대출

가계 당좌 대출 🔍 　가계 당좌 예금 고객을 대상으로 약정 한도 내에서 예금 잔액 초과 대출

주택 자금 대출 🔍 　주택의 신규 취득, 임차, 증축 등에 드는 자금 대출

적금 관계 대출 🔍 　적금 한도, 적금 만기 내 적금 가입자를 위한 대출

기업 자금 대출 🔍 　회사 등 법인에 대출하는 것이다.

3. 거래 방식에 따른 분류

건별 대출 🔍 　대출 약정과 동시에 대출금을 한꺼번에 지급하는 대출이다.

한도 대출 🔍 　대출 가능한 신용 한도를 정하고 한도의 범위 내에서 채무자가 필요할 때 언제든지 대출금을 인출할 수 있다. 이러한 한도 대출의 대표적인 사례는 마이너스 통장 대출과 당좌 대출이 있다.

4. 자금 성격에 따른 분류

일반 대출 🔍 　은행이 고객으로부터 받은 예금·적금을 재원으로 하는 대출이다.

카드론 🔍 　신용카드사에서 자사의 회원을 대상으로 취급하는 대출이다. 신용카드 사용과 거래 실적에 따라 대출 한도와 금리가 결정되며 손쉽고 빠르게 이용할 수 있다는 장점이 있다. 하지만 은행보다 대출 금리가 비싸고 대출 시 취급 수수료가 따로 부과되어 금리 면에서 상당한 부담이 될 수 있다.

약관 대출 🔍 　보험사에서 만기환급형 저축성 보험을 담보로 이뤄지는 것으로 지불한 보험료 누적액의 일정 범위 내에서 대출이 이루어진다.

증권 대출 🔍 　채권이나 주식, 수익 증권을 담보로 자금 대출이 이뤄지는 것으로 유가 증권 담보 대출이라고도 한다.

대출의 종류

구분	종류
담보 유무	담보 대출, 신용 대출
채무자	가계 자금 대출, 기업 자금 대출
거래 방식	건별 대출, 한도 대출
상환 방식	만기 일시 상환, 원금 균등 분할 상환, 원리금 균등 분할 상환
자금 성격	일반 대출, 카드론, 약관 대출, 증권 대출

01 아래는 은행에서 연 10% 이자율로 3개월 동안 100만 원을 대출받은 A가 대출금을 상환한 내역이다. 다음 중 A의 대출금 상환 방식으로 가장 적절한 것은?

회차	납입원금	이자	상환금	납입원금 합계	잔금
1	330,571	8,333	338,904	330,571	669,429
2	333,326	5,579	338,904	663,897	336,103
3	336,103	2,801	338,904	1,000,000	0

① 한도 대출
② 만기 일시 상환
③ 원금 균등 분할 상환
④ 만기 지정 상환액 상환
⑤ 원리금 균등 분할 상환

02 아래는 대출 상환 방법별 월 상환액과 대출 잔액 변화를 나타낸 그래프다. 다음 중 (가)~(다)에 대한 올바른 설명은?

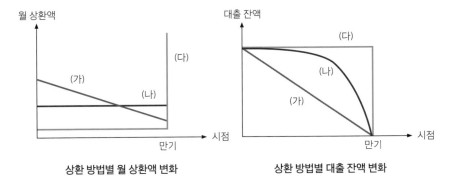

상환 방법별 월 상환액 변화   상환 방법별 대출 잔액 변화

① (가)방법은 만기까지 원금 대비 이자 비중이 일정하다.

② (나)방법은 만기까지 납부하는 총이자액이 가장 많다.

③ (가)방법은 만기까지 납부하는 이자액이 계속 감소한다.

④ (나)방법은 만기까지 원금 대비 이자비중이 계속 커진다.

⑤ (다)방법은 대출초기와 만기시점의 상환부담이 가장 크다

해설 01

A는 3개월 동안 매 회차에 33만 8,904원씩 동일한 금액을 납입했으므로 원리금 균등 분할 상환을 하고 있다. 원리금 균등 분할 상환은 대출원금에 이자를 더해 매달 동일한 금액으로 균등하게 갚는 상환 방식이다. 이때 매번 납입하는 상환금은 동일하지만, 납입이 거듭될수록 상환금에서 차지하는 이자는 줄어들고 그만큼 대출원금은 늘어난다.

정답 ⑤

해설 02

(가)는 원금 균등 분할 상환, (나)는 원리금 균등 분할 상환, (다)는 만기 일시 상환 방법이다. 원금 균등 분할 상환은 대출 원금을 균등하게 분할해 만기까지 납부하는 방식이다. 매월 납부하는 원금은 일정하나 대출 잔액이 줄어드는 만큼 매월 납부하는 이자는 지속해서 감소한다. 원리금 균등 분할 상환은 대출 원리금을 균등하게 분할해 만기까지 매월 동일한 금액으로 납부하는 방식으로 초기에는 이자 비중이 크지만, 만기에 가까울수록 원금 비중이 커진다. 월 상환액이 일정해 자금관리에 유리하나 원금 균등 분할 상환보다 납부하는 총이자액이 많다. 만기 일시 상환은 만기까지 이자만 납부하다가 만기가 되면 대출 원금을 한 번에 상환하는 방식으로 총이자액이 가장 많다. 만기 시점의 상환 부담이 커진다.

정답 ③

CHAPTER 3

부채 관리

#대출의 용도 #상환계획 #채무조정제도

부채란 빚 또는 채무를 말한다. 따라서 대출을 제때에 상환하지 못할 경우 부채가 발생한다. 부채는 소비자들이 현명하게만 이용하면 재무 목표를 달성하기 위한 수단으로 이용되지만 잘못 사용하면 연체나 소비자 파산으로 이어질 수도 있다. 따라서 부채의 사용에 따른 비용과 얻게 되는 효용을 비교하여 신중한 검토를 한 후에 투자 의사결정을 해야 한다. 재무 설계를 수립할 때는 반드시 부채를 포함한 종합적인 재무 계획을 세워야 하므로 부채 관리는 매우 중요하다.

1 부채 관리의 기본 원칙

개인 재무 관리의 최선은 부채를 발생시키지 않는 것이며 혹은 발생할지라도 부채 상환을 제때 함으로써 합리적인 부채 관리를 해야 한다. 학생일 때는 큰 금액의 부채를 이용할 기회가 많지 않겠지만, 미래에는 인생의 중요한 시점에서 목돈이 나갈 수 있어서 부채를 사용할 수도 있다. 부채를 이용할 경우 사전에 다음 사항을 검토하는 것이 좋다.

1. 대출 용도의 타당성

대출의 용도가 정확히 무엇인지 확인해야 한다. 즉, 대출의 목적이 등록금 마련이나 주택 구입 등 꼭 필요한 자금사용인지 아니면 단기간 투기나 소비를 위한 목적인지를 검토해야 한다. 투자 목적성 대출일 경우에는 비용을 포함하여 갚아야 하는 대출 이자와 투자로부터 얻게 되는 실제 수익을 비교해보고 의사결정을 하는 것이 좋다.

2. 대출 기간과 상환 계획의 적절성

대출 기간이 자금의 사용 목적에 부합하는지 검토한다. 자금 사용 목적이 장기인데 대출 기간이 단기라면 상환 계획에 차질이 생긴다. 대출 기간은 가급적 짧을수록 좋다는 것은 모두에게 적용되는 사실이 아니다. 물론, 갚아야 할 이자만 고려한다면 대출 기간이 늘어날수록 이자도 늘어나기 때문에 대출 기간이 짧은 것이 좋다. 개인의 자금 사용 목적과 상환 계획에 따라서 각자에게 적합한 대출 기간을 정해야 한다.

상환 계획은 상환 방식에 따라서 다르게 책정된다. 매월 분할 상환을 할 경우에는 자신의 소득에 대한 월 부채 상환 능력과 부채에 대한 원리금 부담 후에도 생활할 수 있는지를 파악한다. 또한 대출 기간에는 이자만 상환하다가 만기에 일시 상환하는 경우에는 어떤 자금으로 대출을 상환할 것인지 미리 계획을 세운 후에 상환 방식을 결정하는 것이 좋다.

3. 적절한 부채 규모

자신이 부담할 수 있는 최대 부채 규모가 얼마인지 파악하도록 한다. 부채 적정성 파악은 일반적으로 총자산에 대하여 총부채 금액이 얼마인지를 파악하거나 매월 상환하는 부채 상환액이 총(순)소득에서 얼마나 차지하는지의 비율을 기준으로 파악한다.

4. 주거래 은행 활용

금융 회사에 따라서는 대출을 받을 때 거래실적에 따른 대출 금리 우대 등의 각종 혜택이 있다. 전화요금, 공과금납부 자동이체 등을 주거래 은행에서 집중 거래해서 실적을 쌓으면 금융기관에서 제공하는 혜택을 받을 수 있다.

5. 절세효과 이용

자금용도가 주택 구입이나 전세자금인 경우 소득공제가 가능하므로 절세효과를 최대로 이용할 대출 상품을 고르는 것이 좋다.

2 부채를 상환하지 못했을 때: 채무조정제도 ⋮

채무조정제도는 채무자를 대상으로 상환 기간의 연장, 분할 상환, 이자율 조정, 변제기한 유예, 채무 감면 등의 채무 조정 수단을 통해 경제적으로 재기할 수 있도록 지원하는 제도다. 카드나 은행 빚 등 피치 못할 사정으로 부채가 너무 많아서 본인이 감당하기 어려울 경우 민간이나 정부에서 운영하는 채무조정제도의 도움을 받을 수 있다.

개별 금융 회사의 채무조정지원 🔍　각 금융 회사는 고객 중 연체자를 위한 채무 조정 지원 프로그램을 운영하고 있다. 이 프로그램은 1개의 금융 회사에 소액의 부채가 있는 경우 사용할 수 있다. 만일 금융 회사에서 돈을 빌린 후 채무를 기한 내에 갚지 못할 경우 연체 기한을 넘기기 전에 미리 해당 금융 회사와 상담을 하는 것이 좋다.

연체전 채무조정 🔍　상환이 정상이행 중이라도 연체가 예상될 경우 이용할 수 있는 제도다. 신청이 통과되면 연체이자를 감면하고 상환기간을 10년 내에서 연장할 수 있다.

프리워크아웃 🔍　프리워크아웃제도는 실직, 휴업, 폐업, 재난, 소득 감소 등으로 단기 연체 중인 채무자를 대상으로 사전채무조정을 통해 연체 장기화를 방지하고 정상적인 경제 활동이 가능하도록 지원하는 제도다. 이로 인해 채무자가 금융 채무 불이행자로 전락하는 것을 방지할 수 있다.

개인 워크아웃제도 🔍　개인 연체자에게 신용 회복의 기회를 주고 금융 회사도 연체된 빚을 받을 수 있도록 금융 회사들이 자발적 협약을 통해 신용회복위원회라는 민간 기구를 만든 후 운영하는 제도다. 연체 이자 전액 감면, 원금은 최대 70% 감면될 수 있다.

개인파산제도 🔍　파산은 채무자가 채무이행을 할 수 없게 되었을 때 다수 채권자들에게 공평한 변제를 받도록 하고 채무자에게는 그 채무를 면책하여 재기의 기회를 부여해주고자 만들어진 제도다. 개인이 남은 재산이 거의 없는 지급불능 상태가 되었을 때 파산 신청을 하고 법원에서 파산선고를 내리면 채무자의 모든 재산을 강제적으로 금전으로 환가하여 채권자 전원에게 공평하게 배당하고 일정한 조건을 갖춘 경우에는 채무를 면제해준다. 개인은 빚에서 벗어날 수 있으나, 신원 조회 시 파산선고 사실이 나타나며 공무원, 교원, 회계사 등이 될 수 없는 등의 대가를 감수해야 한다.

01 아래는 어떤 가구의 자산과 부채를 나타낸 것이다. 다음 중 해당 가구의 재정 상태에 대한 올바른 해석으로 가장 거리가 먼 것은? (단, 세금은 고려하지 않으며, 대출 이자율은 10%이고 다음해부터 30년 동안 원금균등분할 상환이 시작된다.)

자산		부채	
집	50,000	주택담보대출	30,000
자동차	2,000	-	-
가전제품	500	-	-

구분	지출
주거비	500
식비	1,000
기타	500

〈보기〉

㉠ 가구가 보유한 자산 대비 부채비율은 50% 이하이다.

㉡ 아들은 현재 소득보다 지출이 큰 상태이다.

㉢ 현재 대출금은 연간 가계 전체 저축액의 3배에 해당한다.

㉣ 다음해의 해당 가구의 부채상환비율은 25%이다.

구분	연간 소득
아버지	5,000
어머니	3,000
딸	4,000
아들	0

① ㉠, ㉡   ② ㉠, ㉢   ③ ㉡, ㉢   ④ ㉡, ㉣   ⑤ ㉢, ㉣

해설 01

가구가 보유한 자산은 5억 2,500만 원인 반면 부채는 3억 원으로, 자산대비 부채비율은 57.1%이다. 아들은 소득은 없이 지출만 있는 상태이다. 이 가구는 소득 1억 2,000만 원 중 2,000만 원을 사용하므로 연간 저축액은 1억 원이며 이는 대출금의 1/3에 해당한다. 다음기의 상환할 원리금은 원금의 1/30인 1,000만 원 + 이자 3,000만 원 = 4,000만 원이며 가구소득은 1억 2,000만 원으로 33.3%에 해당한다.

정답 ③

○ ○

긴 인생을 보내는 중에는 예상치 못한 사고들이 벌어질 수 있다.

교통사고, 큰 질병, 화재 등…

이런 사고에는 큰 비용이 수반되며

미리 저축해놓지 못했다면 대처하기가 어렵다.

이런 사고가 벌어졌을 때 돈을 지급해주는 금융 서비스가 바로 보험이다.

보험을 잘 이용하면 인생에서의 불확실한 위험을 대비할 수 있다.

금융의 일부분을 담당하고 있는 보험에 대해 알아보자.

틴매경TEST - 금융

PART

5

보험

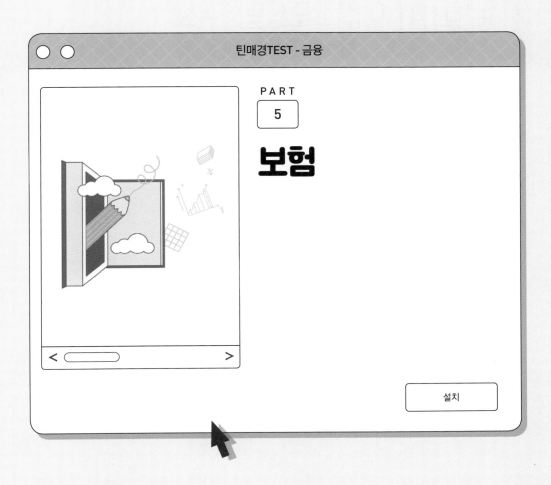

<   [   ]   >

설치

보험의 의미 및 필요성

#위험의 이전 #손실보상 #대수의 법칙 #수지상등의 원칙 #급부·반대급부 균등의 원칙

보험은 우발적인 사고로 인한 손실에 대비하거나 경제적 필요를 충족시키기 위해 동질의 위험을 가진 많은 사람이 미래에 입게 될 사고에 대비하는 제도다. 이를 위해 일정한 기금을 마련하고 이 기금으로 사고가 발생할 경우 피해를 입은 사람에게 약정한 금액을 지불한다.

1 보험의 기본적 특성

보험은 개인적인 관점에서는 위험이전의 한 방법으로 보험료를 통해 불의의 사고를 대체하는 역할을 하고 사회 전체적 관점에서는 다수의 위험결합을 통하여 위험을 감소시키는 역할을 한다. 인간은 살아가면서 병에 걸릴 위험, 교육비 부담, 실업, 사망으로 인한 가족의 생계 부담, 은퇴 후 노후생활비 부담 등 많은 위험에 노출되어 있다. 적극적인 위험관리 수단으로 보험을 활용하면 훗날 예기치 못한 일이 닥칠 경우 사전 대비로 인해 위험을 좀 더 수월하게 극복할 수 있다.

우연한 사고 Q 　보험은 우연한 사고에 대하여 지급한다. 우연이라는 것은 사고의 원인 또는 결과의 발생을 피보험자로서 예측하거나 인식하지 못한 상태를 말한다.

위험의 이전 🔍   보험계약자로부터 재무적으로 우위에 있어 손실에 대한 지급이 가능한 보험 회사로 위험이 전가된다. 즉, 보험계약자는 보험료 형태의 대가를 지급함으로써 미래의 우연한 사건에 의한 재무적 손실에 대해 보험금 형태로 보상을 받을 수 있다.

손실 결합 🔍   개별적으로 발생하는 손실은 전체의 평균적 손실의 형태로 대체되어 장래 손실을 예측한다. 미래 예측이 정확할수록 객관적 위험이 줄고 보험료가 적정해진다.

손실 보상 🔍   피보험자를 사고 발생 이전의 재무적 상태로 되돌려 놓는 것으로 일부 보험에서는 현금이나 서비스로 지급되는 경우도 있지만 대부분 금전으로 보상된다.

2   보험의 기본 원리

대수의 법칙 🔍   보험은 대수의 법칙을 기본으로 한다. 대수의 법칙은 관찰횟수가 많아짐에 따라 표본으로부터 얻어진 측정치가 모집단의 기대되는 결과에 가까워지는 것을 말한다. 개개인의 입장에서 보면 우연한 사고지만 이를 단체로 묶어 놓고 전체를 볼 때는 안정된 일정 확률로 나타나게 된다.

수지상등의 원칙 🔍   동질의 위험에 처한 사람들이 합리적인 금액을 모아(보험료 총액) 사고를 당한 구성원에게 지급하는 급여(보험금)가 같도록 균형을 유지하는 것을 말한다.

급부·반대급부 균등의 원칙 🔍   개인이 내는 보험료는 개별적인 위험 발생 가능성에 보험 금액을 곱한 기댓값에 상응한다. 이 원리는 개별 보험계약별로 그 위험 수준의 차이에 따라 보험료율을 차별화할 수 있도록 뒷받침한다.

3   보험의 기능

보험은 경제적으로나 사회적으로 많은 이득을 준다. 하지만 보험은 사회적 비용을 발생시킨다. 보험의 기능은 크게 경제적 기능, 사회적 기능(순기능, 역기능)으로 나눌 수 있다.

경제적 기능 🔍　각종 보험을 이용함으로써 자신의 신용을 증진시킬 수 있다. 신용이 증가하면 안정적으로 사업을 할 수 있는 기틀을 마련할 수 있고, 서로의 위험을 나누고 대비함으로써 경영의 안정을 꾀할 수 있다. 또한 신규 사업 진출 시 발생할 수 있는 위험을 보험을 통해 대비함으로써 신규 사업의 진출을 용이하게 한다. 국민경제적으로는 보험이라는 제도를 통해 축적된 자본을 장기적으로 산업 활동의 자금으로 쓸 수 있으므로 자본 시장에 중대한 영향을 준다.

또한 회사가 재해로 인해 생산 활동이 중단될 경우 보험금을 받아 보다 빨리 생산 활동을 재개할 수 있으므로 가격의 안정을 돕는 역할을 한다. 단체 보험이나 각종 보험은 자기가 속한 집단에의 귀속의식을 갖게 할 뿐만 아니라 생활 보장 기능을 함으로써 근로자나 생산 활동자에게 안정감을 느끼게 하여 생산성을 높이는 효과가 있다.

사회적 기능: 순기능 🔍　보험은 일상생활을 하면서 위험에 대한 걱정을 줄여 편안한 생활을 할 수 있도록 한다. 만약 우연한 사고를 당한다면 재해나 사고로부터 회복할 수 있는 보험금을 지급하여 경제생활을 빠르게 회복하도록 돕는다. 보험계약자가 위험 전가 비용으로 지출한 보험료는 기금으로 형성되어 경제 주체에 대한 대출 등을 통해 자금으로 지원되거나 자본 시장 투자 등을 통해 금융시장을 확대하는 데 기여한다. 선박 보험, 보증 보험, 신용 보험 등과 같은 보험은 상거래 및 신용 거래의 보강 수단으로 활용되어 부족한 부분에 도움을 주며, 경제 주체들의 손해 경감 등 위험 관리를 촉진하여 사회 전반의 위험 축소 등을 통해 사회적 비용 감소를 유도한다.

사회적 기능: 역기능 🔍　보험은 경제 활동의 위험을 전가하기 위한 보험료와 보험 회사의 운영비 등 사회적 비용을 발생시킨다. 최근에는 보험을 이용한 보험 사기나 보험 범죄, 보험금 과다 청구 등의 문제가 발생하고 있다. 보험은 우연한 손실을 전보하는 것을 원칙으로 하므로 의도적인 보험 사기나 보험 범죄에 대한 손실은 보상하지 않는다. 보험금 과다 청구는 추가적인 보험금을 지급하기 위한 보험료를 증액시킨다. 이는 선의의 보험 가입자에게 피해를 줄 수 있으며 결국 사회적 비용을 증가시킨다.

CHAPTER 2

보험계약

#보험계약자 #피보험자 #보험수익자 #보험회사 #보험금 #보험료

보험회사와 보험계약을 맺을 때 익숙하지 않은 단어를 접하게 된다. 보험 역시 미래에 벌어질 일에 대한 약속이기 때문에 계약서에 서명하기 전에 계약의 의미를 정확히 파악해야 한다.

1 보험계약의 의미

보험계약은 당사자 일방이 약정한 보험료를 지급하고 상대방이 재산 또는 생명이나 신체에 불확정한 사고가 생길 경우 일정한 보험 금액, 그 밖의 급여를 지급할 것을 약정하는 계약을 말한다. 보험계약은 보험계약자의 청약과 보험자의 승낙에 의해 성립한다.

2 보험계약의 특징

1. 유상 계약성

보험계약이 성립하면 보험 회사는 보험금의 지급을 약속하고 보험계약자는 그에 대해 보험료를 지급할 것을 약정한다. 보험 회사와 보험계약자 간에 상호 대가 관계가 있으므로 보험계약은 유상 계약이다.

2. 쌍무 계약성

보험계약자는 보험 회사에 보험금을 청구할 수 있는 권리가 있고, 보험 회사는 보험계약자에게 보험료의 지급 청구권을 갖고 있기 때문에 쌍무 계약이며 채권 계약이다.

3. 불요식의 낙성 계약성

보험계약은 청약과 승낙이라는 당사자 쌍방의 의사표시의 합치만으로 성립하므로 낙성 계약이며 의사표시에는 특별한 방식이 필요 없는 법률상 불요식이다. 실제로 보험계약 체결 시 보험청약서를 이용하고 보험 증권을 교부하는 것은 법률상의 요건은 아니지만 점점 요식화되고 있다.

4. 사행 계약성

사행 계약은 계약 당사자가 이행해야 할 급여 의무 또는 급여 내용의 전부 및 일부가 계약 성립의 처음부터 불확실성에 의존하는 계약을 말한다. 보험계약은 우연한 사고의 발생으로 인하여 보험 금액의 지급 또는 그 액수가 정해지므로 이른바 사행 계약이다.

5. 부합 계약성

보험계약은 성질상 다수의 가입자를 상대로 대량적으로 처리한다. 따라서 그 내용을 정형화해야 한다는 기술적 요청으로 보험 회사가 미리 작성한 보통 보험 약관에 의하여 계약을 체결하므로 부합 계약성을 띤다.

6. 선의 계약성

보험계약은 더욱 최대선의가 요구되는 계약이다. 보험금 지급책임이 우연한 사고의 발생에 기인하므로 선의성이 없다면 보험계약이 도박화될 수 있기 때문이다. 이 같은 성질에 따라 보험계약은 체결할 때 보험계약자 또는 피보험자가 고의 또는 중대한 과실로 인하여 중요한 사항을 알리지 않거나 중요한 사항에 대해 부실하게 알릴 때는 보험 회사는 보험계약을 장래에 향하여 해지할 수 있도록 하는 등 선의성을 확보하는 조항(계약 전 알릴 의무, 상법상 '고지 의무')을 약관에 담고 있다.

7. 계속 계약성

보험계약은 1회적인 급부로 계약이 종료되는 것이 아니라 일정한 기간 동안 양자(보험자, 보험계약자) 간 권리와 의무를 계속 유지하는 계약으로 계속적 계약이다.

8. 영리적 상행위성

보험의 인수는 영업 행위에 의해 이루어지므로 기본적 상행위다. 따라서 영업과 관계없이 개별적으로 체결하거나 영업에 부수하여 체결하는 계약(예컨대, 운송인이 고율의 운임을 받고 위험을 인수하는 것)은 그 내용이 보험의 성격을 띠더라도 보험계약이 될 수 없다.

---

3 보험계약 요소

1. 보험계약자

자기의 이름으로 보험 회사와 보험계약을 체결하고 계약이 성립되면 보험료 납입 의무를 지는 사람이다. 계약 당사자로서 고지 의무, 보험료 납입 의무 등 계약상 의무를 부담하지만 보험계약 임의해지권, 보험계약 취소권 등 각종 권리도 가진다.

2. 피보험자

피보험자는 손해 보험과 인보험에 따라 그 의미가 다르다. 손해 보험에서는 피보험 이익의 주체로서 손해의 보상을 받을 권리를 갖는 자를 말한다. 인보험에서는 생명 또는 신체에 관해 보험이 붙여진 자(자연인에 한함)를 의미한다. 따라서 손해 보험의 경우 피보험자는 보험금 청구권을 가지나, 인보험의 경우 피보험자는 보험의 목적에 불과하여 보험계약에서 아무런 권리를 취득하지 못한다.

3. 보험 수익자

인보험계약에 있어 보험 회사로부터 보험금을 받을 자로 보험계약자의 지정을 받은 자를 말한다. 인보험의 보험 수익자는 손해 보험의 피보험자에 해당한다. 인보험계약에서 보험계약자가 보험 수익자와 같으면 자기를 위한 인보험이고, 보험계약자와 보험 수익자가 다르면 타인을 위한 인보험이다.

4. 보험 회사

일정한 보험료를 받고 발생한 손해를 구제해 주는 일을 전문으로 하는 회사로 보험업자라고도 한다. 보험업법에 따라 정부의 허가를 얻어 보험 사업을 한다.

5. 보험 대리점

보험 회사를 대리하여 보험계약을 중개하거나 보험금의 지급 또는 보험료의 수납 등을 행한다. 여기에는 모집만을 전문으로 하는 모집 대리점과 보험 증권을 발행하여 지급하고 위임받은 범위 안에서 보험금도 지급하는 체약 대리점이 있다.

6. 보험금

보험 사고가 발생한 경우 보험 회사가 지급하기로 보험계약에서 정한 금액이다. 보험금은 손해 보험에서는 원칙적으로 피보험자에게, 생명 보험에서는 보험금 수령인에게 지급된다.

7. 보험료

보험 회사가 보험금 지급 책임을 지는 대가로 보험계약자가 지급하는 금액이다. 보험료는 순보험료와 부가 보험료로 이루어진다. 순보험료는 보험금의 지급에 충당되고, 부가 보험료는 그 주요 부분이 인건비, 물건비 등의 영업비에 충당된다. 보험료는 손해 보험과 같이 전액을 납입하는 경우와 생명 보험과 같이 각 보험료 기간에 나누어 납입하는 경우가 있다.

보험 회사는 예정 기초율(예정 위험률, 예정 이율, 예정 사업 비율)을 기초로 보험료를 계산한

보험료 = 순보험료(위험 보험료 + 저축 보험료) + 부가 보험료

예정 기초율:　　예정 위험률　　　예정 이율　　　예정 사업 비율

다. 예정 위험률에 의하여 산출된 보험료를 위험 보험료, 예정 이율에 의하여 산출된 보험료를 저축 보험료라 한다. 이 두 가지를 합하여 순보험료라고 한다. 예정 사업비에 의하여 산출된 보험료를 부가 보험료라고 하며, 순보험료와 부가 보험료를 합한 것을 보험료라고 한다.

예정 위험률 🔍　한 개인이 사망하거나 상해, 질병에 걸리는 등 일정한 보험 사고가 발생할 확률을 대수의 법칙에 의해 가정한 것이 예정 위험률이다. 즉, 피보험자(보험 대상자)가 어떤 비율로 생존하여 보험료를 납입하며, 어떤 비율로 사망(또는 상해, 질병 발생, 생존 등)하여 보험금을 지급받는지의 비율이다.

예를 들어 생명 보험 회사는 사람의 수명과 관련하여 특정 개인에 대해서 언제 사망하는지, 몇 세까지 생존하는지를 알 수 없지만 대수의 법칙에 의해 몇만 명이라는 다수의 집단을 대상으로 관찰하면 대체로 특정 연령에 일정한 비율로 사망이 발생한다는 것을 알 수 있다. 보험료 산출 시 사용된 예정 위험률과 실제 사망률(재해, 질병 등)의 차이를 위험률 차손익이라고 한다.

예정 이율 🔍　보험료의 납입과 보험금의 지급 사이에는 시간적 차이가 발생한다. 이 기간 동안 보험 회사는 적립된 금액을 운용하고 기대되는 장래의 운용 수익률을 가정하여 지급 보험금과 수입 보험료를 현재의 가치로 계산하여 보험료를 산정한다. 이때 적용되는 할인율을 예정 이율이라 한다.

예를 들어 보험 회사가 장래에 보험금으로 100을 지급하기로 하였다면 실제 보험 회사가 계약자에게 받는 보험료는 100을 예정 이율로 할인한 금액이 된다. 보험료 산출 시 사용된 예정 이율과 실제 자산 운용 수익률과의 차이를 이자율차손익이라고 한다.

예정 사업 비율 🔍 보험 회사가 보험계약을 체결·유지·관리하기 위해서는 여러 가지 비용(사업비)이 소요된다. 보험 사업의 운용에 필요한 비용을 사업비라 하며 예정 사업 비율이란 보험료 중에서 예상하고 계산한 사업비의 비중을 나타낸다. 예정 사업 비율에 따라 책정된 사업비와 실제 지출된 사업비의 차이에 따라 사업비차손익이 발생한다.

구분		보험료와의 관계
예정 위험률 (사망률의 경우)	감소↓	사망 보험의 보험료 인하↓ 생존 보험의 보험료 인상↑
	증가↑	사망 보험의 보험료 인상↑ 생존 보험의 보험료 인하↓
예정 이율	감소↓	보험료 인상↑
	증가↑	보험료 인하↓
예정 사업 비율	감소↓	보험료 인하↓
	증가↑	보험료 인상↑

8. 보험 기간

보험에 의한 보장이 제공되는 기간이다. 즉, 보험 기간이란 보험 사고 발생에 대한 시간적 제한을 의미한다. 따라서 보험 기간 중에 발생한 보험 사고에 대해서 보험금이 지급될 수 있다.

9. 보험 증권

보험계약의 성립과 그 내용을 증명하는 서류를 가리키며, 보험계약이 성립한 후 보험자가 보험계약의 사항을 적어서 보험계약자에 주는 보험 증서다.

01 아래 사례를 읽고, A가 보험금 및 보험금 지급 지연 손해금액 지급을 주장하는 근거 (가)와 B화재보험이 보험금 지급을 거절하는 근거 (나)를 올바르게 짝지은 것은?

> A는 아들이 오토바이 운전 중 사고로 사망하자 보험계약을 체결한 B화재보험에 보험금 지급을 청구했다. 그러나 B화재보험은 계약 당시 A씨가 아들의 오토바이 운전 사실을 알리지 않았다며 보험금 지급을 거절했다. 이에 A는 계약 당시 B화재보험 측에서 '오토바이 운전 사실을 알리지 않으면 보험금을 지급하지 않는다'는 내용을 설명하지 않았다며 사망보험금과 보험금 지급 지연에 따른 손해금액을 청구하는 소송을 냈다.

	(가)	(나)
①	고지 의무 위반	설명 의무 위반
②	고지 의무 위반	적정성 원칙 위반
③	설명 의무 위반	고지 의무 위반
④	설명 의무 위반	적합성 원칙 위반
⑤	적정성 원칙 위반	적합성 원칙 위반

해설 01

보험이 위험에 대한 경제적 보장기능을 정상적으로 수행하기 위해서 계약당사자는 보험계약상의 의무를 진다. 보험자는 보험계약자에게 약관을 교부하고 약관의 중요한 내용을 알릴 의무가 있으며, 이를 설명 의무라고 한다. 한편 보험계약자 혹은 피보험자는 보험자에게 계약상 중요한 사항을 고지할 의무가 있으며 이를 고지의무라고 한다. B화재보험은 A씨가 아들의 오토바이 운전 사실을 계약 전 알리지 않았다는 이유로 보험금 지급을 거절하고 있으므로 보험계약자의 고지의무 위반을 근거로 보험금 지급을 거절하고 있다. 반면 A씨는 계약 당시 B화재보험으로부터 아들의 오토바이 운전 사실을 알리지 않으면 보험금 지급이 거절될 수 있다는 내용을 듣지 못했다는 점을 들어 손해금액 지급을 청구하고 있으므로 보험자의 설명 의무 위반을 근거로 삼고 있다.

정답 ③

CHAPTER 3

보험의 유형

#민영보험 #국민건강보험 #고용보험 #국민연금 #산재보험

사회 보험과 민영 보험의 관계는 상호보완적인 성격을 지니고 있다. 사회 보험을 통해서 사회적으로 필요한 국민 최저 생활을 보장하고, 이 최저선 이상은 민영 보험을 통해 갖가지 위험을 완화한다.

① 사회 보험

국민에게 발생하는 사회적 위험을 보험의 원리를 이용하여 국가 또는 사회적으로 해결할 목적으로 정부가 보험 회사 역할을 하거나 운영을 지원하는 보험 가입에 강제성이 있는 형태의 보험을 말한다. 사회 보험은 민영 보험이 취급할 수 없는 위험(예측 불가능한 우발 사고)으로부터 보호해 주는 것이다. 보험급부는 개인의 형평성보다는 사회적 적정성에 초점을 맞추고 있으며 소득 재분배 효과를 가져온다.

1. 사회 보험의 기본 원칙

최저 생활 보장의 원칙 🔍 재직 시기에 따른 일정 수준의 보험금을 보장한다는 원칙으로 공공부조의 최저 생계비 보장과는 의미가 다르다. 연금 보험의 경우 재직 시기 대비 일정 수준의 보험금을 보장한다.

소득 재분배 원칙 🔍 사회 보험의 급부는 개인의 형평성보다 사회적 적정성에 초점을 맞추고 있으며 소득 재분배 효과가 있다. 소득 재분배는 세대 간 재분배, 세대 내 재분배로 구분된다. 세대 간 재분배는 주로 공적연금(국민연금) 제도에서 발생한다. 공적 연금의 재원 조달 방식과 기여와 급여 간의 관계에 따라 소득 재분배 효과가 결정된다.

세대 내 재분배는 국민건강보험·국민연금 제도에서 발생한다. 의료 보험(국민 건강 보험)의 경우에는 소득 비례적 보험료의 부과와 획일적 수혜를 기본으로 하므로 소득 재분배 원리를 따르고 있다. 국민연금은 기본 연금액을 산정할 때 균등 부분과 소득 비례 부분을 합산하므로 균등 부분에 의해 소득 재분배 효과가 나타나며 산재 보험은 사용자가 보험료를 전부 부담하므로 소득 재분배 효과가 있다.

보편주의의 원칙 🔍 법정 요건만 구비하면 모든 국민이 차별 없이 가입해야 하고, 사회적 위험의 분산과 예방에도 특정 부류에 편향되지 않고 보편적이어야 한다는 보편주의의 원칙을 따른다.

기여분담의 원칙 🔍 사회 보험은 기여금을 가입자가 전액 부담하지 않고 대개 고용주나 국가 등과 함께 분담한다. 우리나라는 전액 고용주가 기여금을 부담하는 산재 보험만 제외하고 연금 보험과 국민건강보험의 경우에는 본인과 고용주가 50%씩 분담하고 있다.

2. 4대 사회보험

4대 사회 보험은 질병과 부상에 대한 건강 보험 또는 질병 보험, 폐질·사망·노령 등에 대한 연금 보험, 실업에 대한 고용 보험제도, 업무상의 재해에 대한 산업 재해 보상 보험을 말한다. 국민 건강 보험과 국민연금은 전 국민이 의무적으로 가입해야 하는 보험이고, 고용 보험과 산업 재해 보상 보험은 직장인과 근로자가 의무적으로 가입해야 하는 보험이다.

국민 건강 보험 🔍 국민의 질병 및 부상에 대한 치료 및 건강 증진을 종합적으로 보장하는 보험이다. 일상생활에서 발생하는 우연한 질병이나 부상으로 인해 일시에 고액의 진료비가 소요되어 가계가 나는 것을 방지한다. 보험원리에 따라 국민들이 평소에 낸 보험료를 보험자인 국민건강보험공단이 기금화하고 이를 관리·운영한다. 국민들이 의료를 이용할 경우 보험급여를 제공함으로써 국민 상호 간에 위험을 분담하고 의료 서비스를 제공하는 사회 보장 제도다. 또한 국민의 질병이나 부상에 대하여 예방, 진단, 치료, 재활, 출산, 사망, 건강 증진 등에 대하여 보험급여를 실시하여 국민 보건과 사회 보장을 향상할 것을 목적으로 한다.

국민연금 노령으로 인한 근로소득 상실을 보전하기 위한 사회 보험을 도입한 소득 보장 정책이다. 가입자, 사용자 및 국가로부터 일정액의 보험료를 받고 이를 재원으로 하여 노령으로 인한 근로소득 상실을 보전하기 위한 노령 연금, 주 소득자의 사망에 따른 소득 상실을 보전하기 위한 유족 연금, 질병 또는 사고로 인한 장기 근로 능력 상실에 따른 소득 상실을 보전하기 위한 장애 연금 등을 지급함으로써 국민의 생활 안정과 복지 증진을 도모한다. 2003년부터 1인 이상 사업장에 적용됨으로써 전 국민을 대상으로 하는 사회 보험이다.

고용 보험 실업예방, 고용촉진, 근로자의 직업능력 향상, 실직근로자의 생활안정 및 재취업을 위한 지원금을 지원하는 사회 보험으로 근로자와 사업주가 공동 부담한다. 2012년 1월 22일부터 자영업자 고용 보험이 도입됐다.

산업 재해 보상 보험 직무와 연관되어 질병·상해를 입은 경우의 치료비와 사망 시 사망 보험금을 지급하는 보험이다. 근로자가 업무상 재해를 입었을 경우 신속하고 공정하게 보상하며, 재활 및 사회 복귀를 촉진하기 위해 국가에서 시행하는 제도다.

2 민영 보험

국가에서 실시하는 사회 보험(공보험)과 크게 구별되는 개념으로 사보험이라고도 한다. 보험 가입자의 자유의지에 의해 가입하며 급부내용을 선택할 수 있다. 크게 인보험과 손해 보험이 있다.

1. 인보험

사람의 생명이나 신체에 생기는 우연한 사고에 대비하기 위한 보험이다. 보험 회사가 보험계약자로부터 보험료를 받고 피보험자의 생명이나 신체에 우연한 사고가 생길 경우 계약에서 정하는 바에 따라 보험 금액을 지급하기로 하는 보험계약을 말한다. 인보험계약에서는 사망, 생존, 상해, 질병 등이 보험 사고이며, 이러한 보험 사고가 발생하면 원칙상 별도의 손해 사정 절차를 거치지 않고 약정된 보험금을 지급한다. 생명 보험, 상해 보험, 질병 보험, 퇴직 보험 등이 이에 해당한다.

2. 손해 보험

우연한 사고로 피보험자가 입게 되는 재산상의 경제적 손해를 보상하는 보험이다. '종신'이라는 개념이 없으며 만기가 정해져 있다. 피보험자의 물건 또는 그 밖의 재산에 우연한 사고로 생길 손해를 보상하기 위하여 보험자와 보험계약자 사이에 맺는 계약이다. 따라서 사람의 생명 또는 신체에 생길 우연한 사고에 대비하는 인보험계약과는 구별된다.

③ 종신 보험과 정기 보험

1. 종신 보험

보험 기간을 한정하지 않고 피보험자가 사망할 때까지를 보험 기간으로 하는 보험이다. 보험금은 사망하였을 때에만 지급되므로 주로 피보험자가 사망한 후 유가족의 생활 보장을 목적으로 한다. 보험료 불입 기간은 종신불, 유한불有限拂, 일시불 등이 있다. 종신 보험은 평생을 보장해 주는 상품으로 사망 원인과 관계없이 보험금이 지급된다.

2. 정기 보험

보험 기간이 일정 기간으로 정해진 보험이다. 보장 기간에는 사망원인에 상관없이 보험금이 지급되지만, 보험 기간 만료 시까지 생존한 경우에는 보험금의 지급 없이 계약이 만료된다. 원하는 보장 기간을 10~20년, 60~80세까지 선택할 수 있으며 보장 기간이 정해져 있어 종신 보험보다 합리적인 가격으로 고액의 보장을 받을 수 있다. 보험 기간이 보통 1년· 3년· 5년으로 해마다 갱신되는 것이 일반적이다.

4 보장성 보험과 저축성 보험

1. 보장성 보험

질병에 걸리거나 재해나 사고로 인해 부상을 입었을 경우 보상받을 수 있는 혜택을 제공하는 보험을 말한다. 생존 시 지급되는 급여금의 합계액이 이미 납입한 보험료를 초과하지 않는 보험이다. 주로 이러한 보험은 피보험자가 사망, 상해 또는 질병 발생 시 보험금의 지급을 사유로 한다. 종신 보험이 대표적이며 암 등 각종 건강 관련 보험, 다쳤을 때 실비를 보상받는 손해 보험, 자동차 보험, 화재 보험 등이 여기에 속한다.

2. 저축성 보험

저축해서 필요한 시기에 쓰려는 목적으로 드는 보험을 말한다. 목돈 마련이나 노후 생활 자금을 대비해주는 보험 상품으로 납입한 보험료보다 만기 시 지급되는 급부금이 더 많은 보험이다. 10년 이상 납입 유지 시 비과세 혜택과 복리이자를 받을 수 있는 상품이며 높은 환급률에 따라 일시불로 목돈을 받거나 연금처럼 분할하여 수령할 수 있다.

5 배당 보험과 무배당 보험

1. 배당 보험

보험계약은 장기적 특성에 따라 보험료를 과거의 경험치와 미래 경영성의 안정성을 고려하여 산출하기 때문에 실제 운영한 결과 이익이 발생할 수 있다. 이런 이익을 '계약자 배당'으로 환원하는 보험이라고 한다.

2. 무배당 보험

계약자 배당을 하지 않는 보험이다. 만일에 보험 회사가 경영으로 손해나 이익이 발생하면 회사가 책임진다. 또한 계약자에게 배당금을 지급하지 않는 대신 보험료 계산 시 미리 배당을 고려하여 실제 경험률과 비슷하게 설정하여 보험료를 할인하고 있다.

6 의무 보험과 임의 보험

1. 의무 보험

법률에 따라 가입이 강제되는 보험을 말한다. 대표적으로 가스 사업자 및 일정 규모 이상의 가스 사용자에게 가입이 강제되는 가스 사고 배상책임 보험, '자동차 손해 배상 보상법'에 따라 가입이 강제되는 자동차책임 보험 등이 있다. 보험에 가입하지 않으면 관련법에 의해 과태료가 부과되거나 처벌된다.

2. 임의 보험

보험계약자의 자유의사에 따라 가입하는 보험을 말한다. 예를 들어 자동차 보험의 보장항목 중에서 의무 보험(대인배상 I , 대물배상)을 뺀 나머지(대인배상 II , 자기신체사고, 무보험차상해, 자기차량손해 등)가 임의 보험이다.

○ ○

금융은 다른 거래와 달리 미래에 대한 약속이기 때문에
계약불이행 및 불완전 판매 등 다양한 문제가 나타날 수 있다.
이에 따라 금융산업에는 많은 규제가 생겨났고,
앞으로도 새로운 금융사고가 발생할 때마다
그를 보완할 새로운 법규가 신설될 것이다.

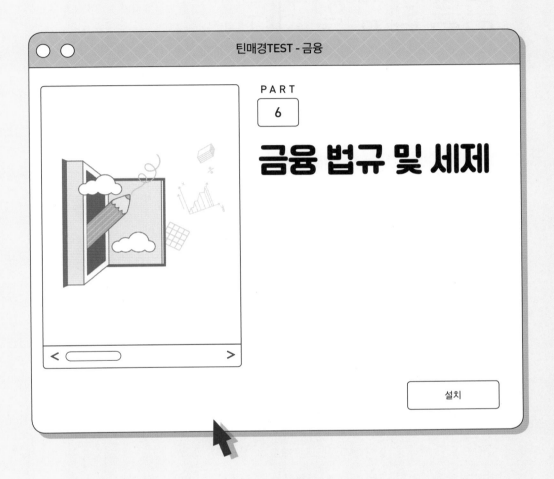

PART

6

금융 법규 및 세제

설치

CHAPTER 1

금융 법규 및 제도

#자본시장법 #예금자보험제도 #금융소비자보호법

금융업은 예로부터 다양한 법규에 의해 규제받으면서, 그에 따라 금융산업의 발전 방향과 수준이 영향받아왔다. 금융소비자의 보호와 금융업의 발달이라는 두 마리 토끼를 잡기 위해 정책의 변화가 요구되고 있다.

1 금융 법규 및 제도의 의미

금융 제도는 금융 거래에서 발생할 수 있는 정보의 비대칭성 문제를 완화하고 거래 비용을 줄임으로써 거래를 용이하게 만드는 제도적 장치다. 이러한 금융 제도는 금융 거래가 이뤄지는 금융시장과 금융 거래를 중개하는 금융기관, 그리고 금융 하부 구조 등의 세 가지 영역을 포함한다. 여기서 금융 하부 구조란 금융 거래가 원활히 이뤄지도록 금융시장 및 금융기관을 지원·감시하는 법률체계를 의미한다.

1. 자본시장과 금융투자업에 관한 법률

정식 명칭은 '자본시장과 금융투자업에 관한 법률'이며, 자본시장통합법 또는 이를 줄여 '자본시장법'이라고도 한다. 금융시장의 규제를 완화해 자유로운 상품 개발을 촉진하고 투자자에 대한 보호를 강화하기 위해 마련된 우리나라 자본 시장 기본법이다. 종전의 증권거래법과 선물거래법, 간접 투자 자산 운용업법, 신탁업법, 종합 금융 회사에 관한 법률, 한국 증권 선물거래소법 등 자본 시장과 관련된 6개 법률을 통합하여 제정된 법률(법률 제8635호)로서 2007년 8월 3일 공포되어 2009년 2월 4일부터 시행됐다. 자본 시장 통합법 시행 전에는 종금, 투신, 증권, 은행 등 업무가 다 나뉘어 종금사 업무는 증권사가 할 수 없는 등 상호 호환이 되지 않는 고유의 영역이 있어 그만큼 경쟁 강도가 세지 않았다. 자본 시장 통합법은 여러 영역의 업무를 겸용함으로써 경쟁력을 강화하고 이를 바탕으로 전문성과 경쟁력을 겸비한 대형 투자 금융기관의 출현을 유도하겠다는 취지로 만들어졌다. 자본 시장 통합법의 핵심은 투자자 보호와 규제 선진화다. 금융 투자 회사의 업무 영역을 확대하고 금융 상품에 대한 규제를 철폐하며 투자자 보호를 확대하는 것 등을 주요 내용으로 한다.

» 금융 투자 회사의 업무 영역 확대

금융 투자 회사는 매매, 중개, 자산 운용, 투자 자문, 투자 일임, 자산 보관 관리 등 6가지의 모든 금융 투자업을 겸영할 수 있으며 기업 금융과 자산 관리, 직접 투자, 증권 서비스 등 모든 금융 투자 업무를 할 수 있다. 금융 투자 회사의 업무범위가 대폭 확대돼 금융 투자 회사 계좌에도 은행 계좌와 동일하게 송금, 카드결제, 입출금기$_{ATM}$ 수시 입출금 등 서비스 기능이 부여된다. 또한 외국환 업무도 취급할 수 있어 환전 업무 등도 가능하다.

자본 시장 통합법 재정에 따른 금융 업 체제 변화

금융 서비스	
은행Commercial Bank	
종금사	자산 운용 신탁 회사
증권사	
선물 회사	
보험사	
여신 전문 회사 서민 금융기관	

→

금융 서비스
은행Commercial Bank
금융 투자 회사 Investment Bank
보험사
여신 전문 회사 서민 금융기관

» 금융 상품 포괄주의 도입

자본 시장 통합법에서는 금융 투자상품은 투자성Investment 의 특징을 갖는 모든 투자상품을 포괄하는 개념으로 모두 법의 규율 대상이 된다. 또한 금융 투자상품은 금융 상품 특성에 따라 증권, 장외 파생 상품, 장내 파생 상품으로 분류하여 개념을 추상적으로 정의하고 포괄주의로 전환하여 상품의 외연을 확장했다. 원본까지만 손실이 발생 가능한 상품을 증권으로 분류하고, 원본을 초과하여 손실이 발생 가능한 상품을 파생 상품으로 분류한다.

» 기능별 규율 체제 도입

기관별 규제에 따른 차익을 해소하기 위해 금융기관별로 적용하던 규율 체제를 '경제적 실질이 동일한 금융 기능'에 따라 동일하게 규율하는 기능별 규율 체제Functional Regulation로

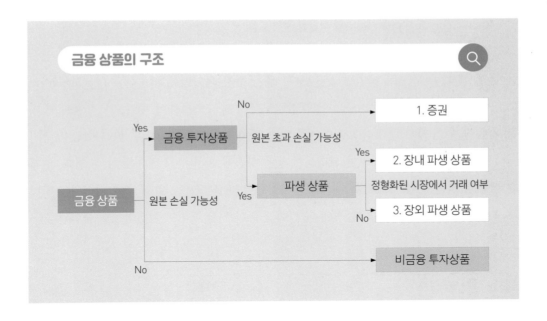

금융 상품의 구조

| 금융 투자상품 | No | 1. 증권 |

- Yes — 금융 투자상품
- 원본 초과 손실 가능성
- Yes — 2. 장내 파생 상품 / 정형화된 시장에서 거래 여부
- No — 3. 장외 파생 상품
- 파생 상품
- 금융 상품
- 원본 손실 가능성
- No — 비금융 투자상품

전환한다. 이에 따라 동일한 기능을 하는 금융 회사에는 동일한 규제를 적용한다.

» 투자자 보호 확대

금융 규제의 완화로 원금 손실이 가능한 금융 투자상품이 대거 나타나 일반 투자자의 선택폭이 넓어진 만큼 피해의 위험이 높아져 이에 대한 보호망을 강화했다. 자본 시장 통합법은 투자 권유 제도를 도입하고 투자상품의 판매 및 영업에 관한 절차를 통일하는 등의 투자자 보호 장치를 강화하고 있다.

» 설명 의무 강화

투자자를 일반 투자자와 전문 투자자로 구분하여 일반 투자자에게 금융 투자 회사는 상품 투자를 권유할 때 상품 내용과 위험 등을 투자자가 이해하도록 설명하고, 설명 내용을 투자자가 이해했음을 확인하는 서명을 받아야 한다. 단, 금융 투자상품에 대한 전문지식과 분석능력이 없는 일반 투자자에게만 적용하고 전문 투자자에게는 적용하지 않는다. 이런 설명 의무를 이행하지 않거나 중요 사항을 빠뜨려 손해가 발생했을 경우 금융 투자 회사가 배상 책임을 져야 한다.

» Know-Your-Customer-Rule 및 적합성 원칙 도입

금융 투자 회사는 투자를 권유하기 전 고객의 투자 목적, 재산 상태, 투자 경험을 면담을 통해 파악, 서면으로 확인받도록 한다. 금융 투자 회사들은 Know-Your-Customer-Rule을 통해 파악된 투자자의 특성에 적합하도록 투자를 권유해야 하며, 이 '적합성 원칙'은 위험 감수 능력이 상대적으로 미약한 일반 투자자에게만 적용된다. 따라서 금융 투자 회사들은 고객의 투자 성향보다 위험성이 높은 상품에 대한 투자 권유를 할 수 없다. 고객은 상품 추천을 받기 위해서는 자신의 투자성향에 대한 정보를 회사 측에 제공해야 하며 투자자가 요청하지 않을 때에는 방문과 전화를 통한 권유 행위도 원칙적으로 금지된다.

투자 권유 규제	내용
고객 알기 의무 Know-Your-Customer-Rule	투자 권유 투자 전 경험, 투자 목적 등의 투자자 정보 확인, 유지, 관리 의무
적합성 원칙 Suitability	투자자의 투자 목적, 투자 경험 등에 적합한 투자 권유 의무
설명 의무 Product Guidance	투자 권유 시 금융 투자상품의 내용, 위험 등을 투자자가 이해할 수 있도록 설명할 의무

» 요청하지 않은 투자 권유에 대한 규제 도입

투자자의 사생활 침해 방지를 위해 투자자가 원할 경우에만 투자 권유를 하도록 했다. TV, 홈쇼핑 등을 통해 금융 투자 회사 광고가 무분별하게 이뤄지는 것을 막기 위해 적법하게 인가받은 금융 투자 회사만 투자 광고를 할 수 있고, 투자 광고에는 금융 투자상품 위험 등이 반드시 포함돼야 한다.

변경 내용	자본시장법 이전	개선
적용 대상 상품	일부 상품(간접 투자 증권, 선물)	모든 금융 투자상품(투자성 있는 금융 상품)
투자 위험성 설명 방법	투자 설명서 제공 또는 설명	설명한 후 이해했음을 확인하고 서명 받아야 함
손해 배상 특칙	간접 투자 증권에만 존재	모든 금융 투자상품 적용
손해 배상액 추정	-	모든 금융 투자상품 적용

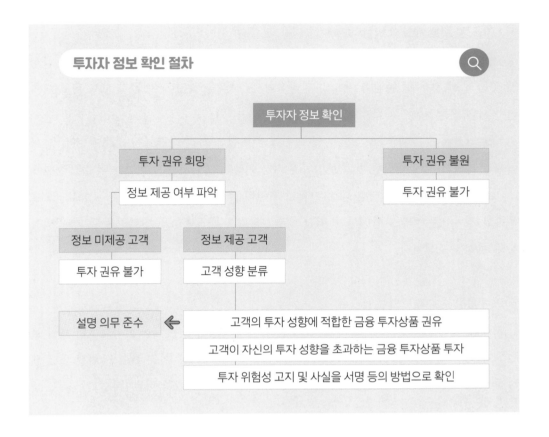

2 예금자 보호 제도

금융기관이 고객의 예금을 지급하지 못하게 될 경우 금융기관에 대한 신뢰성은 큰 타격을 입는다. 이러한 사태를 방지하기 위하여 금융기관 예금 등을 정부(예금보험공사)가 일정한 범위 내에서 보장해 주는 제도다. 여기서 일정한 범위란 금융기관별 1인당 원리금 5,000만 원의 한도를 의미한다. 정부는 1995년 12월 29일에 국민이 안전한 여건 속에서 예금할 수 있도록 '예금자보호법'을 제정하였다. IMF 경제 위기 이후 은행이 문을 닫게 되면서 소비자 보호에 관한 우려의 목소리가 높아짐에 따라 그 중요성이 더욱 부각된 것이다. 그러나 모든 예금 상품이 예금자보호법에 의해 보호를 받는 것은 아니다. 정부는 1996년 6월 1일에 예금보험공사를 설립해서 예금자보호 대상이 되는 예금을 취급하는 금융 회사로부터 보험료를 받아 운영하고 있다.

1. 예금자 보호 제도의 역할

예금 지급 불능 사태 방지 🔍 금융기관이 영업정지나 파산 등으로 고객의 예금을 지급하지 못하게 될 경우 전체 금융 제도의 안정성이 큰 타격을 입는다. 예금자 보호 제도는 이러한 사태를 방지한다.

예금자 보호 🔍 예금 보험은 '동일한 종류의 위험을 가진 사람들이 평소에 기금을 적립해 만약의 사고에 대비한다'는 보험의 원리를 이용해 예금자를 보호하는 역할을 한다.

부족한 재원 조성 🔍 예금을 대신 지급할 재원이 금융기관이 납부한 예금 보험료만으로 부족할 경우에는 예금보험공사가 직접 채권(예금 보험 기금 채권)을 발행하는 등의 방법을 통해 재원을 조성한다.

2. 예금자 보호 제도의 운영

보험의 원리를 이용하여 예금자를 보호한다. 예금보험공사는 금융 회사로부터 예금 보험료를 받아 예금 보험 기금을 적립하였다가 금융 회사가 예금을 지급할 수 없게 되면 해당 금융 회사를 대신하여 일정 금액의 한도 내에서 예금 보험금을 지급한다.

3. 예금자 보호 대상

정부는 가계 금융생활과 전체 금융 제도의 안정을 위해 예금자보호법 등 법에서 정한 금융 상품에 가입한 금융 소비자를 보호하고 있다. 모든 금융 회사와 금융 상품이 예금자보호법상의 보호 대상은 아니다. 이는 다수의 소액 예금자를 보호하고 부실 금융 회사를 선택한 예금자도 일정 부분 책임을 분담하기 위한 것이다.

» 보호 대상 금융 회사

예금자보호법상 보호 대상인 금융 회사에는 은행, 보험 회사(생명 보험 회사 및 손해 보험 회사), 투자 매매업자 및 투자 중개업자(증권 회사 등), 종합 금융 회사, 상호저축은행 등이 있다. 즉, 5개의 금융권이 해당한다. 그 외 농협과 수협의 지역 조합, 신용 협동조합, 새마을금고는 예금보험공사로부터 보호를 받지는 못하지만 관련 법률에 의해 업계 자체적으로 기금을 적립하여 예금자 보호를 위한 장치를 갖추고 있다.

» 보호 대상 금융 상품

예금자보호법상의 보호 대상 금융 회사에서 판매하는 모든 금융 상품이 보호 대상인 것은 아니다. 예금보험공사는 예금 보험 가입 금융기관이 취급하는 '예금 등'만을 보호한다. 그러므로 원금손실 가능성이 있는 금융 투자상품(주식, MMF, 파생 상품 등), 실적 배당 상품, 변액 보험, 후순위 채권 등은 보호하지 않는다. 즉, 대부분의 금융 투자상품은 보호 대상 금융 회사에서 판매하더라도 보호 대상에서 제외된다.

구분	보호 금융 상품	비보호 금융 상품
은행	요구불 예금, 저축성 예금 등	양도성 예금 증서CD, 환매 조건부 채권RP, 실적 배당형 신탁 등
증권 회사, 자산 운용 회사	금융 상품 중 증권 등의 매수에 사용되지 않고 고객계좌에 현금으로 남아 있는 금액 등(예수금)	수익 증권, 뮤추얼 펀드, MMF, 환매 조건부 채권RP, 어음 관리 계좌CMA 등
보험	개인이 가입한 보험계약	보증 보험계약, 재보험계약 등
종합 금융 회사	발행 어음, 표지 어음, 어음 관리 계좌CMA 등	수익 증권, 뮤추얼 펀드, MMF, 환매 조건부 채권RP, 종합 금융 회사 발행 채권 등
상호저축은행	보통 예금, 저축 예금, 정기 예금, 적금, 표지 어음 등	상호 저축 은행 발행 채권 등

③ 금융소비자 보호제도

1. 금융소비자보호법

2020년 3월 「금융소비자 보호를 위한 법률」이 제정되어, 금융 상품 판매 및 자문에 관한 금융소비자 보호 수준을 강화했다. 금융소비자보호법은 펀드·변액보험 등 일부 상품에만 적용하던 '6대 판매규제'를 모든 금융 상품에 적용한다. 6대 판매규제는 적합성 원칙, 적정성 원칙, 설명 의무, 불공정영업 금지, 부당권유 금지, 광고 규제 등이다. 금융사가 6대 판매원칙을 위반하면 판매액의 최대 50% 해당하는 과징금을 내야 한다. 특히 소비자는 모든 금융 상품에 대해 청약철회권과 위법계약해지권을 행사할 수 있다.

2. 금융 분쟁 조정 제도금

금융 소비자가 금융 회사를 상대로 제기하는 분쟁에 대하여 금융감독원에 설치된 금융분쟁조정위원회가 합리적인 분쟁 해결 방안이나 조정 의견을 제시하여 당사자 간의 합의를 유도하여 소송을 통하지 않고 분쟁을 원만하게 해결하는 방식이다. 분쟁 조정은 소송보다 상대적으로 그 처리가 신속하며 비용이 들지 않는다. 또한 금융에 전문지식을 가진 금융감독원 직원이 금융 소비자를 대신하여 분쟁내용을 철저히 조사하므로 금융 소비자에게 유리할 뿐 아니라 법조계, 소비자 단체, 학계, 의료계 등 다양한 전문가로 구성된 금융 분쟁조정위원들이 합의하여 조정 결정을 하므로 전문적이고 공정한 처리가 보장된다. 분쟁조정위원회의 조정 결정은 법원에 의한 판결이 아닌 조정안의 제시이며, 조정 결정에 대한 수락 여부는 전적으로 분쟁당사자의 자유의사에 있다. 당사자 한쪽이 조정 결정을 거부하여 조정이 성립되지 않은 경우 법원의 소송 절차를 통해 해결할 수 있다.

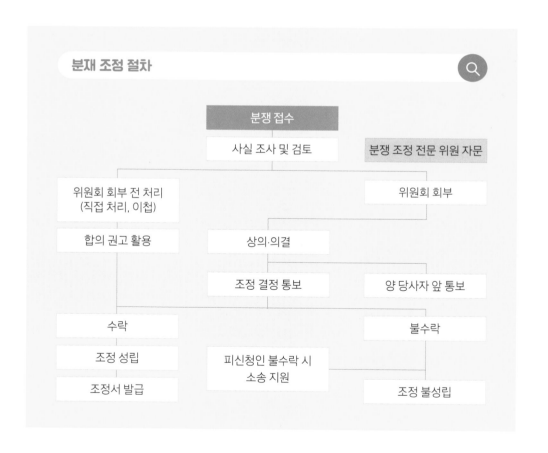

　　　　　　　　　　　　　　　　　한 권으로 끝내는 틴매경TEST

CHAPTER 2

금융세제

#이자소득 #배당소득 #금융소득종합과세

근로소득세 외에 금융투자로 얻은 수입에 대해서는 또 다른 세금 제도가 적용된다. 투자 시 세금에 대한 부분을 간과하면 예상보다 투자수입이 줄어들 수 있다. 금융소득에 적용되는 세제에 대해 알아보자.

1 금융 상품과 세금

1. 금융 상품에서 발생하는 소득

금융 자산의 저축 및 투자를 통해 발생하는 소득을 금융소득이라 하는데, 이자소득과 배당소득으로 나눌 수 있다.

> • 금융소득 = 이자소득 + 배당소득

이자소득 🔍 소득세법상 이자 명목으로 얻어지는 소득으로 예·적금, 예탁금 등의 이자 및 국·공채, 금융채, 회사채 등 채권에서 발생하는 이자와 할인액, 종합 자산 관리 계좌CMA, 기업 어음CP 등과 같은 금융 상품에서 받는 소득이 포함된다.

배당소득 🔍 　주식에 투자하여 배당금을 받거나 펀드와 같은 투자 신탁에서 발생하는 소득을 말한다.

---

2 금융 상품별 과세 기준 ⋮

주식 🔍 　주식을 매입할 때는 세금이 발생하지 않는다. 주식을 보유하고 있는 동안 배당을 받으면 배당소득에 대해 15.4%(주민세 포함) 세금이 부과된다. 주식 처분 시에는 주식 거래에 따른 증권 거래세가 원천 징수된다.

구분	현행 세율	2021~2022	2023
유가증권시장(코스피) 상장 주권	0.23% (증권거래세 0.08% + 농어촌특별세 0.15%)	0.08%	0%
코스닥시장의 상장 주권	0.23%	0.23%	0.15%
코넥스시장의 상장 주권	0.10%	0.10%	0.10%
비상장·장외거래	0.43%	0.43%	0.35%

*2023년부터는 증권거래세 하향 조정될 예정, 농어촌 특별세는 0.15% 현행 유지

채권 🔍 　개인 투자자의 경우 채권을 사고팔 때의 가격 차이에서 발생하는 소득인 채권 매매차익에 대해서는 세금이 없고, 이자소득에 대해서만 세금이 발생한다. 이자소득은 소득세(14%)와 주민세(소득세 10%에 해당하는 1.4%)를 합한 15.4%가 원천 징수된다.

펀드 🔍 　펀드 투자 시에 발생하는 수익은 그 각각의 기초 자산을 기준으로 과세 대상이 되기도 하며, 비과세 대상이 되기도 한다. 주식을 사고팔아 얻은 주식 매매 차익과 평가에 따른 주식 평가 차익은 비과세가 되나 주식 배당금은 과세된다. 채권을 사고팔아 얻은 채권 매매 차익과 채권을 보유함으로 얻게 되는 채권 이자소득은 과세 대상이다.

구분	주식 매매 차익	주식 평가 차익	주식 배당소득	채권 매매 차익	채권 이자소득
직접 투자	비과세	비과세	과세	비과세	과세
간접 투자	비과세	비과세	과세	과세	과세

2023년부터 금융투자소득 과세 체계가 도입된다. 금융자산에서 발생하는 소득은 금융투자소득, 이자배당소득 두 종류로 나누어 과세된다. 금융투자소득은 금융투자상품으로부터 실현된(상환, 환매, 해지, 양도 등) 모든 소득을 말한다. 이자·배당소득은 현행과 동일하게 금융소득 종합과세가 유지된다.

3 금융 소득 종합 과세

1. 개념

개인별 연간 금융 소득이 2,000만 원을 초과하는 경우 금융 소득을 다른 종합 소득과

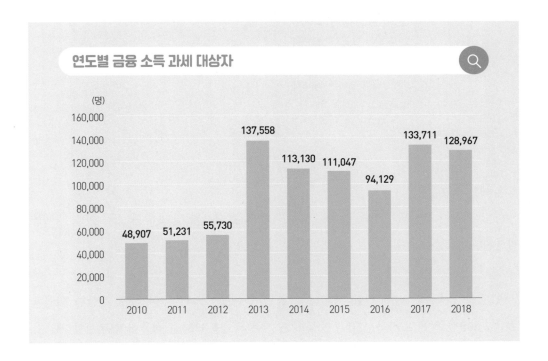

합산하여 누진 세율(종합 소득 세율)을 적용해 종합 과세하는 제도를 말한다. 여기서 금융 소득이란 금융 자산의 저축이나 투자에 대한 대가를 말하며, '소득세법'에서는 이자소득과 배당소득을 총칭하는 개념이다. 금융 소득 종합 과세의 과세 기간은 매년 1월 1일부터 12월 31일까지 1년이며, 비과세 금융 소득과 분리 과세 금융 소득은 종합 과세에서 제외된다. 낮은 세율로 분리 과세하던 이자소득과 배당소득을 근로소득·사업소득 등의 다른 종합 소득에 합산하여 누진 세율을 적용함으로써 부의 재분배를 촉진하고 조세 형평성을 실현하기 위한 제도다.

2. 과세 표준

2013년부터 이자소득, 배당소득의 합계액이 연간 2,000만 원이 넘는 경우 종합 과세 대상에 포함되어 누진 세율을 적용받는다. 금융 소득 종합 과세의 과세 표준은 다음 〈표〉 와 같다.

과세 표준	2018년 귀속 이후
1,200만 원 이하	6%
1,200만 원 초과 ~ 4,600만 원 이하	15%
4,600만 원 초과 ~ 8,800만 원 이하	24%
8,800만 원 초과 ~ 1억 5,000만 원 이하	35%
1억 5,000만 원 초과 ~ 3억 원 이하	38%
3억 원 초과 ~ 5억 원 이하	40%
5억 원 초과	42%

3. 세액 계산 방법

종합 소득에 합산되는 금융 소득이 있는 경우에는 다음과 같이 종합 소득 산출 세액을 계산한다.

① 금융 소득 중 2,000만 원까지는 원천 징수 세율(14%)을 적용하여 계산한 세액과 2,000만 원을 초과하는 금융 소득에는 기본 세율(6~42%)을 적용하여 계산한 세액을

합계하여 산출 세액으로 한다.

> • 산출 세액 = (금융 소득 2,000만 원 × 14%) + (종합 소득 과세 표준 × 기본 세율)

② 금융 소득 전체 금액에 대하여 원천 징수된 세액 전부를 기납부 세액(2,000만 원에 대한 원천 징수 세액을 포함)으로 공제하여 납부할 세액을 계산한다. 따라서 전체 금융 소득 중 2,000만 원까지는 원천 징수 세율로 납세 의무가 종결되는 분리 과세와 같은 결과가 된다.

틴매경TEST

경제

○ ○

통상 경제 현상은 복잡해 이해하기 어렵다고 여긴다.

그런 연유로 평범한 일상을 보내는 우리와는 관계없는 일이라고 여기기도 한다.

하지만 우리는 매일 버스나 지하철을 타면서 요금을 결제하고,

식당 메뉴판의 가격표를 보며 주문을 하고,

하루하루 변하는 주식가격을 보며 마음을 졸이는 등 매 순간 경제적 선택에 직면하고

이를 해결해가며 일상을 살아간다.

직장을 다니며 급여를 받고, 소득세 신고를 하고 연말정산을 하며,

카페를 열기 위해 커피 기계와 탁자를 구매하고

입지를 물색하는 것도 모두 이러한 활동의 연장선에 있다.

따라서 경제활동은 싫든 좋든 매일의 일상을 통해 직면하는 삶 그 자체라고 할 수 있다.

PART

1

경제생활의 이해와
경제 문제의 해결

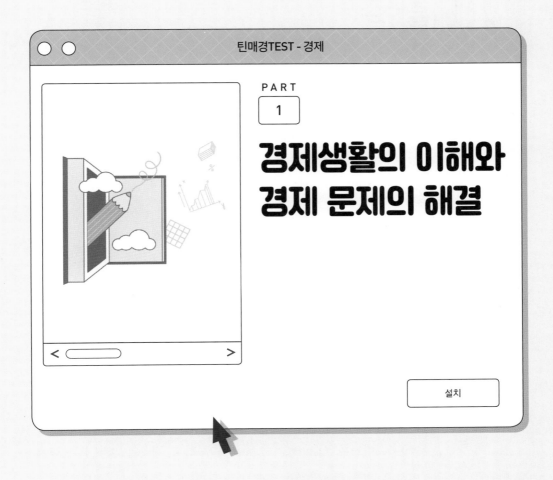

설치

경제활동

#경제활동 #경제활동의 주체

음식과 커피 기계처럼 유용한 물리적 실체로서 유형의 거래 대상을 상품 또는 재화라고 하며 버스 운전, 식당 서빙, 학원 강의와 같은 무형의 것들을 용역 또는 서비스라고 한다. '경제적 행위'란 이러한 재화와 서비스를 생산하고 교환 및 소비하는 일련의 활동을 말한다.

1 경제활동의 세 가지 유형

현실에 유용한 재화나 서비스를 '생산'하고, 소득을 '분배'하고, 재화를 '소비'하는 일련의 행위를 경제활동이라고 한다. 경제활동은 크게 '생산'과 '분배', '소비'로 구분한다.

1. 생산활동

생산활동은 유용한 재화나 서비스를 새롭게 만들거나 이미 만들어진 것의 가치를 높이는 행위다. 가령 휴대폰, 자동차와 같은 재화를 만들거나 이미 만들어진 재화를 가공, 포장, 운반, 저장, 판매하는 것과 같은 서비스가 모두 생산활동에 해당한다. 교육, 의료, 금융은 서비스의 또 다른 사례다. 통상 생산활동의 주체는 기업으로 본다.

2. 분배활동

기업은 토지, 노동, 자본과 같은 생산요소를 고용해 재화와 서비스를 생산, 판매함으로써 부가가치를 창출한다. 분배활동이란 이처럼 만들어진 부가가치를 생산요소를 공급한 사람에게 그 대가로 나눠주는 것을 뜻한다. 가령 노동력을 제공한 사람(노동자)에게는 임금을, 자본을 제공한 사람(자본가)에게는 이자 또는 배당을, 그리고 토지를 제공한 사람(임대인)에게는 지대를 지급한다.

3. 소비활동

소비활동은 일정한 대가를 지급하고 필요한 재화나 서비스를 구매하고 사용하는 것을 뜻한다. 소비활동을 영위하기 위해서는 소비 대상인 재화와 서비스가 시장에 구비돼 있어야 하며, 소비자는 이를 구매할 수 있는 소득을 가지고 있어야 한다. 통상 소비활동의 주체는 가계로 본다.

2 경제활동의 주체

경제활동의 주체는 가계, 기업, 정부, 외국으로 구분한다. 가계는 경제에서 소비활동의 주체며, 기업은 생산활동의 주체다. 또한, 정부는 생산(사회간접자본 및 각종 공공재)과 소비(정부구매)를 모두 담당하며, 외국은 국내에서 생산된 재화와 서비스를 구매하는 해외 소비자로 볼 수 있다.

1. 가계

가계는 요소시장에 토지, 노동, 자본 등 생산요소를 공급하고 그 반대급부로 요소소득(지대, 임금, 이자)을 얻는다. 이렇게 얻은 요소소득은 가계가 재화시장에서 재화와 서비스를 구매하는 소득원천이 된다. 따라서 가계는 생산요소 공급을 통해 생산활동에 기여하는 동시에 재화와 서비스를 구매하는 소비활동을 영위한다. 통상 소비활동의 목적은 효용극대화(주어진 예산에서 만족감을 극대화하는 행동)로 본다.

2. 기업

기업은 요소시장에서 대가(지대, 임금, 이자)를 지불하고 생산요소를 고용하는 한편, 재화시장에 재화와 서비스를 공급하고 그 대가로 이윤을 얻는다. 통상 기업의 생산활동 목적은 이윤극대화로 본다. 기업은 이윤극대화를 위해 생산과정에서 '얼마나 생산할 것인가?(최적 생산량)', '얼마에 제품을 판매할 것인가?(가격 결정)', '노동과 자본을 얼마나 고용할 것인가?(생산요소의 최적 고용량)'와 같은 의사결정에 직면한다.

3. 정부

정부는 가계와 기업으로부터 거둔 세금으로 사회에 필요한 공공재를 공급하고, 경제안정화 정책 및 소득재분배 정책 등 각종 필요한 경제정책을 시행한다. 경기부양 차원에서 정부구매를 늘린다든지 재난지원금을 지급한다든지 하는 재정지출 확대와 소득세 누진세율 조정 및 법인세 세율 조정 등과 같은 정책 등이 그것이다. 명목상 정부는 민간부문의 경제활동을 조정, 규제하는 역할을 공익 추구 차원에서 광범위하게 시행한다.

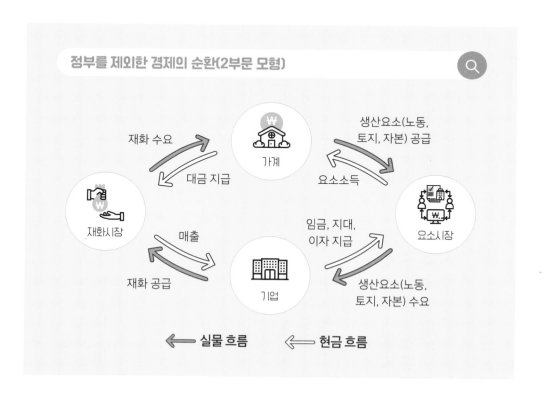

한 권으로 끝내는 틴매경TEST

CHAPTER 2
희소성

#희소성 #희소성의 원칙 #경제재

일상에서 겪는 선택의 문제는 대부분 무한한 욕망에 비해 쓸 수 있는 자원이나 예산은 제한되어 있기 때문에 발생한다. 따라서 자원의 희소성은 경제적 선택 문제의 출발점이라고 할 수 있다. 하지만 희소성은 단순히 자원이 귀하다는 것을 의미하는 희귀성과는 다르다. 희소성은 희귀성과 자주 혼동되어 쓰이기는 하지만 엄연히 다른 개념이며, 일상에서 쓰는 재화와 서비스는 희소성과 희귀성에 따라 여러 범주로 구분할 수 있다.

① 희소성의 원칙

사람의 욕망은 무한한 데 비해 가용한 자원은 유한(희소)하기 때문에 경제활동에는 필연적으로 '선택'의 문제가 뒤따른다. 이처럼 유한한 자원으로 선택을 해야만 하는 상황을 '희소성의 원칙'이라고 하며 이는 모든 경제적 선택 문제의 출발점이다. 재화나 서비스의 희소성은 시간이나 장소에 따라 변하는 상대적 개념이다. 가령 바나나와 같은 열대과일은 적도 부근 국가에서는 흔하지만, 러시아와 같이 위도가 높은 국가에서는 귀한 과일이다. 또한, 1980년대 컴퓨터는 정부 기관이나 대기업 일부 부서에서만 사용하는 특수한 장비였으나 지금은 대부분의 가정에서도 쉽게 찾아볼 수 있는 일상적 가전제품이 되었다.

　자유재free good란 애초에 경제 내에 무한히 주어져 있어서 별도의 대가를 치르지 않고 소비할 수 있는 재화를 뜻한다. 따라서 자유재는 희소성이 없는 재화로서 시장에서 거래되지 않으며 따라서 가격도 존재하지 않는다. 단, 시장에서 거래되지 않는다는 것은 가치가 없어서가 아니라 무한한 양으로 인해 가격이 0이기 때문이다. 가령 공기는 생존에 없어서는 안 되지만 공짜(가격이 0)로 무한정 쓸 수 있으므로 자유재에 해당한다. 자유재는 대가를 지불하지 않고 쓸 수 있다는 점에서 무상재라고도 한다.

　한편, 경제재economic good는 대가를 지불해야만 쓸 수 있는 재화이며 이는 공급이 제한돼 있다는 뜻이다. 우리가 알고 있는 대부분의 재화가 이 범주에 포함된다. 따라서 경제재는 희소성이 있는 재화를 통칭한다고 볼 수 있다. 단, 여기서 유의할 것은 희소성은 수요보다 공급이 많은 상태를 뜻하는 상대적 개념이라는 점이다. 따라서 수요가 증가하거나 공급이 감소하는 경우 자유재는 희소성을 가지는 경제재로 변하기도 한다. 다음 그림은 경제재와 자유재의 차이를 잘 보여준다.

　그림에서 A와 B 영역에 속한 재화를 경제재라고 하며, D 영역에 속한 재화를 자유재 또는 무상재라고 한다. 자동차, 아파트, 스마트폰과 같은 통상적인 경제재의 경우 희소성

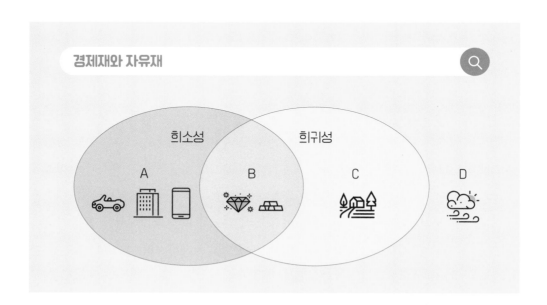

은 있으나 희귀성은 없으므로 A에 포함되며, 희소성과 희귀성을 모두 가진 다이아몬드, 금 등은 B에 포함된다. 한편, 귀농·귀촌 생활을 위해 한적한 산골에 지은 오두막집은 희귀성은 있으나 희소성은 없으므로 C에 포함된다. 공기처럼 희소성과 희귀성이 모두 없는 재화의 경우 D에 포함될 것이다.

CHAPTER 3

기회비용과 매몰비용

#기회비용 #매몰비용 #합리적선택

모든 선택에는 반드시 대가가 따르며, 이 대가는 비단 내 지갑에서 나가는 돈만을 의미하지는 않는다. 포기한 다른 대안을 통해 얻을 수 있었던 이익이나 편익도 엄연히 그 선택의 대가이기 때문이다. 이처럼 한 선택에 따른 비용은 직접 관찰되는 금전적 비용보다 훨씬 클 수 있다. 하지만 현실에서는 눈에 보이지 않는다는 이유로 이처럼 엄연히 비용에 해당하는 것을 간과하기 십상이다.

한편, 현재 어떻게 행동하든 이미 되돌릴 수 없는 '엎질러진 물'과 같은 비용이 있다. 이러한 비용을 현재 선택 시 염두에 두는 것은 아무런 도움이 되지 않으므로 의사결정 과정에서 무시하는 것이 바람직할 것이다. 하지만 현실에서 우리는 이미 지나가 버린, 돌이킬 수 없는 비용으로 인해 전전긍긍하며 마음고생 하는 일도 자주 관찰할 수 있다. 어떤 선택이 합리적인지를 따져보기 위해서는 어디까지를 비용으로 바라보고 포함할 것인가를 알아야 한다.

---

① 기회비용

기회비용opportunity cost이란 여러 대안 가운데 하나를 선택했을 때 감수해야 하는 비용의 최대금액을 말한다. 가령, 주말 오후에 일당 8만 원짜리 편의점 아르바이트가 예정된 사람이 있다고 하자. 이때 한 친구가 이 사람에게 영화 관람을 제안했고, 또 다른 친구는 세차장 아르바이트를 대신 가줄 수 있는지를 물어왔다고 하자. 영화 관람료는 8,000원이고, 세차장 아르바이트의 일당은 7만 원이라고 하자. 만약 이 사람이 영화 관람 제안을 받아들였다면, 그 기회비용은 얼마일까?

우선 편의점 아르바이트를 할 때 받을 수 있는 8만 원(암묵적 비용, 묵시적 비용)을 포기해야 하며, 영화 관람료로 8,000원(명시적 비용, 회계적 비용)을 지출해야 한다. 기회비용은 이 둘을 더한 값으로 8만 8,000원이 된다. 이처럼 어떤 선택을 했을 때 금전적으로 나가는 비용을 명시적 비용explicit cost 또는 회계적 비용accounting cost이라고 하며, 그 선택으로 인해 포기하는 대안의 가치를 암묵적 비용implicit cost 또는 묵시적비용이라고 한다. 기회비용은 이 둘을 더해 계산한다.

통상 경제학에서 비용이란 기회비용을 뜻한다. 따라서 경제적 이윤을 계산할 때도 매출에서 기회비용을 차감해 구해야 한다. 경제적으로 '합리적 선택rational choice'은 다른 조건이 일정하다면 기회비용이 적은 선택 또는 경제적 이윤이 가장 큰 선택이라고 볼 수 있다.

2 매몰비용

매몰비용sunk cost은 돌이킬 수 없는 선택으로 인해 발생하는 비용을 뜻한다. 즉, 더 이상 회수 불가능한 투자금액이나 계약금액 등이 그 사례다.

'합리적 선택rational choice'을 하기 위해서는 이와 같은 매몰비용이 현재의 선택에 영향을 미치는 일은 없어야 한다. 하지만 현실에서는 심심치 않게 매몰비용이 현재의 선택에 영향을 끼치는 사례를 볼 수 있는데 이것을 매몰비용의 오류sunk cost fallacy라고 한다.

01 아래는 A의 선택과 이에 수반되는 비용에 대한 설명이다. 다음 중 A의 대학 진학 시 수반되는 비용에 대한 가장 올바른 설명은?

> 고등학교에서 금융을 전공한 A는 현재 B은행 신입사원 채용절차에 최종 합격한 상태이며 C대학에도 최종 합격 통보를 받았다. 만약 A가 B은행에 입사하게 되면 연봉 4,000만 원을 받을 수 있다. 한편 A가 C대학에 진학하게 되면 4년간 입학금·등록금 2,800만 원, 4년간 학비와 생활비 3,000만 원이 소요된다. (단, B은행 입사 시 연봉은 4년간 같은 금액을 매년 지급받게 되며 C대학 진학 시 1,000만 원의 장학금을 일시금으로 받을 수 있다.)

① 매몰비용은 2,800만원이다.

② 기회비용은 20,800만원이다.

③ 기회비용은 21,800만원이다.

④ 명시적 비용은 5,800만원이다.

⑤ 암묵적 비용은 12,000만원이다.

02 아래를 읽고 K의 선택에 대한 옳은 분석을 〈보기〉에서 모두 고르면?

> 고교생 K는 최근 자신이 좋아하는 가수의 콘서트 티켓을 50,000원에 구매했다. 이 콘서트 관람에 대한 K의 유보가격은 70,000원이며, 현재 공식적으로 이 티켓은 매진된 상태다.
>
> ───────────────
>
> 〈보기〉
> ㉠ K가 콘서트 관람을 통해 얻는 만족감을 금액으로 환산하면 70,000원 이하일 것이다.
> ㉡ 만약 티켓이 80,000원에 판매되더라도 K는 이 티켓을 기꺼이 구매했을 것이다.
> ㉢ 만약 다른 사람이 K의 티켓을 69,000원에 사겠다고 제안한다면 K는 이에 응할 것이다.
> ㉣ 만약 K가 이 티켓을 분실했더라도 암시장에서 이 티켓을 70,000원에 살 수 있다면 K는 이 티켓을 재구매해서 콘서트에 가고자 할 것이다.

① ㉠, ㉡   ② ㉠, ㉢   ③ ㉠, ㉣   ④ ㉡, ㉣   ⑤ ㉢, ㉣

특정 대안의 선택을 할 때 수반되는 기회비용은 명시적(회계적) 비용과 암묵적 비용의 합으로 계산된다. 명시적 비용은 특정 대안의 선택 시 명시적으로 지출되는 금액을 뜻하며, 암묵적 비용은 특정 대안의 선택으로 인해 포기되는 대안의 가치를 뜻한다. 이 문제의 경우 A의 대학 진학으로 인한 명시적 비용은 '2,800만 원+3,000만 원-1,000만 원=4,800만 원'이다. 한편 암묵적 비용은 '4,000만 원×4=16,000만 원'이다. 따라서 A의 대학 진학 시 기회비용은 '4,800만 원+16,000만 원=20,800만 원'이다. 매몰비용은 이미 지출된 결과 돌이킬 수 없는 비용을 뜻한다.

정답 ②

고교생 K의 콘서트 관람의 유보가격은 70,000원이므로 콘서트 관람으로부터 얻는 심리적 만족감의 크기는 70,000원 이하이다. 또한, 티켓이 80,000원에 판매된다면 이 티켓을 구매하지 않을 것이다.

한편, 만약 다른 사람이 이 티켓을 69,000원에 산다고 제안할 때 이를 수락하면 69,000원의 편익을 얻지만 이를 거절하면 70,000원의 편익을 얻는다. 따라서 이러한 제안을 거절할 것이다. 또한, 이 티켓을 분실했을 시 70,000원에 다시 살 수 있다고 한다면 최초 지출 50,000원은 매몰비용이므로 티켓을 재구매해서라도 콘서트에 가고자 할 것이다.

정답 ③

○ ○

시장은 소비자와 생산자가 만나 재화·서비스를 거래하는 곳으로서

노점상, 전통시장에서부터 백화점, 인터넷 쇼핑몰, 인력시장에 이르기까지

그 형태가 다양하다.

가계는 소비자로서 효용극대화를, 기업은 생산자로서 이윤극대화를 추구하며

이들의 행동은 각각 시장수요와 시장공급으로 나타난다.

만약 소비자가 재화·서비스의 품질을 온전히 식별할 수 있고,

기업들 간 공정경쟁이 담보된다면, 시장거래의 결과는 대단히 바람직하다.

사회적으로 효율적인 수준만큼 재화·서비스가 생산되고 소비되기 때문이다.

하지만 시장의 자원배분 효율성은 여러 가지 이유로 달성되지 못하기도 한다.

특히 기업들 간 충분한 경쟁이 이뤄지지 않는 경우 기업은

소비자가 시장거래를 통해 얻는 이익을 뺏어갈 수 있는 힘을 가지게 된다.

따라서 시장경제의 효율성은 기업들 간 공정경쟁에 그 뿌리를 두고 있다고 해도 과언이 아니다.

PART

2

시장과 경제활동

설치

CHAPTER 1

수요와 공급

#시장수요 #시장공급 #수요의 법칙 #공급의 법칙

시장거래는 시장수요와 시장공급이 일치하는 점에서 이루어지며 이때 재화와 서비스의 과부족이 모두 해소된다. 시장수요는 가격이 상승(하락)할 때 그 양이 감소(증가)하는 음(-)의 관계로 나타나며, 시장공급은 가격이 상승(하락)할 때 그 양이 증가(감소)하는 양(+)의 관계로 나타난다.

현실에는 시장수요와 시장공급에 영향을 미치는 다양한 요인이 있으며 이러한 요인에 의해 시장거래 양상이 달라진다.

1 수요량과 수요, 수요의 법칙

시장에서 주어진 가격에 대해 소비자가 구매하길 원하는 재화와 서비스의 수량을 '수요량'이라고 한다. 수요량은 시장가격이 상승(하락)할 때 감소(증가)하며, 이를 그래프로 그리면 다음 그림과 같이 우하향하는 곡선(수요곡선)으로 나타난다. 이처럼 수요량과 시장가격 간 음(-)의 관계를 '수요의 법칙the law of demand'이라고 한다.

'수요곡선'은 간단히 '수요(함수)'라고도 하며, 수요곡선 위의 한 점이 곧 수요량이 된다. '수요곡선의 높이'는 재화 한 단위를 추가로 소비할 때 얻을 수 있는 최대 만족감, 즉 '최

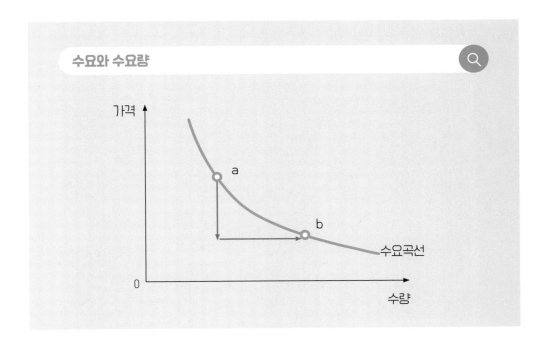

수요와 수요량

대지불용의(의사) 가격(재화 한 단위를 더 구매하기 위해 추가로 지불할 용의가 있는 최대금액$_{willingness\ to}$ $_{pay}$)'을 뜻한다. 이 개념은 수요곡선을 해석하는 대단히 유용한 방법 가운데 하나며, 여러 맥락(특히 소비자 잉여를 다룰 때)에서 다시 등장할 것이다.

요컨대 수요량은 수요곡선 위의 한 점이며 수요곡선은 가격과 수요량 간의 관계 자체를 말한다. 따라서 수요량의 변동은 수요곡선 위의 점의 이동으로 나타나며, 수요의 변동은 수요곡선 자체의 이동으로 나타난다.

위에 그림에서 수요곡선 위의 a에서 b로 이동하는 것을 수요량의 변동이라고 하며 수요곡선은 수요량과 가격 간 음(-)의 관계를 보여준다.

---

② **수요곡선을 이동시키는 요인**

수요곡선 자체를 이동시키는 요인에는 연관재(대체재, 보완재)의 가격 변화, 소득 변화, 해당 재화의 선호도 변화 등이 있다. 가령 치킨의 경우를 생각해보자. 치킨은 정상재(소득

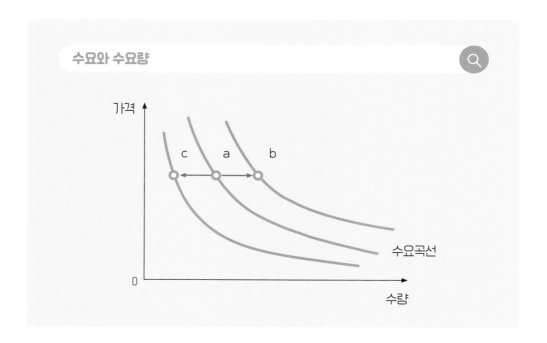

이 증가할 때 소비가 증가하고 소득이 감소할 때 소비가 감소하는 재화)이며, 맥주와 보완재(해당 재화와 함께 소비되는 재화) 그리고 삼겹살과 대체재(해당 재화를 대신할 수 있는 재화) 관계라고 하자.

만약 맥주 가격이 상승하면 맥주와 함께 소비되는 치킨의 수요도 감소(치킨의 수요곡선 좌측 또는 하향 이동)한다. 또한, 경기불황으로 가계의 처분가능소득이 감소해도 치킨의 수요가 감소한다. 한편, 삼겹살의 가격이 상승하면 삼겹살 대신 소비할 수 있는 치킨의 수요가 증가(치킨의 수요곡선 우측 또는 상향 이동)한다. 만약 전국적으로 치맥 열풍이 분다면 치킨에 대한 선호도가 높아져 치킨의 수요가 증가한다. 위의 그림은 수요가 증가하는 경우와 감소하는 경우를 잘 나타내고 있다.

위의 그림에서 a에서 b로의 이동은 수요곡선의 우측 이동에 따른 것이고 이는 수요가 증가하는 경우에 발생한다. 또한, a에서 c로의 이동은 수요곡선의 좌측 이동에 따른 것이고 이는 수요가 감소하는 경우에 발생한다.

대체재 ○ 어떤 재화를 대신해서 사용할 수 있는 재화(예: 치킨과 삼겹살, 안경과 콘택트렌즈)

보완재 🔍 어떤 재화와 함께 사용하는 재화(예: 왼쪽 양말과 오른쪽 양말, 치킨과 맥주, 맥주와 땅콩)

정상재 🔍 소득이 증가(감소)함에 따라 수요가 증가(감소)하는 재화

열등재 🔍 소득이 증가(감소)함에 따라 수요가 감소(증가)하는 재화

3 공급량과 공급, 공급의 법칙 ⋮

시장에서 주어진 가격에 대해 생산자(기업)가 공급하길 원하는 재화와 서비스의 수량을 '공급량'이라고 한다. 공급량은 시장가격이 상승(하락)할 때 증가(감소)하며, 이를 그래프로 그리면 아래 그림과 같이 우상향하는 곡선(공급곡선)으로 나타난다.

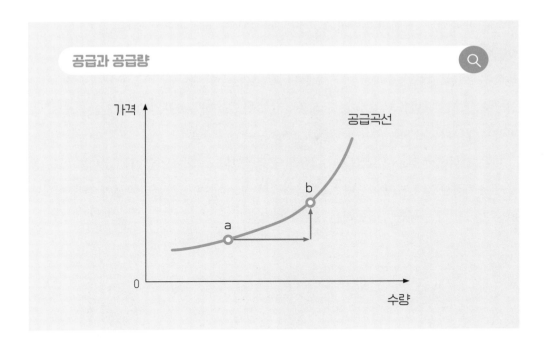

그림의 공급곡선 위의 점a에서 점b로의 이동을 공급량의 변동이라고 하며 공급곡선은 공급량과 가격 간 양(+)의 관계를 보여준다. 이처럼 공급량과 시장가격 간 양(+)의 관계를 '공급의 법칙the law of supply'이라고 한다.

'공급곡선'은 간단히 '공급(함수)'라고도 하며, 공급곡선 위의 한 점이 곧 공급량이 된다. '공급곡선의 높이'는 재화 한 단위를 추가로 공급하기 위해 필요한 최소비용, 즉 기업의 '한계비용marginal cost'을 뜻한다. 이 개념은 공급곡선을 해석하는 유용한 방법이다.

4 공급곡선을 이동시키는 요인

공급곡선 자체를 이동시키는 요인에는 생산기술의 변화, 원자재의 가격 변화, 최저임금의 변화 등이 있다. 가령 생산기술의 발달로 생산성이 향상되면 동일한 노동과 자본으로 생산할 수 있는 재화의 수량이 증가한다. 따라서 이 경우 공급이 증가(공급곡선 우측 또는 하향 이동)한다. 한편, 최저임금 인상이나 원자재 가격 상승은 동일한 노동과 자본으로 생산할 수 있는 재화의 수량을 감소(공급곡선 좌측 또는 상향 이동)시킨다. 요컨대 생산단가를 인상하는 모든 요인들은 모두 공급을 줄이는 요인으로 작용한다. 다음 그림은 공급이 증가하는 경우와 감소하는 경우를 나타내고 있다.

다음 그림에서 점a에서 점b로의 이동은 공급곡선의 우측 이동에 따른 것이고 이는 공급이 증가하는 경우에 발생한다. 또한, 점a에서 점c로의 이동은 공급곡선의 좌측 이동에 따른 것이고 이는 공급이 감소하는 경우에 발생한다.

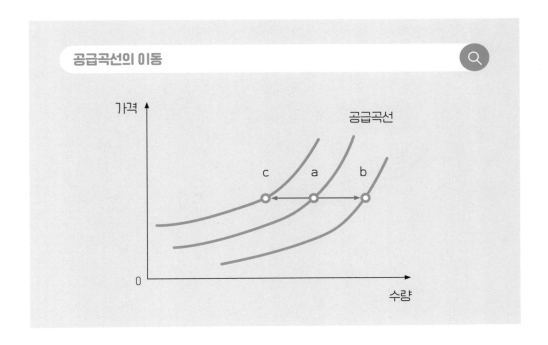

공급곡선의 이동

가격

공급곡선

c   a   b

0

수량

5 우상향하지 않는 공급곡선

　골동품이나 예술품, 토지와 같은 재화는 대단히 희소하며 새로운 유물을 발굴하거나 새로운 영토를 개척하지 않는 한 그 공급량이 제한돼있다. 이 경우 가격이 오른다고 해서 공급량이 증가하지 않는다. 따라서 이와 같은 재화들의 공급곡선은 일반적인 재화와 달리 수직 또는 수직에 가까운 형태로 공급곡선이 나타난다.

　한편, 노동공급량도 실질임금이 상승한다고 해서 마냥 늘어나지는 않는다. 노동공급량은 실질임금 수준이 낮을 때는 실질임금이 높아짐에 따라 증가하지만, 일정 수준에 다다르면 실질임금이 높아질 때 오히려 줄어들게 된다. 이는 실질임금이 일정 수준을 넘어서면 여가에 대한 선호가 강해져서 사람들이 노동공급을 다소 줄이더라도 여가를 더 갖길 원하기 때문이다. 이러한 현상을 '노동공급곡선의 후방굴절'이라고 하며 골동품, 예술품, 토지 등의 사례와 함께 우상향하는 공급곡선의 예외라고 할 수 있다. 다음 그림은 앞서 언급한 골동품과 예술품, 그리고 노동공급의 사례를 그래프로 나타낸 것이다.

　좌측 그림은 공급량이 일정한 양으로 주어진 경우의 공급곡선을 나타낸다. 이 경우 공

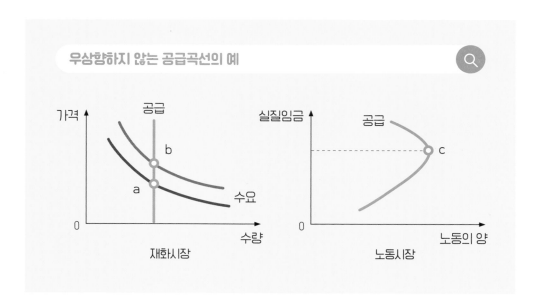

급량이 제한돼 있으므로 수요가 증가하면 시장균형은 점a에서 점b로 이동하며 이때 거래량은 늘지 않고 가격만 상승한다. 주로 골동품, 예술품, 단기간에 공급량을 늘리기 어려운 주택 등이 이와 유사한 형태를 가진다.

우측 그림은 후방굴절형 노동공급곡선을 나타낸다. 실질임금이 점c보다 낮은 구간에서는 실질임금과 노동공급 사이에 양(+)의 관계가 관찰되지만, 실질임금이 그 이상인 경우 오히려 노동공급량이 감소한다.

01 다음 중 치킨의 수요를 증가시키는 요인으로 가장 거리가 먼 것은? (단, 치킨은 정상재이며, 햄버거와는 대체재 그리고 맥주와 보완재 관계에 있다.)

① 맥주 가격의 하락　　　　　　② 햄버거 가격의 하락
③ 처분가능소득의 증가　　　　　④ 맥주에 부과한 주세 인하
⑤ 치킨 업체의 마케팅 활동 강화

해설 01
보완재인 맥주 가격의 하락은 치킨의 수요를 증가시키며, 대체재인 햄버거 가격의 하락은 치킨의 수요를 감소시킨다. 또한, 치킨은 정상재이므로 처분가능소득의 증가는 치킨의 수요를 증가시키며, 치킨에 대한 마케팅 활동 강화는 치킨에 대한 선호를 증가시켜 치킨의 수요 증가로 이어진다. 한편, 맥주에 부과한 주세를 인하하면 보완재인 맥주 가격이 하락하므로 치킨의 수요는 증가한다.

정답 ②

CHAPTER 2
수요와 공급의 탄력성

#수요의 가격탄력성 #공급의 가격탄력성 #수요의 소득탄력성 #수요의 교차탄력성
#대체재 #보완재 #정상재 #열등재 #사치재

재화와 서비스의 가격 변화가 수요량을 '얼마나' 감소시키는지 나타내는 것을 수요의 가격탄력성이라고 하며, 이는 수요곡선의 기울기와 밀접한 관계가 있다. 한편, 재화와 서비스의 가격 변화가 공급량을 '얼마나' 증가시키는지 나타내는 것을 공급의 가격탄력성이라고 하며, 이는 공급곡선의 기울기와 밀접한 관계가 있다.

1 가격탄력성

가격탄력성은 '가격이 1% 변할 때 수요량(공급량)이 몇% 변하는지' 측정하는 것이다. 즉, '가격 변화율에 대한 수요량(공급량) 변화율의 비'를 뜻하며, 아래와 같은 식으로 계산한다.

$$\text{수요의 가격탄력성} = - \frac{\text{수요량의 \% 변화율}}{\text{가격의 \% 변화율}}$$

$$\text{공급의 가격탄력성} = \frac{\text{공급량의 \% 변화율}}{\text{가격의 \% 변화율}}$$

수요의 가격탄력성을 나타내는 식의 우변에 마이너스 부호(-)가 붙는 것은 가격과 수요량 간 존재하는 음(-)의 관계로 인해 전체 부호가 마이너스가 되는 것을 피하기 위함이다. 가격탄력성을 통해 알고자 하는 것은 '재화의 가격 변화에 대해 수요량(공급량)이 얼마나 민감하게 반응하는지'이기 때문이다. 공급의 가격탄력성의 경우 공급의 법칙에 의해 가격과 공급량 간 양(+)의 관계가 성립하므로 우변에 마이너스 부호를 붙이지 않아도 전체 부호가 마이너스(-)가 되는 일은 발생하지 않는다.

만약 수요의 가격탄력성이 0과 1 사이라면 '비탄력적(가격 변화율에 비해 수요량 변화율이 작음)'이라고 하며, 1이면 '단위 탄력적(가격 변화율과 수요량 변화율이 같음)'이라고 하고, 1보다 크면 '탄력적(가격 변화율에 비해 수요량 변화율이 큼)'이라고 한다.

가격탄력성은 매출(판매수입)을 늘리기 위해 가격을 '인하'해야 하는지, 아니면 가격을 '인상'해야 하는지에 대한 중요한 단서를 제공한다. 만약 가격탄력성이 1보다 크다면, 가격을 인하할 때 가격인하분보다 더 큰 비율로 수요량이 증가하게 된다. 따라서 이 경우 가격을 인하함으로써 매출을 늘릴 수 있다. 반면, 가격탄력성이 1보다 작다면 가격을 인상할 때 가격인상분보다 더 작은 비율로 수요량이 감소한다. 따라서 이 경우 가격을 인상함으로써 매출을 늘릴 수 있다.

> 수요의 가격탄력성(%) = − 수요량 변화율(%) ÷ 가격 변화율(%) 🔍
>
> 판매수입변화율(%) = 가격 변화율(%) + 수요량 변화율(%) 🔍

한편, 가격탄력성은 수요(공급)곡선의 기울기와도 밀접한 관계를 가진다. 가격탄력성이 크다는 것은 가격 변화율 대비 수요량(공급량) 변화율이 크다는 뜻이고 이는 수요(공급)곡선의 기울기가 완만하다는 것과 같은 의미이다. 만약 가격탄력성이 0(완전 비탄력적)이라면 수요(공급)곡선은 수직이며, 가격탄력성이 무한히 크다면(완전 탄력적) 수요(공급)곡선은 수평이 된다. 다음 그림은 수요곡선의 기울기와 수요의 가격탄력성 사이의 관계를 보여준다.

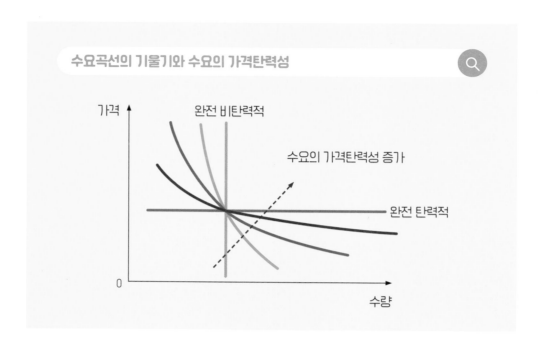

수요곡선의 기울기와 수요의 가격탄력성 🔍

가격

완전 비탄력적

수요의 가격탄력성 증가

완전 탄력적

0

수량

---

② **가격탄력성에 영향을 미치는 요인** ⋮

1. 수요의 가격탄력성에 영향을 미치는 요인

수요의 가격탄력성은 '대체재의 수', '측정기간', '고려되는 상품의 범주' 등에 의해 영향을 받는다. 만약 재화의 가격이 상승할 때 다른 재화로 쉽게 대체할 수 있다면 그 재화의 수요량은 크게 감소할 것이다. 즉, 어떤 재화의 '대체재가 많을수록(대체가 용이할수록)' 그 재화의 수요는 탄력적이게 된다. 또한 '측정기간이 길수록' 수요의 가격탄력성은 커진다. 이는 측정기간이 길어짐에 따라 시장에 밀접한 대체재들이 많이 구비되기 때문이다.

한편, 고려되는 '상품의 범주가 클수록' 수요의 가격탄력성은 작아진다. 가령, 밀접한 대체재 관계에 있는 아반떼와 그랜저 두 종의 차량을 생각해 보자. 그랜저 가격이 상승하면 사람들은 그랜저 구매를 줄이고 밀접한 대체재인 아반떼 구매를 늘릴 것이다. 그랜저 수요의 가격탄력성은 그랜저 가격 상승률(%)에 대한 그랜저 수요량 감소율(%)의 비를 계산함으로써 쉽게 구할 수 있다.

이렇게 구한 '그랜저' 수요의 가격탄력성을 '자동차' 수요의 가격탄력성과 비교하면 어떨까? '그랜저'와 '아반떼' 모두 '자동차'라는 더 큰 범주에 포함되므로 '그랜저' 가격 상승으로 '자동차' 가격이 상승해도 '자동차' 전체의 수요량에는 변함이 없을 것이다. 단지 '그랜저' 수요량의 일부가 '아반떼' 수요량으로 옮아간 것일 뿐이기 때문이다. 따라서 '자동차' 수요의 가격탄력성은 '아반떼' 수요의 가격탄력성보다 작은 값을 갖는다. 이처럼 고려되는 상품의 범주가 클수록 수요의 가격탄력성은 작다.

2. 공급의 가격탄력성에 영향을 미치는 요인

공급의 가격탄력성은 '재화의 성질', '생산요소 간 대체가능성', '측정기간' 등에 의해 영향을 받는다. 농산품(쌀, 양파, 배추, 달걀)의 경우 공산품과 달리 재화의 가격이 오른다고 해서 단기간에 공급량을 쉽게 늘릴 수 없다. 따라서 공산품의 경우 농산품에 비해 가격탄력성이 크다. 또한, 생산요소(노동, 자본) 간 대체가능성이 클수록 재화의 가격이 오를 때 생산량을 늘리기 쉽다. 따라서 생산요소 간 대체가 용이할수록 가격탄력성이 더 크다.

한편, 측정기간이 길수록 공급의 가격탄력성은 커진다. 이는 측정기간이 길어짐에 따라 재화의 가격 변화에 따른 생산량을 조절하기 쉬워지기 때문이다. 가령, 코로나19 확산 초기에는 마스크를 비롯한 방역물품을 구하기 쉽지 않았다. 이는 당시 생산설비로는 갑자기 늘어난 수요를 충당할 만큼 물량을 충분히 공급할 수 없었기 때문이었다. 생산설비를 확충하고 노동자를 확보하는 데는 어느 정도 시간이 걸리기 마련이다. 실제로 코로나19 확산 초기에는 마스크를 구하기 위해 온 가족이 나서 약국 앞에서 줄을 서서 대기하는 장면을 흔히 볼 수 있었다. 또한, 방역물품이 동이나 관공서와 공공장소에 이를 충분히 비치하기 쉽지 않았다.

시간이 지나면서 생산설비가 확충됨에 따라 생산량이 늘었고 이에 따라 마스크를 비롯한 방역물품은 흔한 재화가 되었다. 실제로 코로나19 확산이 본격화된 6개월여 만에 마스크 제조업자는 남아도는 마스크 물량 재고 처리 문제로 골머리를 앓았다. 이러한 사례에서 확인할 수 있듯 측정기간이 길수록 공급의 가격탄력성은 커진다.

3   그 외 다양한 수요의 탄력성

1. 수요의 소득탄력성

수요의 소득탄력성은 '소득이 1% 변할 때 수요량이 몇% 변하는지'를 구하는 것으로 아래와 같은 식으로 계산한다.

$$\text{수요의 소득탄력성} = \frac{\text{수요의 \% 변화율}}{\text{소득의 \% 변화율}}$$

어떤 재화의 수요의 소득탄력성이 양(+)의 값을 가질 때, 그 재화는 정상재(소득이 증가할 때 수요량이 증가하는 재화)라고 한다. 반면 수요의 소득탄력성이 음(-)의 값을 가질 때, 그 재화는 열등재(소득이 증가할 때 수요량이 감소하는 재화)라고 한다. 또한, 수요의 소득탄력성이 0과 1 사잇값을 가지는 재화는 필수재(소득변화보다 수요량 변화가 크지 않은 재화)로, 수요의 소득탄력성이 1보다 큰 재화는 사치재(소득변화보다 수요량 변화가 더 큰 재화)로 분류한다.

가령, 쌀과 물, 치약과 칫솔 등 생활필수품의 경우 소득변화와 관계없이 어느 정도 일정한 양이 소비되는 특성이 나타나므로 그 수요량은 소득변동에 대해 민감하게 반응하지 않는다. 따라서 이와 같은 재화는 필수재라고 할 수 있다. 반면, 명품가방과 같은 재화는 사치재로 볼 수 있다. 아래 표는 수요의 소득탄력성에 따라 재화를 분류한 것이다.

수요의 소득탄력성에 따른 재화 분류

수요의 소득탄력성(e)	재화의 성격	
e < 0	열등재	
0 < e < 1	필수재	정상재
e > 1	사치재	

2. 수요의 교차탄력성

수요의 교차탄력성은 '다른 재화가격이 1% 변할 때 해당 재화의 수요량이 몇% 변하는지'를 구하는 것이다. 그 값이 음(-)이라면 다른 재화가격이 상승할 때, 해당 재화의 수요량이 감소한다는 뜻이므로 서로 대체재 관계에 있음을 알 수 있다. 반면 그 값이 양(+)이라면 다른 재화가격이 상승할 때, 해당재화의 수요량이 증가한다는 뜻이므로 서로 보완재 관계에 있다고 할 수 있다.

01 아래 표를 바탕으로 트레킹화와 농구화에 대한 수요의 가격탄력성을 옳게 구한 것은?

품목	가격 변화	판매수입 변화
트레킹화	5% 상승	변화없음
농구화	3% 상승	3% 상승

① 트레킹화: 단위 탄력적, 농구화: 비탄력적
② 트레킹화: 단위 탄력적, 농구화: 완전 비탄력적
③ 트레킹화: 완전 탄력적, 농구화: 완전 비탄력적
④ 트레킹화: 완전 비탄력적, 농구화: 단위 탄력적
⑤ 트레킹화: 완전 비탄력적, 농구화: 완전 탄력적

02 아래 〈표〉는 서울시내의 한 치킨 판매점과 피자 판매점의 최근 가격 정책과 그에 따른 판매량 변화를 나타낸 것이다. 다음 중 각 품목에 대한 옳은 설명은?

〈표〉 가격 변화에 따른 판매량 변화

구분	가격 정책	판매량 변화
치킨	10% 할인	5% 증가
피자	5% 인상	10% 감소

① 치킨 수요는 가격 변화에 대해 탄력적이다.
② 피자 수요는 가격 변화에 대해 비탄력적이다.
③ 치킨의 경우 수요의 법칙이 성립하지 않는다.
④ 치킨의 경우 새 가격 정책으로 인해 판매수입이 증가할 것이다.
⑤ 피자의 경우 새 가격 정책으로 인해 판매수입이 감소할 것이다.

03 아래 그림은 닭고기 시장의 수요와 공급 변화를 나타낸다. 다음 중 (가), (나)에 대한 옳은 설명을 〈보기〉에서 모두 고르면? (단, 닭고기는 정상재이며, 돼지고기와는 대체재 그리고 파슬리와는 보완재다.)

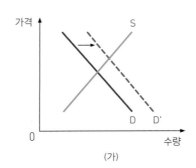

(가)

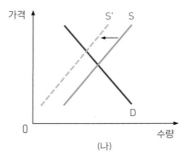

(나)

〈보기〉

ㄱ. 파슬리의 가격상승은 (나)의 원인이다.

ㄴ. 돼지고기의 가격상승은 (가)의 원인이다.

ㄷ. 조류독감으로 인한 양계농가의 피해는 (나)의 원인이다.

ㄹ. 경기불황으로 인한 가계의 처분가능소득 감소는 (가)의 원인이다.

① ㄱ, ㄴ   ② ㄱ, ㄷ   ③ ㄴ, ㄷ   ④ ㄴ, ㄹ   ⑤ ㄷ, ㄹ

04 아래 그림은 소고기 공급변화에 따른 시장의 균형 변화를 나타낸 것이다. 다음 중 이러한 현상이 발생할 수 있는 원인으로 가장 옳은 것은? (단, 소고기 시장의 최초 균형은 E0이다.)

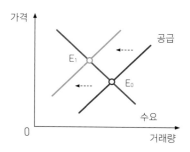

① 소 사료가격 하락
② 구제역 백신가격 상승
③ 축산폐수 처리 기술 발달
④ 발육이 빠른 한우 신품종 등장
⑤ 소고기 지방이 건강에 나쁘다는 연구결과 발표

해설 01

수요의 가격탄력성은 '-수요량 변화율(%)÷가격 변화율(%)'로 계산된다. 한편, 판매수입은 '가격×판매량'이므로 '판매수입 변화율(%)=가격 변화율(%)+판매량 변화율(%)'로 나타낼 수 있다. 단, 판매량 변화율(%)은 수요량 변화율(%)과 같다고 볼 수 있다. 따라서 트레킹화의 수요량변화율은 –5%이며, 농구화의 수요량변화율은 0%이다. 이로부터 트레킹화는 단위 탄력적이고, 농구화는 완전 비탄력적임을 알 수 있다.

정답 ②

해설 02

위 문제는 가격 변화에 대한 판매량 변화를 통해 각 품목의 수요의 가격탄력성을 추론할 수 있는지 묻고 있다. 수요의 가격탄력성은 판매량 변화율(%)을 가격 변화율(%)로 나눈 값의 절댓값이며, 이 값이 1보다 크다면(작다면) 그 품목은 탄력적(비탄력적)이라고 한다. 따라서 치킨 수요의 가격탄력성은 0.5이고 피자의 경우 2이다. 즉, 치킨 수요는 가격 변화에 대해 비탄력적이며 피자의 경우 탄력적이다. 또한, 두 품목 모두 가격 변화 방향과 판매량 변화 방향이 반대 방향으로 움직이므로 수요의 법칙이 성립할 것임을 짐작할 수 있다. 한편, '판매수입변화율(%) = 가격 변화율(%) + 판매량 변화율(%)' 관계를 이용하면 치킨과 피자 모두 판매수입이 5% 감소할 것임을 유추할 수 있다.

정답 ⑤

해설 03

위 문제는 재화의 수요와 공급에 영향을 미치는 요인을 올바르게 이해하고 있는지를 물어보고 있다. 주어진 그림에서 (가)는 닭고기 수요가 증가하는 상황이며, (나)는 닭고기 공급이 감소하는 상황을 나타낸다. 파슬리는 닭고기의 보완재이므로 파슬리 가격이 상승하면 함께 소비하게 되는 닭고기의 수요가 감소한다. 만약 돼지고기 가격이 상승하면 대체재인 닭고기 수요가 증가하게 될 것이다. 조류독감으로 인해 양계농가가 피해를 받게 되면 닭고기 공급이 감소한다. 한편, 경기불황으로 가계의 처분가능소득이 감소하면 정상재인 닭고기 수요도 감소한다.

정답 ③

해설 04

위 상황은 비용인상 요인에 의한 소고기 시장의 공급 감소다. 소 사료가격 하락 및 축산폐수 처리 기술 발달, 발육이 빠른 한우 신품종 등장은 모두 소고기 공급을 늘리는 요인이다. 반면, 구제역 백신가격 상승은 소고기 공급의 비용인상 요인으로서 공급을 줄이는 요인이다. 한편, 소고기 지방이 건강에 나쁘다는 연구결과 발표는 소고기 수요를 줄이는 요인이다.

정답 ②

CHAPTER 3

시장균형과 사회후생

#소비자잉여 #생산자잉여 #사회적잉여

시장균형에서 소비자와 생산자가 원하는 만큼 재화와 서비스가 시장에 공급되고 소비된다. 이는 소비자가 누리는 편익의 합인 소비자잉여와 생산자가 누리는 편익의 합인 생산자잉여가 각각 극대화됨을 뜻한다. 이에 따라 소비자잉여와 생산자잉여의 합인 사회적잉여도 자연스럽게 극대화된다. 따라서 시장을 통한 거래는 소비자와 생산자 개개인에게 이로울 뿐만 아니라 사회 전체적으로도 편익이 극대화된다는 점에서 바람직하다.

1 시장균형

시장균형은 시장수요곡선과 시장공급곡선이 교차하는 점에서 달성되며, 경제의 수요량과 공급량이 일치해 초과수요나 초과공급이 없는 상태다. 시장균형에서 거래에 참여한 모든 소비자와 생산자는 각자 원하는 바를 모두 이루게 된다. 즉, 소비자는 효용극대화를, 생산자는 이윤극대화를 달성한다. 이때 소비자들이 누리는 만족감과 생산자들이 얻는 이익을 집계할 수 있으며, 이는 시장의 자원배분 효율성을 가늠할 수 있는 척도가 된다.

소비자들이 누리는 만족감의 총합을 소비자잉여consumer surplus라고 하며, 생산자들이 누리는 이익의 총합을 생산자잉여producer surplus라고 한다. 아래 그림과 같이 각각 상단의 삼각형과 하단의 삼각형에 해당하는 영역으로 나타난다.

아래 그림에서 시장균형은 시장공급과 시장수요가 교차하는 점에서 달성되며 이때 P0을 균형가격, Q0을 균형거래량이라고 한다.

시장수요곡선의 높이는 재화 한 단위에 대한 소비자의 최대지불용의가격이며, 시장공급곡선의 높이는 기업이 재화 한 단위를 생산하는 데 필요한 비용(한계비용)이다. 시장균형가격 P0은 거래에 참여하는 소비자들의 최대지불용의가격보다 작으므로 P0에서 시장수요곡선의 높이에 이르는 부분은 소비자가 얻는 이득으로 볼 수 있다. 또한, 시장균형가격 P0은 거래에 참여하는 기업의 한계비용보다 크므로 시장공급곡선의 높이에서 P0에 이르는 부분은 생산자(기업)가 얻는 이득으로 볼 수 있다. 따라서 소비자와 생산자 모두 시장거래에 참여함으로써 각자 이득을 얻을 수 있다.

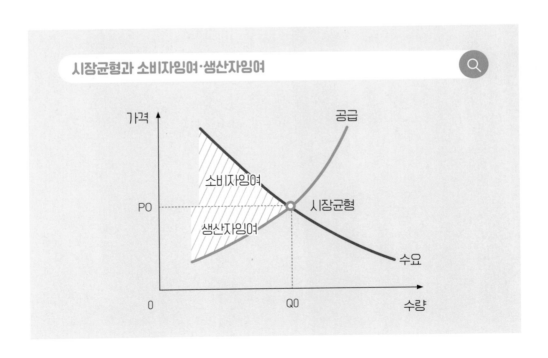

시장균형에서 재화는 생산자가 원하는 만큼 시장에 공급되며, 소비자가 원하는 만큼 소비된다. 아울러 소비자와 생산자가 원하는 재화의 양이 일치해 사회적으로 과부족(초과 수요 또는 초과공급)이 없는 상태가 된다. 이와 같은 상태를 '경제적으로 효율적'이라고 표현한다. 즉, 시장거래는 경제적으로 효율적인 자원배분으로 이어지는 것이다.

그렇다면, 시장거래는 항상 경제적으로 효율적인 자원배분으로 이어질까? 이에 대한 대답은 '항상 그렇지는 않다'이다. '시장을 통한 자원분배'가 '경제적으로 효율적'이기 위해서는 몇 가지 조건이 필요하다. 첫째, 외부효과external effect가 없고, 둘째, 판매자와 소비자 간 정보비대칭성information asymmetry이 없으며, 셋째, 생산자들 간 충분한 경쟁이 있어야 하며(소수의 기업이 시장지배력을 갖지 않아야 하며), 넷째, 공공재 공급에 있어 '무임승차자의 문제free-rider problem'가 발생하지 않아야 한다. 이 가운데 한 가지라도 성립하지 않으면 시장을 통한 거래는 비효율적 자원배분으로 이어진다. 이것을 경제학에서는 '시장 실패market failure'라고 한다. 이에 대한 내용은 추후 차근차근 소개할 것이다.

CHAPTER 4

시장에 대한 규제

#최고가격제 #최저가격제

정부는 어떤 재화나 서비스의 시장가격이 지나치게 높다고 판단되는 경우 소비자를 보호하기 위해 가격 상한을 시장가격보다 낮게 설정해 강제로 거래가격을 인하하는 정책을 시행한다. 이를 '최고가격제'라고 하며, 임대주택 시장에서 수요자를 보호하기 위해 시행하는 임대료상한제가 그 사례다. 한편, 어떤 재화나 서비스의 시장가격이 지나치게 낮다고 판단되는 경우 공급자를 보호하기 위해 가격의 하한을 시장가격보다 높게 설정해 강제로 거래가격을 인상하는 정책을 펴기도 한다. 이를 '최저가격제'라고 하며 노동시장에서 노동자를 보호하기 위해 시행하는 최저임금제가 그 사례다.

최고가격제는 소비자를 보호하기 위한 목적으로, 최저가격제는 공급자를 보호하기 위한 목적으로 시행되지만, 정책의 실제 효과가 항상 원래 취지대로 나타나지만은 않는다.

---

1 **최고가격제**   ⋮

최고가격제를 시행하면, 가격이 하락해 소비자가 이득을 보는 부분(더 싼 가격으로 소비가 가능)이 분명 있지만, 공급량이 감소(낮아진 가격으로 인해 공급자가 재화와 서비스 공급량을 줄임)함으로써 소비할 수 있는 재화나 서비스의 양이 줄어들어 손해를 보는 부분도 있다. 따라서 소비자를 보호하기 위한 원래의 정책 취지가 무색하게 기존 소비자 중 일부가 정책 시행 후 더 이상 소비를 못하는 문제가 생긴다. 또한, 최고가격제를 시행하면 초과수요가 발생해 암시장black market을 통해 거래가 이뤄지는 문제도 발생할 수 있다.

2 최저가격제

최저가격제가 시행되면, 가격 상승으로 인해 공급자에게 이득이 되는 부분이 분명 있지만 이와 동시에 거래량 감소로 인해 손해가 되는 부분도 있다. 따라서 공급자를 보호하기 위한 원래의 정책 취지가 무색하게 공급자 중 일부가 정책 시행 후 더 이상 공급을 못하는 문제가 생긴다. 즉, 초과공급으로 인한 자원의 비효율적 배분이 발생하는 것이다. 가령 최저임금제의 경우 노동시장에서 일자리를 계속 유지할 수 있는 노동자에게는 이득이지만, 사회 전체적으로 일자리를 줄여 실업자를 늘리는 부작용도 있는 것이다.

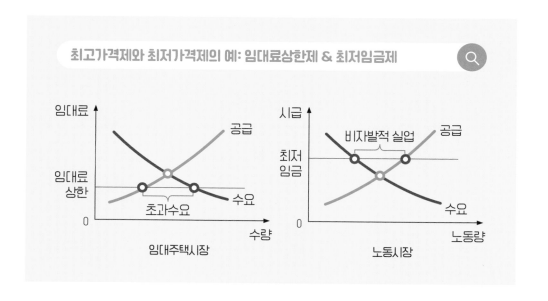

한 권으로 끝내는 틴매경TEST

CHAPTER 5
재화시장의 종류와 특징

#완전경쟁 #불완전경쟁 #시장지배력 #가격수용자 #자연독점 #가격차별

재화시장은 생산자(기업)와 소비자의 수, 재화의 동질성 여부, 경쟁의 정도에 의해 크게 '완전경쟁$_{\text{perfect competition}}$', '독점적경쟁$_{\text{monopolistic competition}}$', '과점$_{\text{oligopoly}}$', '독점$_{\text{monopoly}}$'의 네 가지로 분류한다. 앞서 살펴본 시장균형은 완전경쟁시장에 해당하며, 완전경쟁시장은 가장 이상적인 시장의 형태로 꼽힌다.

시장거래를 통한 자원배분의 결과(소비자잉여, 생산자잉여, 경제적 효율성)는 시장의 특징에 따라 크게 달라진다. 이제 재화시장의 종류와 그 특징을 구체적으로 살펴보자.

1 완전경쟁시장

완전경쟁시장은 생산자(기업)의 수가 충분히 많아 특정 기업이 '시장지배력$_{\text{market power}}$'을 행사할 수 없는 시장이다. 통상 '시장지배력'이란 재화 한 단위 생산에 필요한 비용(한계비용)에 비해 판매가격을 얼마나 높게 받을 수 있는지를 뜻하며, '시장가격에서 생산단가를 차감한 값$_{\text{price-cost margin}}$'으로 측정할 수 있다. 시장지배력을 재화에 대한 가격결정력으로 봐도 무방하다. 이 값이 클수록 기업의 시장지배력이 큰 것으로 볼 수 있으며, 완전경쟁시장의 경우 그 값은 0이 된다. 따라서 완전경쟁시장에서 개별 기업은 시장의 수급 조건에 의해 결정된 가격(시장수요곡선과 시장공급곡선이 교차할 때의 가격)을 단순히 받아들이는 입장(가격 수용자$_{price\ taker}$)이다.

요약하면 완전경쟁시장에서 모든 기업들은 같은 품질의 재화(동질적 재화)를 생산해 이를 시장에서 결정된 가격으로 공급한다. 또한, 재화의 시장가격과 한계비용이 같으므로 기업들은 초과이윤(생산요소를 공급한 사람에게 그 대가를 분배하고 남은 이윤)을 얻지 못한다.

완전경쟁시장에서 기업들은 소비자가 원하는 수준만큼 재화를 생산해 이를 시장에 공급하고 이를 통해 이윤을 극대화할 수 있다. 즉, 소비자잉여와 생산자잉여 모두 극대화되며 이에 따라 사회적잉여(생산자잉여와 소비자잉여의 합)도 극대화된다. 이것은 완전경쟁시장에서 자원배분의 효율성이 달성된다는 뜻이다.

완전경쟁시장은 자원배분의 효율성이 달성되는 이상적인 시장이지만 현실에 실제로 존재한다고 보기 어렵다. 그나마 농산물(쌀, 배추, 달걀 등)시장이 완전경쟁시장에 가장 가까운 사례로 주로 소개되는 정도다.

2 독점적경쟁시장

독점적경쟁시장은 다수의 기업이 서로 차별화된 재화(이질적 재화)를 생산해 이를 공급하는 시장이다. 기업들은 각기 품질이 다른 재화를 시장에 공급함으로써 어느 정도 시장지배력을 행사할 수 있다. 음식점, 의류업체, 미용실, 입시학원의 경우 종사하고 있는 업종은 유사하나 실제로 공급하는 서비스의 품질이 각기 다르다. 따라서 소비자는 자신이 좋아하는 서비스를 선택할 수 있으며, 이 서비스를 제공하는 생산자는 제한적이지만 시장지배력을 행사할 수 있다. 재화나 서비스의 시장가격은 한계비용보다 높게 책정될 것이며, 생산자는 일시적으로 초과이윤을 얻을 수 있다. 하지만 완전경쟁시장처럼 다른 기업의 시장진입을 저지하는 법적 진입장벽이 없으므로 시간이 지나면서 유사한 품질의 재화나 서비스를 공급하는 기업의 수가 늘어나고 이에 따라 기업은 초과이윤을 더 이상 얻을 수 없다.

독점적경쟁시장의 경우 완전경쟁시장에 비해 재화나 서비스가 적게 생산된다. 즉, 사회적으로 효율적인 수준보다 재화나 서비스가 적게 공급되므로 자원배분이 효율적으로 이루어진다고 볼 수 없다. 하지만 다양한 소비자층의 선호를 충족시키게끔 다양한 재화와 서비스가 공급된다는 장점도 있다.

요컨대 독점적경쟁시장은 다수의 기업이 품질 차별화를 통해 서로 경쟁하며 단기에는 어느 정도 초과이윤을 얻을 수 있다. 그러다 차츰 다른 기업이 시장에 진입해 자사 제품과 유사한 대체재를 공급하기 시작하면서 초과이윤을 얻을 수 없다. 또한, 소비자의 다양한 선호를 충족시킨다는 장점은 있으나 사회적으로 효율적인 수준만큼 재화가 충분히 공급되지 않는다는 단점도 있다.

3 과점시장

소수의 기업만 재화를 공급하며 법적·제도적 진입장벽으로 인해 다른 기업의 시장진입이 제한되는 시장이다. 과점시장에서는 기업의 수가 적으므로 한 기업의 선택은 다른 기업의 이윤에 직접적으로 영향을 미친다. 따라서 기업들은 상호의존적 의사결정을 해야만 하는 상황(전략적 상황strategic situation)에 놓이며 다른 기업이 어떤 선택을 할지 늘 고심해야 하는 심적 고통을 겪는다.

이와 같은 상황에서 기업들은 경쟁을 피하고자 서로 담합을 하기도 한다. 가령, 제과업체들은 서로 간 경쟁을 선택하기보다는 가격을 동시에 인상함으로써 모두가 이득을 볼 수 있는 선택을 하곤 한다. 이것을 담합collusion이라고 하며 담합의 형태는 카르텔, 트러스트, 콘체른 등 다양하지만 대부분 국가에서 시장질서를 교란하는 불법행위로 법의 제재를 받는다. 따라서 이를 규제하기 위한 제도(예: 담합 사실을 첫 번째로 자진신고하는 기업에 과징금을 감면 또는 면제해 주는 제도인 '리니언시 제도')가 마련돼 있으며 우리나라의 경우 공정거래법에 명시돼 있다. 하지만 현실적으로 담합은 쉽게 이루어지기 힘들며 이루어지더라도 장기간 유지되기 어렵다. 앞선 예에서 두 기업이 동시에 가격을 인상하기로 구두로 협약을 하더라도 실제로는 시장점유율을 높이기 위해 이 약속을 어길 유인(배신할 유인)이 있다.

통상 완전경쟁시장에 비해 과점시장에서는 재화가 더 비싼 가격으로, 더 적게 공급되는 경향이 나타나며 이로 인해 따라서 자원배분의 비효율성이 발생한다.

과점시장의 사례에는 자동차시장, 핸드폰과 노트북 등 각종 전자제품 및 TV와 세탁기 등 백색가전시장, 석유시장 및 이동통신시장 등이 있으며, 시장에서는 기업 간 치열한 가격 및 비가격경쟁을 펼쳐지며 때로는 담합하기도 한다. 기업들은 서로 치열하게 경쟁하지만 그 경쟁의 강도는 대체로 완전경쟁시장에 비해 약하다. 따라서 기업들은 어느 정도 초과이윤을 얻을 수 있다.

OPEC 또는 OPEC＋는 세계의 석유공급량을 조절해 원유가격에 영향을 미치는 카르텔이다. 이처럼 과점시장에서 기업들은 시장지배력을 가지며 시장내부 경쟁이 약할수록 이러한 시장지배력은 더 커지게 된다.

4 독점시장

독점시장에서는 하나의 기업이 재화를 생산해 이를 시장에 공급하며 기업은 강력한 시장지배력을 바탕으로 시장에 영향력을 행사한다. 독점기업은 한계비용보다 높게 가격을 책정함으로써 초과이윤을 얻을 수 있으며 높은 진입장벽으로 인해 오랜 기간에 걸쳐 초과이윤을 향유할 수 있다. 또한, 독점시장에서는 완전경쟁시장에 비해 재화가 적게 공급되며 이로 인해 자원배분의 비효율이 발생한다. 요컨대, 독점시장에서 재화는 완전경쟁시장에 비해 더 비싼 가격으로 더 적게 공급된다.

전력·철도·상하수도 사업은 독점시장의 대표적 사례로서 이러한 산업에는 초기 대규모 설비투자로 인한 많은 고정비용 지출이 요구되며 생산규모를 늘릴수록 평균생산비용이 하락하는 규모의 경제economies of scale 특성이 나타난다. 이로 인해 초기 대규모 고정비용을 감당하기 어려운 민간기업의 진출이 자연스레 제한된다. 이를 자연독점natural monopoly 이라고 하며 많은 경우 독점시장은 자연독점의 형태로 존재한다. 이 밖에도 정부의 인허가 및 특허권으로 보호되는 유무형의 재화와 서비스도 독점의 사례로 볼 수 있다.

독점기업은 이윤극대화의 일환으로 소비자의 특성에 따라 같은 재화를 다른 가격에 판매하는 '가격차별전략'을 시행하기도 한다. 가령 수능을 치른 수험생에게 영화관람료를 인하하거나, 경주시민들에게 불국사 입장료를 할인해 주는 것이 그 사례다. 이와 같은 가격전략은 현실에서 쉽게 관찰할 수 있다. 통신사가 학생과 노인층을 겨냥한 값싼 요금제를 내놓는 것은 상대적으로 시간적 여유가 많지만 금전적 여유가 적은 학생 및 노인층(통신서비스에 대한 지불의사가격이 낮은 소비자 그룹)과, 시간적 여유는 부족하나 금전적으로 여유로운 직장인(통신서비스에 대한 지불의사가격이 높은 소비자 그룹)을 구분해서 요금을 부과하는 가격차별전략으로 볼 수 있다. 독점기업은 가격에 민감한 소비자(학생 및 노인층)에게 더 싼 가격을 그리고 가격에 둔감한 소비자(직장인)에게 더 비싼 가격을 책정한다. 이는 가격에 민감할(수요의 가격탄력성이 클)수록 지불의사가격이 더 작고, 가격에 둔감할(수요의 가격탄력성이 작을)수록 지불의사가격이 더 크다는 사실을 이용하는 것으로 볼 수 있다.

독점기업은 가격차별전략을 시행함으로써 기존에 소비자의 몫으로 돌아갔던 이익(소비자잉여)을 차지하고 더 많은 초과이윤을 얻을 수 있다. 이러한 가격차별전략이 반드시 해롭기만 한 것은 아니다. 다양한 소비자의 지불의사가격에 맞춰 가격을 조정함으로써 거래량을 늘릴 수 있기 때문이다. 이처럼 가격차별전략은 소비자잉여를 줄이지만 사회적잉여를 늘려 자원배분의 효율성을 제고할 수 있다.

재화시장의 주요 특징

구분	재화시장의 종류			
	완전경쟁시장	독점적경쟁시장	과점시장	독점시장
생산자의 수	다수	다수	소수	하나
재화의 품질	동질적	이질적	동질적 또는 이질적	동질적
진입장벽	없음	없음 또는 낮음	높음	매우 높음
시장지배력 (가격 결정력)	없음 (가격수용자)	어느 정도 있음 (가격결정자)	어느 정도 있음 (가격결정자)	매우 강함 (가격결정자)
기타 특징	• 소비자는 재화에 대해 완전한 정보를 가짐 • 초과이윤 없음	• 재화의 질적 차별화를 통해 시장지배력 행사하며 소비자의 다양한 선호를 충족 • 단기에만 초과이윤 얻음	• 기업들은 상호의존적 의사결정을 함 • 기업들 간 담합을 할 유인이 있으며 이를 규제하기 위한 제도가 있음	기업은 이윤을 늘리기 위해 가격차별전략을 시행하기도 함
효율성	효율적	비효율적	비효율적	비효율적

○ ○

불완전 경쟁, 정보의 비대칭성, 외부효과의 존재는 시장거래를 왜곡시켜
효율적 자원배분을 방해하고 사회적잉여의 손실을 낳는다.
이를 그대로 방치하면 소비자가 필요로 하는
재화와 서비스가 시장에 적절히 공급되지 못하는 불편이 생긴다.
이처럼 시장을 통한 자원배분이 비효율성을 낳게 되는 현상을 시장 실패라고 하며,
이때 시장 실패를 교정하기 위한 정부의 적절한 시장개입이 요구된다.

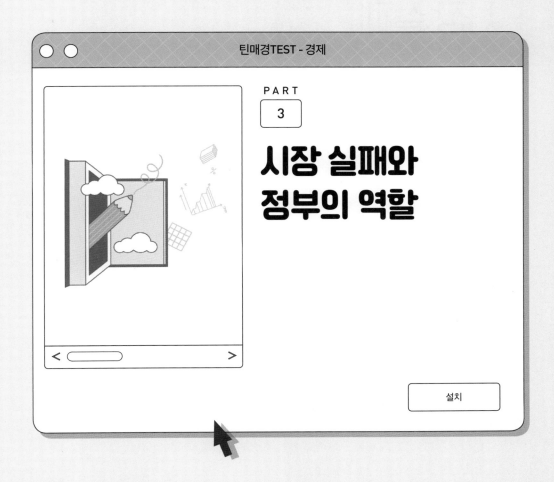

틴매경TEST - 경제

PART
3

시장 실패와
정부의 역할

설치

CHAPTER 1

시장 실패

#시장 실패 #독과점 #공공재의 문제 #외부효과 #역선택 #도덕적해이

시장 실패market failure는 시장거래가 비효율적 자원배분(사회적으로 효율적인 수준에 비해 재화나 서비스가 과다 또는 과소 생산·거래되는 현상)으로 이어지는 현상을 뜻한다. 이는 앞서 살펴본 경쟁의 제한뿐만 아니라 여타 다양한 이유로 발생할 수 있다. 가령 무임승차자의 문제, 외부성의 존재, 정보의 비대칭성 등이 그것이다. 시장 실패가 나타나는 양상은 그 발생 이유에 따라 다양하다. 이를 요약하면 아래 표와 같다.

시장 실패는 정부가 시장에 개입하는 주요 근거가 된다. 따라서 시장 실패의 발생 양상과 이에 따른 적절한 해법(치유책)은 시장과 정부의 상호관계를 이해하는 초석이 된다.

시장 실패 현상과 그 원인

시장 실패 종류	발생 이유 (원인)	발생 양상 (결과)
독과점	경쟁의 제한(진입장벽)	독과점, 가격담합
공공재의 문제	무임승차자의 문제	공공재의 과소 공급
외부효과의 문제	외부성의 존재	공해 등 환경오염
역선택과 도덕적 해이	판매자와 구매자 간 정보의 비대칭성	우량품의 시장 퇴장, 근무태만

한 소비자의 소비량이 늘어남에 따라 다른 소비자의 소비량이 줄어드는 성질을 경합성
rivalry 이라고 한다. 가령 한 사람이 휘발유를 주문하면 다른 사람이 주문할 수 있는 휘발유
양이 줄어드는데 이때 휘발유는 경합성이 있다고 하는 것이다. 한편, 대가를 치르지 않은
사람의 소비를 배제할 수 있는 성질을 배제성excludability 이라고 한다. 모든 재화나 서비스는
이 두 성질에 따라 아래 표와 같이 네 가지로 분류할 수 있다.

경합성과 배제성에 따른 재화와 서비스 종류 🔍

구분	정도	배제성	
		강함 (있음)	약함 (없음)
경합성	강함 (있음)	**사적재**: 노트북, 핸드폰, 안경, 옷, 신발, 혼잡한 유료도로, 자가용, 음식	**공유재**: 깨끗한 식수, 공해公海 상의 어획자원, 혼잡한 무료도로, 공공 화장실에 비치된 휴지
	약함 (없음)	**클럽재**: 영화관, 골프클럽, 테니스클럽, 케이블 TV, 유료 Wi-Fi, 한산한 유료도로, 넷플릭스, 놀이공원	**공공재**: 일기예보, 무료 Wi-Fi, 위생 및 보건 상태, 사회적면역체계, 등대의 불빛, 한산한 무료도로

'사적재'는 경합성과 배제성을 모두 겸비한 재화로 일상에서 각자 대가를 치르고 사용
하는 재화와 서비스가 모두 이 범주에 포함된다.

'공유재'는 경합성은 강하지만 배제성은 약한 재화로 '공유자원'이라고도 한다. 명확한
소유권의 부재로 재화 사용 시 대가를 치르지 않기 때문에 모든 사람이 소비하길 원하며
이에 따라 자원이 과다하게 사용되는 문제(남용과 고갈의 문제)가 발생한다. 따라서 시장에
그대로 내버려 둘 시 '공유지의 비극the tragedy of the commons'이 발생한다. 하지만 이 문제는 소유
권의 경계를 명확히 구분해 줌으로써 해결할 수 있다.

'클럽재'는 경합성은 약하지만 배제성은 강한 재화로 회원제로 운영되는 재화나 서비
스가 이 범주에 포함된다. 클럽재의 경우 회원들이 비용을 분담하게 되므로 공유재보다
효율적으로 생산되고 관리된다.

'공공재'는 경합성과 배제성이 모두 약한 재화로 국방, 치안, 행정, 일기예보, 도서관,

공원 등이 이에 해당한다. 이와 같은 재화나 서비스는 일단 공급되기만 하면 누구나 (비배제성으로 인해) 대가를 치르지 않고 (비경합성으로 인해) 원하는 만큼 양껏 쓸 수 있다. 따라서 다른 사람이 재화나 서비스를 공급할 때까지 기다릴 유인이 있다. 이를 '무임승차자의 문제free-rider problem'라고 하며 이로 인해 시장에 필수 공공재가 충분히 공급되지 않는 문제(공공재의 과소 공급)가 나타난다.

공공재는 비배제성으로 인해 시장을 통해 공급되기 어렵기 때문에 정부가 공급을 도맡는 것이 사회적으로 바람직하다. 일단 공공재가 공급되면 많은 사람들이 이로부터 편익을 얻을 수 있고(비경합성으로 인해) 더 많은 사람이 소비할수록 더 많은 사회적잉여가 발생한다.

2 외부효과의 문제

외부효과external effect란 어떤 경제주체의 생산 또는 소비활동이 다른 사람에게 의도치 않은 편익(긍정적 외부효과)이나 비용(부정적 외부효과)을 가져다주는 것을 뜻한다. 가령 양봉업자 인근의 과수원 주인은 꿀벌들로 인해 의도치 않은 혜택(꿀벌이 식물의 수분 작용에 주는 도움)을 얻지만, 그 대가를 양봉업자에게 지급하지는 않는다. 즉, 양봉업자는 벌꿀을 생산하는 과정에서 의도치 않게 과수원의 과일 생산량에 긍정적 영향을 미치게 되는 것이다. 이를 '생산에서의 긍정적 외부효과'라고 한다.

하지만 이 사례에서 양봉업자는 과수원 주인이 만족할 만큼 충분히 많은 꿀벌을 치지는 않는다. 이는 꿀벌을 치는 데 드는 시간과 노력 등의 비용은 오롯이 자신이 부담해야하지만 그 혜택(벌꿀과 과일 수확량)은 양봉업자와 나눠 가지게 되기 때문이다. 즉, 양봉업자는 꿀벌을 치는 생산활동이 창출하는 혜택을 과소평가(과일 수확량에 미치는 긍정적 외부효과의 대가를 받지 못함)하게 된다. 따라서 긍정적 외부효과의 경우 사회적으로 바람직한 수준에 비해 과소 생산된다.

한편, 양식업자 인근에서 공장을 운영하며 오수를 배출하는 공장주의 경우는 어떨까? 만약 오수 배출에 과징금을 물리지 않는다면 공장주는 거리낌 없이 오수를 배출하며 공

외부효과의 종류와 특징

구분	외부효과의 성격	
	긍정적	부정적
생산	사회적 최적 수준보다 과소 생산 예: 양봉업자와 과수원 주인	사회적 최적 수준보다 과다 생산 예: 오수 등 각종 공해물질
소비	사회적 최적 수준보다 과소 소비 예: 독감예방접종(사회적 면역체계)	사회적 최적 수준보다 과다 소비 예: 담배

산품을 제조해 이득을 취할 것이다. 이 경우 공장 운영으로 인한 혜택(매출)은 오롯이 공장주가 차지하는 반면 그로 인한 비용(생산비용과 오수 배출로 인해 양식업자에게 미치는 피해금액)은 분담하게 된다. 즉, 공장주는 자신의 영업활동에 수반되는 비용을 과소평가(오수 배출로 인한 피해금액을 보상하지 않음)하게 된다. 따라서 부정적 외부효과의 경우 사회적으로 바람직한 수준에 비해 과다 생산된다.

위의 표는 외부효과를 경제활동(생산·소비)과 그 성격(긍정적·부정적)에 따라 네 가지로 구분한 것이다.

3 역선택과 도덕적 해이

1. 정보의 비대칭성으로 인한 시장 실패: 역선택과 도덕적 해이

판매자와 구매자 가운데 한쪽이 재화의 품질에 대한 정보를 독점하고 있는 상황을 '정보의 비대칭성'이라고 한다. 가령, 중고차나 중고PC를 거래하는 시장의 경우 쉽사리 거래가 이루어지기 힘든데 이는 판매자는 자신이 내놓은 물품의 품질에 대해 정확히 알고 있지만, 구매자는 그러지 못하기 때문이다. 즉, 구매자는 진열된 물품의 품질(보이지 않는 곳에 흠집은 없는지, 고장난 곳은 없는지)을 정확히 알지 못하기 때문에 우량품을 보고서도 실제로 그것이 우량품인지 확신할 수 없어 그 가치를 저평가하게 된다. 우량품을 내놓은 판매자의 입장에서는 자신의 물품이 우량품이라는 사실을 알고 있으므로 우량품에 걸맞은 가격을 다 받고자 원할 것이다. 따라서 이 경우 판매자와 구매자 간 거래가 성사되기 쉽지 않다. 구매자는 물품의 실제 가치보다 가격을 적게 부를 것이고 판매자는 제 값대로 부를 것이기 때문이다. 이와 같은 경우 우량품은 시장에서 거래되지 못하여 불량품만 남아돌게 되는데 이러한 시장을 '개살구 시장 lemon market'이라고 하며 주로 중고차 시장과 같이 중고 물품이 거래되는 시장을 일컫는다.

개살구 시장에서는 우량품이 자취를 감추고 불량품만 넘쳐나는 일이 빈번히 발생하는데 이를 '역선택(좋은 물품은 시장에서 퇴장하고 나쁜 물품이 시장에 남는 현상)'이라고 한다. 이는 앞서 설명한 바와 같이 판매자와 구매자가 가진 정보의 차이로 인해 동일한 물품에 대해 느끼는 가치가 서로 다르기 때문이다. 즉, 역선택은 물품의 품질과 같이 거래 당시 관찰하기 어려운 '감추어진 특성' 때문에 발생한다. 신용도가 낮거나 대출상환 능력이 낮은 사람일수록 고금리로 돈을 빌릴 수밖에 없는 대출시장, 건강한 사람일수록 가입할 유인이 작은 종신보험 등은 역선택의 사례로 볼 수 있다. 역선택은 시장경제의 존립을 위협하는 중대한 시장 실패다.

한편, 우리는 정치인들이 유세 때는 유익한 공약을 여럿 내걸고 표를 구하지만 막상 당선되고 난 후에는 공약을 충실하게 이행하기보다 자신의 향후 정치 경력을 위해 더 노력하는 모습을 쉽게 목격할 수 있다. 이러한 행태가 발생하는 원인은 선거 이후 정치인의 행동(공약의 이행에 얼마나 성실하게 애쓰는지)을 일일이 감시할 수 없기 때문이다. 이러한 정치인의 행동을 '도덕적 해이'라고 하며 이는 관찰할 수 없는 정치인의 행동처럼 '감추어진 행동' 때문에 발생한다.

실업급여 수령 후 구직활동을 소홀히 하는 실업자, 자동차 보험 가입 후 난폭 운전을 일삼는 운전자, 대형 장기계약 체결 후 훈련에 소홀한 운동선수 등은 도덕적 해이의 사례다. 한 가지 유의할 점은 도덕적 해이는 불법행위와 비슷해 보이지만 이 둘은 엄연히 다르다는 것이다. 가령 폭우가 내릴 때 감시가 소홀해진다는 점을 이용해 공장폐수를 무단 방류하는 행위는 엄연히 '불법행위'이지 '도덕적 해이'가 아니다.

2. 역선택과 도덕적 해이에 대한 해결책: 신호발송과 선별, 유인설계

역선택은 판매자와 구매자 사이에 존재하는 정보의 비대칭성을 해소함으로써 해결할

역선택과 도덕적 해이의 주요 내용 🔍

구분	역선택	도덕적 해이
원인	감추어진 특성	감추어진 행동
주요 특징	우량품이 시장에서 자취를 감춤	근무태만, 대리인문제
해결책	신호발송, 선별	유인설계
사례	• 중고차시장 • 대출상환능력이 작고 위험한 대출자가 넘쳐나는 고금리 대출시장 • 고가 제품일수록 더 거래가 어려운 전자상거래 시장	• 실업급여 수령 후 구직활동에 소홀한 실업자 • 당선 후 자신의 정치경력에 도움되는 활동에 집중하는 정치인 • 장기계약 체결 후 훈련에 소홀한 운동선수 • 자동차 보험 가입 후 난폭운전을 일삼는 운전자 • 화재보험 가입 후 건물 관리에 소홀한 건물주
유의사항	• '대리인문제'는 '주인-대리인문제'와 같은 말이며 도덕적 해이의 사례에 해당한다. • 도덕적 해이와 불법행위는 엄연히 다르다.	

수 있다. 신호발송signaling과 선별screening은 모두 정보의 비대칭성을 해소하기 위한 노력으로 볼 수 있다.

가령 중고품 시장에서 판매자가 품질보증서를 구매자에게 제공한다면 구매자는 자신이 사려고 하는 중고품의 품질에 대해 확신을 가질 수 있을 것이다. 이처럼 정보를 가진 사람이 정보를 갖지 못한 사람에게 정보를 제공하는 행위를 '신호발송'이라고 한다. 품질보증서 제공, 브랜드 관리, 평판·명성 관리, 제품 광고는 신호발송의 사례다. 또한, 자격증과 어학성적 취득, 학위취득, 자기소개서와 경력기술서 등은 노동시장에서 구직자가 구인자에게 보내는 신호발송으로 볼 수 있다.

한편 수능시험, 입사시험, 공무원시험 등 각종 필기시험과 면접, 대출심사 등은 정보를 갖지 못한 사람이 정보를 얻으려는 노력으로 볼 수 있다. 이를 '선별'이라고 하며 병력과 나이에 따라 차등 적용되는 보험료 체계, 대학입시와 복잡한 채용절차 등이 그 사례다.

도덕적 해이는 불완전한 감시 때문에 발생한지만 노동자와 정치인의 일거수일투족을 감시·감독한다는 것은 불가능하기도 하며 도덕적으로 바람직하지도 않다. 따라서 도덕적 해이를 해결하기 위해서는 성과급제를 통해 노동자의 근무태만을 스스로 억제하도록 하는 방안이 효과적이다. 이를 '유인설계'라고 하며 그 대표적 사례가 스톡옵션이다. 이와 같은 유인설계는 현실에서 쉽게 찾아볼 수 있다. 가령 실업보험 수령조건으로 구직활동을 증명할 수 있는 서류 제출을 의무화하는 것, 자동차 보험이 무사고 운전자에 대해 보험료를 인하하고 사고가 나면 보험료를 인상하는 것, 그리고 운동선수들이 장기계약을 맺을 때 연봉에 옵션을 삽입하는 것이 그 사례다.

01 아래 글의 밑줄 친 '한 사람'으로 옳은 것은?

> 교사: '이것'은 시장에서 자원이 효율적으로 배분되지 못하는 현상을 의미합니다. '이것'에 해당하는 사례에는 무엇이 있을까요?
>
> A: 긍정적 외부 효과가 있는 재화가 과소 생산되는 사례를 들 수 있습니다.
>
> B: 기업이 오염 물질을 사회적 최적 수준보다 많이 배출하는 사례를 들 수 있습니다.
>
> C: 기업이 시간당 생산성이 다른 직원들의 임금을 차등 지급하는 사례를 들 수 있습니다.
>
> D: 경합성과 배제성이 없는 재화가 시장에 충분히 공급되지 않는 사례를 들 수 있습니다.
>
> E: 기업들이 제품 가격을 일정 수준 이하로 팔지 않기로 담합하는 사례를 들 수 있습니다.
>
> 교사: <u>한 사람</u>을 빼고 모두 정확히 대답했습니다.

① A   ② B   ③ C   ④ D   ⑤ E

해설 01

교사가 지적하는 '이것'은 시장 실패다. 시장 실패의 사례로는 독과점으로 인한 자원의 비효율적 배분, 공공재의 과소생산, 정보의 비대칭으로 인한 역선택과 도덕적 해이, 외부효과로 인한 재화의 비효율적 생산·소비 등이 있다.

A와 B는 외부효과가 존재하는 재화의 생산을 언급하고 있다. 일반적으로 긍정적 외부효과가 있는 재화의 경우 사회적 최적 수준보다 과소생산 되며, 부정적 외부효과가 있는 재화의 경우 사회적 수준보다 과다생산되므로 A와 B는 교사의 질문에 정확히 대답하고 있다. D는 경합성과 배제성이 없는 공공재의 경우 무임승차의 문제로 인해 과소생산되는 문제를 정확히 지적하고 있다. E는 독과점 사례를 들고 있다. 한편, C가 사례로 든 것은 시장원리에 따른 자원분배에 해당한다. 완전경쟁시장에서 임금은 근로자의 생산성을 반영하기 때문이다.

정답 ③

CHAPTER 2

정부의 역할

#피구세 #조세의 전가 #직접세 #간접세 #로렌츠곡선 #지니계수 #정부실패

시장 실패는 시장의 자원배분을 왜곡하고 효율성을 저해해 장기적으로 시장의 안정적 성장을 가로막는다. 따라서 정부는 적절한 개입을 통해 시장 실패를 예방하고 교정하는 역할을 수행할 필요가 있다. 공정거래법을 통한 독과점 규제, 필수 공공재의 공급, 환경세 부과 및 연구개발 지원 등 외부효과의 교정(부정적 외부효과를 발생시키는 경제활동에 조세 부과, 긍정적 외부효과를 발생시키는 경제활동에 보조금 지원)은 시장 실패를 극복하기 위한 정부의 노력으로 볼 수 있다.

또한, 소득재분배 정책을 통해 사회안정을 저해하는 과도한 소득불평등을 개선하고 사회 안전망 정비를 통해 사회적 위험(산재로 인한 노동력 상실, 실업과 은퇴에 따른 소득 감소)을 대비하는 등 시장경제의 안정적 성장과 국민 복리를 증진하기 위한 각종 경제정책을 시행하는 것도 정부의 역할에 해당한다.

1 시장 실패의 교정

정부는 규제나 조세·보조금을 활용해 시장 실패를 예방하고 교정하는 정책을 편다. 다음 표는 시장 실패 유형과 그에 따른 정부의 역할을 간략히 요약한 것이다.

한 권으로 끝내는 틴매경TEST

시장 실패 유형과 정부의 역할 🔍

시장 실패 유형	정부의 역할
불완전경쟁	• 불공정 행위 규제 • 시장의 공정경쟁 장려와 경쟁질서 유지 및 보호
공공재의 문제	• 공기업과 공공기관 통한 사회간접자본 구축 및 공공서비스 제공 • 댐·도로 건설, 국방·치안·행정·교육 서비스 제공, 연구개발 지원, 방역활동
외부효과의 문제	• 긍정적 외부효과를 발생시키는 경제활동에 대해서는 보조금 지급 • 부정적 외부효과를 발생시키는 경제활동에 대해서는 조세 부과

1. 불완전경쟁에 대한 정부의 역할: 시장의 경쟁질서 유지

불완전경쟁으로 인한 독과점은 마땅히 소비자에게 돌아가야 할 이득을 기업이 차지하도록 할 뿐만 아니라 사회적으로 바람직한 수준에 비해 재화나 서비스가 과소 생산하도록 해 자원배분의 효율성을 저해한다. 자원배분의 효율성은 시장경제의 가장 큰 덕목이며 이는 공정경쟁이 담보될 경우에만 달성할 수 있는 과실이다. 따라서 정부는 소수 기업이 과도한 시장지배력을 행사하는 것을 방지하는 한편 공정거래법을 통해 담합처럼 온당한 경쟁을 제한하는 행위를 엄격히 규제한다. 정부는 시장 질서를 감시하고 감독하는 공정한 관리자로서 기업 간 공정경쟁을 장려하고 시장에 대한 영향력이 소수 기업에 집중되는 것을 막음으로써 시장에 대한 신뢰를 높이고 안정적 성장을 도모할 수 있다. 시장경제를 표방하는 대부분의 국가에서 담합은 시장 질서 교란 행위로 규정되며 적발 시 무거운 과징금을 물게 된다. 이는 공정경쟁이야말로 시장의 안정적 성장과 시장 질서에 대한 신뢰 형성을 위한 핵심가치라는 공감대가 있기 때문이다.

2. 공공재의 문제에 대한 정부의 역할: 공공재의 공급

앞서 살펴본 바와 같이 무임승차자의 문제로 인해 공공재는 시장에서 자생적으로 적시에 필요한 만큼 충분히 공급되지 않는다. 따라서 정부는 공공재의 공급은 물론 이를 유지하고 보수 및 관리하는 역할을 수행한다. 정부 또는 공기업이 댐, 도로 등 산업에 필요한 사회간접자본을 생산·관리하고 국방·치안·행정·법치 및 공교육 서비스를 제공하는 일련의 활동이 그 사례다.

현대 국가에서 정부는 시장경제의 질서를 유지·관리하는 일뿐만 아니라 생산활동의 주체로서 직접 시장에 관여한다. 이러한 정부의 활동은 민간경제주체의 생산과 소비활동에 윤활유 역할을 할 뿐만 아니라 시장경제의 안정적이고 장기적인 성장동력을 제공한다.

3. 외부효과의 문제와 정부의 역할: 조세와 보조금, 소유권 획정

정부는 조세와 보조금 및 직접규제 등을 통해 외부효과의 문제를 해결할 수 있다. 직접규제는 행정명령을 통해 공해물질 배출을 제한 또는 금지하는 것이며, 조세는 공해물질 배출량에 비례해 환경세를 부담하게 함으로써 공해물질 배출을 제한하도록 유도하는 것이다. 이처럼 부정적 외부효과를 발생시키는 소비자나 생산자에게 부과하는 세금을 피구세$_{Pigouvian\ tax}$ 또는 교정세$_{corrective\ tax}$라고 한다.

한편, 지식과 기술의 발전에 기여하는 기초연구는 직접적으로 재화나 서비스를 생산하지는 않지만 경제의 생산성 향상에 기여하는 필수 공공재라고 볼 수 있다. 따라서 정부는 국책연구소나 연구개발비 지원(대학의 산학협동 지원)을 통해 사회에 긍정적 외부효과를 일으키는 연구개발 활동이 충분히 이뤄질 수 있도록 지원한다.

요컨대 정부는 공해처럼 부정적 외부효과를 일으키는 경제활동은 세금을 부과해 억제하고, 연구개발처럼 긍정적 외부효과를 일으키는 경제활동은 보조금을 지원해 장려함으로써 외부효과의 문제를 해결할 수 있다.

> ② **조세와 소득분배** ⋮

1. 조세의 종류와 특징

앞서 언급한 정부의 활동에는 막대한 자금이 필요하며 정부는 조세를 통해 이를 충당한다. 정부가 수행하는 활동에 필요한 자금을 어떻게 충당(재정수입)하고 이를 어떻게 지출(재정지출)하는지는 시장에 참여하는 경제주체들의 경제활동에 큰 영향을 미친다. 정부는 조세제도를 통해 재정지출(정부구매, 이전지출)에 필요한 재원을 마련하는 한편 소득분배 개선에 힘쓴다. 이는 과도한 소득불평등은 사회안정을 저해하고 장기적으로 시장경제의 안정적 성장에 장애가 된다는 공감대에서 비롯된 것으로 때때로 시장의 자원배분을 왜곡하고 비효율성을 수반하기도 한다. 이처럼 자원배분의 효율성을 일부 희생하고서라도 신경 써서 관리해야 할 만큼 소득분배는 정부의 핵심 과제로 자리잡았다.

조세부과 시 조세를 '실제로' (경제적으로) 부담하는 사람을 '담세자'라고 하며, 조세를 '법적'으로 납부하는 사람을 '납세자'라고 한다. 현실에서 납세자와 담세자는 항상 일치하지는 않는데 이는 '조세의 전가(조세부담을 다른 사람에게 떠넘기는 행위)'가 발생하기 때문이다.

가령, 맥주 공급자에 부과된 세금(주세)이 인상되면, 인상된 세금의 일부분이 가격에 반영돼 맥주 가격이 상승한다. 인상된 주세는 공급자가 법적으로 납부(납세자)하지만 실제로는 가격 인상으로 인해 소비자도 일부를 부담(담세자)하게 된다. 이처럼 물품의 거래에 부과되는 세금(물품세)의 경우 대부분의 경우 조세의 전가가 발생하며, 이로 인해 납세자와 담세자 간 불일치가 발생한다.

조세부과 시 납세자와 담세자가 일치하는 세금을 '직접세'라고 하며 소득세, 법인세, 증여세, 양도세, 상속세, 종합부동산세 등이 그 사례다. 납세자와 담세자가 일치한다는 것은 조세의 전가가 발생하지 않는다는 뜻이다. 소득세, 법인세, 증여세, 양도세는 과표소득이 증가함에 따라 한계세율이 높아지는 '누진세'다. 이처럼 '담세능력'에 따라 세금부담이 누진적으로 커지는 세금은 고소득층에서 저소득층으로 소득을 재분배해 소득불평등을 완화하는 효과가 있다. 하지만 조세부담의 누진성은 근로의욕 저하와 높은 조세저항 및 조세행정비용이라는 부작용도 수반한다.

조세부과 시 납세자와 담세자가 일치하지 않는 세금을 '간접세'라고 하며 부가가치세, 소비세, 인지세가 그 사례다. 이러한 세금은 주로 재화나 서비스의 거래에 대해 매겨지며 이들 재화와 서비스의 추가 요금 형태로 징수된다. 즉, 특정 재화나 서비스의 소비행위를 통해 '편익'을 얻는 사람이 조세를 부담하게 된다. 따라서 만일 같은 물품을 같은 양만큼 구매하는 소비자라면 그 사람이 고소득자라고 해서 더 많은 세금을 부담하지 않고 저소득자라고 해서 더 적은 세금을 부담하지 않는다. 즉, 소득대비 부담하는 세금은 소득이 커짐에 따라 감소하게 된다. 이런 점에서 간접세는 조세부담의 '역진성'이 나타난다. 하지만 소비행위로 인해 편익을 누리는 사람이 조세부담을 진다는 점에서 조세저항 및 조세행정

직접세와 간접세 🔍

구분	역선택	도덕적 해이
특징	• 납세자와 담세자가 일치 • 능력 원칙(담세능력)에 따른 과세 • 조세부담의 누진성(소득불평등 개선) • 조세저항 및 조세행정비용이 큼 • 조세의 전가가 없음 또는 작음	• 납세자와 담세자가 일치하지 않음 • 편익 원칙에 따른 과세 • 조세부담의 역진성(소득불평등 악화) • 조세저항 및 조세행정비용이 작음 • 조세의 전가가 있음 또는 큼
사례	• 소득세, 법인세, 증여세, 양도세, 상속세, 재산세, 취득세	• 부가가치세, 소비세, 주세, 인지세
참고	• 여기서 언급된 특징은 두 조세를 비교했을 때 나타나는 상대적인 것이다. 가령 엄밀한 의미에서 소득세와 법인세의 경우에도 조세의 전가가 발생한다. 하지만 간접세보다 그 정도가 덜 두드러진다는 점에서 이처럼 분류하는 것이다. • 역진세란 소득이 적은 사람이 소득이 많은 사람보다 과표소득에서 세금을 더 많이 내거나 혹은 같은 세금을 내는 세입징수제도를 뜻한다.	

비용이 작다는 장점이 있다. 위의 표는 직접세와 간접세의 주요 특징에 대해 간략히 정리한 것이다.

부가가치세, 소비세 등과 같이 물품의 거래에 수반되는 세금을 '물품세'라고 한다. 현실에서 물품세는 생산자에게 부과되나 생산자는 세금의 일부를 가격에 반영해 조세부담을 소비자와 나눈다. 따라서 정부는 생산자가 세금을 납부하도록 하더라도 실제는 생산자와 소비자가 모두 분담한다. 이때 물품세 부과 대상 품목은 판매가격이 상승하고 이에 따라 거래량이 감소하게 된다. 판매가격 상승은 소비자잉여 감소로, 거래량 감소는 사회적잉여 감소로 이어진다. 따라서 물품세 부과는 정부의 조세수입에는 도움이 되지만 시장의 자원배분 효율성에는 부정적 영향을 미친다. 다음 그림정부가 맥주 생산자에게 캔당 100원의 물품세를 부과했을 때 시장의 변화를 나타낸다.

정부가 생산자에게 부과한 물품세는 생산단가 상승으로 이어져 공급곡선을 위쪽으로 이동시킨다. 이에 따라 판매가격은 기존 2,000원에서 2,060원으로 상승하고, 거래량은 500개에서 300개로 감소한다. 이때 생산자는 캔맥주를 한 개 팔 때마다 100원의 납세의무를 지게 되므로 캔맥주 한 개에 대해 1,960원의 수입을 얻는다. 따라서 소비자가 인식하는 캔맥주 단가는 2,060원으로 기존 2,000원보다 상승했으나 생산자의 경우 1,960원으로 기존보다 하락한다. 즉, 캔맥주 한 개당 붙는 세금 100원 중 60원은 소비자가, 그리

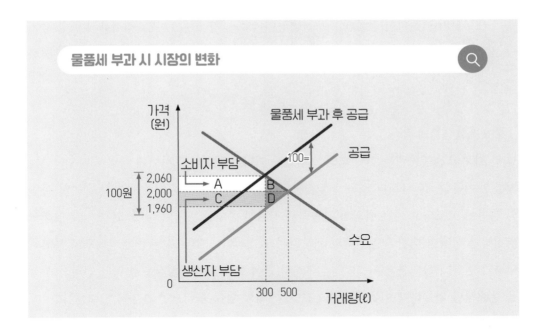

물품세 부과 시 시장의 변화

고 40원은 생산자가 부담하게 되는 것이다.

위의 그림에서 A는 판매가격 상승으로 인한 소비자잉여 감소를, B는 구매량 감소로 인한 소비자잉여 감소를 나타낸다. 또한, C는 조세부담으로 인한 생산자잉여 감소를, D는 판매량 감소로 인한 생산자잉여 감소를 나타낸다. 한편, 정부의 조세수입은 A+C만큼 증가하는 데 여기서 A는 소비자로부터 가져온 것이고, C는 생산자로부터 가져온 것으로 볼 수 있다. 따라서 물품세 납부금액에서 실제로 생산자가 지는 부담은 C이며, A는 생산자가 소비자에게 조세부담을 전가한 부분이다. 이를 요약하면 아래와 같다.

- 소비자잉여 변화 = -A-B (구매량 감소분 = -B, 가격 상승분 = -A)
- 생산자잉여 변화 = -C-D (판매량 감소분 = -D, 가격 상승분 = +A, 조세 납부금액 = -A-C)
- 정부 조세수입 변화 = +A+C

이를 합산한 사회적 잉여는 -B-D이므로 앞서 언급한 바와 같이 물품세 부과로 인해 사회적 잉여가 감소했음을 확인할 수 있다. 한편, 물품세와 같은 간접세 비중이 늘어날수록 조세부담의 역진성이 강화돼 소득불평등이 심화될 수 있다. 반면, 직접세의 비중 증가나 소득세·증여세·상속세의 누진성 강화는 세후소득 격차를 줄여 소득불평등을 개선하는 효과를 가진다.

2. 소득불평등의 측정

한 사회의 소득분배는 그 사회의 경제활동 대가가 구성원들 사이에 어떻게 나누어졌는지를 보여준다. 한 사회의 소득이 소수의 사람들에게 과도하게 집중되면 갖지 못한 사람의 불만이 고조되고 이는 사회의 결속력과 안정에 중대한 위협이 된다. 만약 이를 그대로 방치하면 시장에 대한 구성원들의 거부감과 적개심이 고조되고 이는 장기적으로 사회의 안녕과 번영에 장애가 된다. 경제적 복지의 물적 토대인 경제성장은 시장의 안정적 성장을 통해서만 가능하며 이는 구성원 다수의 지지와 참여 속에서만 가능하기 때문이다. 따라서 소득분배 개선은 경제성장과 더불어 정부의 핵심 과제 가운데 하나다.

정부가 소득불평등을 관리하기 위해서는 소득불평등에 대한 정확한 측정이 선행되어야 한다. 로렌츠곡선Lorenz curve, 지니계수Gini coefficient, 10분위분배율, 10분위배율 및 5분위배율은 모두 소득불평등을 측정하기 위한 지표다.

'로렌츠곡선'은 한 사회의 구성원을 소득이 낮은 사람부터 높아지는 순으로 배열한 곡선으로 '인구누적비율에 대한 소득누적비율'을 나타낸다. 아래 그림은 로렌츠곡선을 나타낸 것이다.

로렌츠곡선이 45° 선인 OB에 가까울수록 더 소득이 균등하게 분배된 것으로, OAB에 가까울수록 소득이 더 불균등하게 분배된 것으로 해석한다. 단, 교차하는 두 로렌츠곡선은 서로 비교할 수 없다. 따라서 로렌츠곡선은 소득불평등을 측정하는 데 명확한 한계가 있다. '지니계수'는 로렌츠곡선의 이러한 한계를 극복할 수 있는 유용한 지표로서 가장 많이 쓰는 소득불평등 측정지표다.

지니계수는 로렌츠곡선으로부터 도출하며 C영역의 넓이를 삼각형OAB의 넓이로 나눠 구한다. 즉, '지니계수 = C영역의 넓이 ÷ 삼각형OAB의 넓이'이다. 따라서 지니계수는 0과 1 사잇값을 가지며, 그 값이 1에 가까울수록 소득이 균등하게 분배된 것으로, 그리고 0에 가까울수록 불균등하게 분배된 것으로 본다.

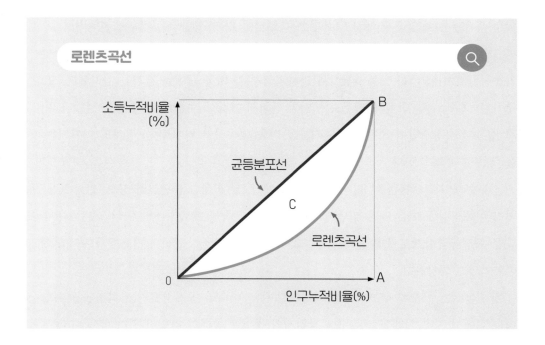

로렌츠곡선

소득누적비율(%)

균등분포선

C

로렌츠곡선

O

A

인구누적비율(%)

'10분위분배율'은 소득계층 최상위 20%의 소득 점유에 대한 소득계층 40%의 소득 점유 비율을 나타낸다. 즉, '10분위분배율 = 최하위 40% 소득 ÷ 최상위 20% 소득'이며, 0과 2 사잇값을 가진다. 이 값이 작을수록 소득이 불균등하게 분배된 것으로, 이 값이 클수록 소득이 균등하게 분배된 것으로 본다.

한편, '10(5)분위배율'은 소득계층 최하위 10%(20%)의 소득 점유에 대한 소득계층 최상위 10%(20%)의 소득 점유 비율을 나타낸다. 즉, '10(5)분위배율 = 최상위 10%(20%) 소득 ÷ 최하위 10%(20%) 소득'이며 이 값이 클수록 소득이 불균등하게 분배된 것으로, 이 값이 작을수록 소득이 균등하게 분배된 것으로 본다.

3 정부실패

정부는 적절한 시장개입을 통해 시장의 효율적 자원배분을 돕는 한편 소득재분배 정책을 통해 소득분배 개선에 힘쓴다. 하지만 때때로 정부의 시장개입은 의도하지 않게 시장의 자원배분 효율성을 저해하거나 당초 목표했던 것과 상반되는 결과로 이어지기도 한다. 가령, 저임금 및 비숙련노동자를 위한 최저임금 인상은 비숙련노동자의 고용불안을 가중시켰고 이에 따라 노동시장에서 약자의 입지를 더욱 줄이는 결과를 가져왔다. 또한, 주거취약층을 위한 임대차3법은 전세난과 전월세 가격상승이라는 부작용을 낳았다. 이처럼 정부의 시장개입이 시장의 자원배분을 더욱 왜곡시켜 원치 않는 결과로 이어지는 것을 '정부실패'라고 한다.

정부실패가 발생하는 이유는 근시안적 규제, 시장에 대한 불완전한 정보, 관료주의, 정치적 이해득실에 따른 정책 입안 및 시행에서부터 특정 재화(담배, 인삼)나 서비스(전력, 철도)를 독점공급함으로써 발생하는 경영효율성 저하, 특혜로 인한 정경유착과 부정부패에 이르기까지 다양하다.

정부실패는 시장을 구조적으로 왜곡시킬 뿐만 아니라 공정경쟁과 사회정의를 위협한다는 점에서 시장 실패와 더불어 시장경제의 존립에 중대한 위협이 된다. 더욱이 정부실패는 법과 제도를 입안하고 시행할 권리와 힘을 가진 정부가 그 원인을 제공한다는 점에서 시정하기가 쉽지 않다. 따라서 시장의 자원배분 효율성을 과도하게 저해하지 않도록 불필요한 규제는 되도록 폐지하고, 엄격한 감시·감독을 통해 관료조직의 지대추구 행위 및 부정부패를 사전에 차단할 필요가 있다. 또한, 필수 공공재의 공급이라는 본래의 취지는 살리되 정부재정에 과도한 부담이 가지 않도록 공기업과 공공기관의 경영효율성도 제고할 필요가 있다.

01 K국은 소득세 한계세율을 아래 〈표〉와 같이 변경하고자 한다. 다음 중 이에 대한 옳은 설명을 〈보기〉에서 모두 고르면?

〈표〉 소득세 한계세율 변경

구분	한계세율	
과세표준	변경 전	변경 후
~2,000만 원 이하	10%	5%
2,000~5,000만 원 이하	15%	15%
5,000만 원 초과~	20%	25%

〈보기〉

㉠ 소득이 3,000만 원인 경우 세율 변경 후 세액은 250만 원이다.

㉡ 소득이 7,000만 원인 경우 세율 변경 후 처분가능소득이 감소한다.

㉢ 소득이 4,000만 원인 경우 세율 변경 후 세액이 100만 원 감소한다.

㉣ 세율 변경으로 소득이 3,600만 원인 사람이 4,800만원인 사람보다 세액이 더 많이 감소한다.

① ㉠, ㉡   ② ㉠, ㉢   ③ ㉡, ㉢   ④ ㉡, ㉣   ⑤ ㉢, ㉣

해설 01

이 문제는 소득세 한계세율 개편으로 인한 조세부담에 대한 것이다. 소득이 3,000만 원인 경우 세율 변경 후 세액은 '2,000만 원×5%+1,000만 원×15%=250만 원'이다. 또한, '650만 원+(A-5,000만 원)×20%=550만 원+(A-5,000만 원)×25%'를 A에 대해 풀면 세율 변경 전·후 세액이 변하지 않는 소득 수준 A가 7,000만 원임을 알 수 있다. 따라서 소득이 7,000만 원인 경우 세율 변경 후에도 처분가능소득에 변화가 없다. 한편, 소득이 5,000만 원 미만인 경우 세율 변경으로 세액이 동일하게 100만원 감소한다. 따라서 소득이 3,600만 원인 사람과 4,800만 원인 사람은 세율 변경으로 동일한 세액 감소 혜택을 받게 된다.

정답 ②

○ ○

시장경제에서 소비자는 주어진 예산을 효과적으로 활용해 효용을 극대화하고,

기업은 생산요소(노동, 자본, 토지)를 고용해 재화나 서비스를 생산함으로써 이윤을 극대화한다.

하지만 개별 소비자와 개별 생산자의 이러한 노력에도 불구하고

국민 전체의 생활수준이 항상 만족스러운 수준으로 유지되는 것은 아니다.

우리는 종종 신문과 뉴스를 통해 '경기침체로 인해 실업자가 늘어났다'라거나

'경기과열로 인해 인플레이션이 발생했다'는 소식을 접할 수 있다.

경기침체는 실업률을 높이고 가계의 처분가능소득을 감소시켜 경제의 활력을 떨어뜨리며,

경기과열은 물가 상승을 불러온다.

실직의 고통은 가계의 생계를 위협함은 물론 심리적 고통을 수반하며,

물가 상승은 임금근로자의 실질 구매력과 금융자산의 가치를 떨어뜨린다.

따라서 경기침체와 경기과열은 모두 경제주체에 고통을 준다.

경기침체는 경제가 평균적인 수준보다 낮게 성장하는 것이며,

경기과열은 평균적인 수준보다 높게 성장하는 것을 뜻한다.

경기침체와 경기과열은 끊임없이 주기적으로 반복되곤 하는 데 이를 경기변동이라고 한다.

경기변동은 실업과 인플레이션이라는 사회적 비용을 수반하므로 정부는

경기변동이 과도하지 않게끔 관리해야 할 필요가 있다.

정부는 경기변동의 진폭과 주기를 인위적으로 조정함으로써 경기변동이 수반하는

사회적 비용(실업과 인플레이션)을 줄일 수 있다.

하지만 이에 앞서 물가와 국민소득과 같이 국민경제의 총체적인 모습을 나타낼 수 있는

변수에 어떠한 것이 있는지 그리고 이를 어떻게 측정하는지를 꼼꼼히 살펴볼 필요가 있다.

PART

4

국민경제의 이해

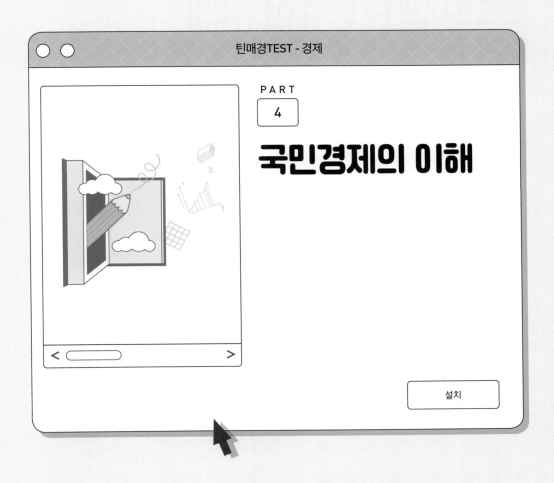

설치

국민경제지표의 이해

#국민소득 #GDP #실질 GDP #명목 GDP #소비자물가지수
#GDP디플레이터 #근원물가지수 #국민소득삼면등가의 법칙 #총수요 #총공급

국민소득과 물가는 한 나라의 평균적인 경제생활의 수준을 나타내는 거시경제지표다. 국민소득은 경제생활을 영위하는 데 필요한 물적 기반인 재화와 서비스의 생산력을, 물가는 재화와 서비스의 전반적인 가격수준을 나타낸다. 이 둘을 통해 어느 정도 양의 재화와 서비스가 어떤 가격으로 거래되고 있는지 평균적으로 가늠해볼 수 있다.

국민소득을 측정하는 지표에는 여러 가지가 있지만 GDP가 가장 대표적이며 물가를 측정하는 지표로는 소비자물가지수, GDP디플레이터가 가장 즐겨 쓰인다. 한편, 국민소득은 생산과 지출, 분배 측면에서 사후적으로 모두 같아질 수밖에 없는데 이를 국민소득 삼면등가의 법칙이라고 한다.

또한, 경제 내에서 이루어지는 지출 총량을 총수요라고 하며 생산되는 재화와 서비스 총량을 총공급이라고 한다. 한 나라의 국민소득과 물가는 총수요와 총공급이 일치하는 수준에서 결정되며 총수요와 총공급에 영향을 미치는 여러 가지 요인들에 의해 국민소득과 물가가 영향을 받는다.

1 여러 가지 국민소득 개념

1. 국내총생산GDP : Gross Domestic Product

국내총생산GDP은 '일국의 국경 내'에서 '일정 기간 새롭게 생산'된 '최종' 재화나 서비스의 '시장가치' 합을 뜻한다.

국내총생산(GDP)

GDP의 정의	GDP에 포함되는 것	GDP에 포함되지 않는 것
일국의 국경 내	한 나라의 국경 안에서 생산된 것 예: 외국인 노동자가 국내에서 벌어들인 소득	한 나라의 국경 밖에서 생산된 것 예: 우리나라 사람이 해외에서 벌어들인 소득, 국내 회사의 해외 공장에서 생산된 제품
일정 기간 새롭게 생산된	측정 대상 기간(통상 1년) 동안 생산된 것 예: 2020년 1월 1일~2021년 12월 31일 사이에 생산된 제품은 2020년 GDP에 포함	측정 대상 기간 이전에 생산된 것 예: 재고품, 중고품, 과거에 건설된 건축물의 가치나 거래 차익
최종	소비자가 실제로 소비하는 재화나 서비스 예: 빵, 가구, 자동차, 노트북	다른 재화나 서비스의 생산에 쓰이는 중간재 예: 밀가루, 목재, 철강
재화나 서비스	유형의 재화는 물론 무형의 서비스도 포함 예: 자동차, 운송, 교육, 금융	생산된 재화나 서비스가 아닌 것 예: 주식 및 채권 발행금액, 이전지출 (실업수당, 노령연금, 재난지원금)
시장가치	시장에서 거래된 가격으로 측정	시장에서 거래되지 않는 가사노동이나 지하경 제를 통해 이뤄지는 거래는 제외 예: 전업주부의 가사노동, 마약, 불법 도박

국내총생산 산정 시 포함되는 항목과 제외되는 항목 중 유의해야 할 것들을 살펴보자. 본인 소유의 주택에 거주해서 임대료를 따로 지불하지 않더라도 주택이라는 자본재에서 발생하는 주거서비스를 누리면서 임대료(자가주택서비스의 귀속임대료)를 스스로 지불한다고 간주하므로 이 경우 GDP에 포함된다. 또한, 농부가 자기가 소비할 목적으로 재배한 농산물도 같은 이유로 GDP에 포함된다. 즉, 자기가 소비할 목적으로 생산하든, 시장에 판매할 목적으로 생산하든 그 목적은 중요치 않으며 실제로 농산물의 생산이 이뤄졌다는 것이 중요하다는 것이다.

한편, 주식은 기업에 대한 소유권이고, 채권은 미래에 자금을 상환받을 수 있는 권리를 나타내는 증서이므로 그 자체는 GDP에 포함되지 않는다. 단, 회사채와 은행예금의 이자는 생산활동에 기여한 것으로 간주하여 GDP에 포함된다. 하지만 국공채의 경우 생산활동에 기여한 것이 없다고 간주해 GDP에 포함되지 않는다.

또한, 국가가 제공하는 국방 및 치안서비스는 국민의 삶의 질 증진에 기여하므로 GDP에 포함된다. 신축 건물의 경우 새로운 부가가치가 창출된 것이므로 GDP에 포함되며 이미 지어진 건물의 거래 시 발생하는 양도차익은 단순히 소유권만 이전되는 것으로 간주해 GDP에 포함되지 않는다.

이 밖에 지하경제, 이전지출(실업수당, 노령연금, 재난지원금) 역시 금전의 소유권만 바뀌는 것이므로 GDP에 포함되지 않는다. 요컨대 새로운 부가가치 창출을 동반하는 활동은 GDP에 포함되며 그렇지 않은 것은 포함되지 않는 것으로 이해할 수 있다.

2. 국민총생산GNP: Gross National Product

GNP와 국민총소득GNI: Gross National Income

국민총생산GNP은 영토와 무관하게 '한 나라 국민'이 '일정기간 새롭게 생산'한 '최종' '재화나 서비스'의 '시장가치'의 합을 뜻한다. 영토를 기준으로 국민소득을 정의하는 GDP와 달리 GNP는 국적을 국민소득 산정의 근거로 한다. 가령 해외에서 일하는 자국민의 임금소득은 GDP에는 포함되지 않지만, GNP에는 포함된다. 따라서 GNP와 GDP 사이에는 다음과 같은 관계가 성립한다.

> • GNP=GDP+국외순수취요소소득

여기서 '국외순수취요소소득'이란 자국민이 해외에서 벌어들인 소득인 '국외수취요소소득'에서 외국인이 국내에서 받는 소득인 '국외지급요소소득'을 차감한 것이다.

과거 GNP가 대표적인 국민소득지표로 활용되던 때도 있었으나 국가 간 인적·물적 교류가 증가(이에 따라 GDP와 GNP 간 괴리가 증가)하고 이에 따라 한 국가의 영토 내에서 함께 경제활동을 하며 이해관계를 공유하는 사람들의 소득이 국민소득의 개념에 더 부합한다는 공감대 하에서 최근에는 GDP가 대표적인 국민소득지표로 쓰인다. 하지만 GDP와

GNP는 모두 총생산규모라는 관점에서 국민소득을 측정한다는 공통점이 있다.

한편, 국민총소득GNI은 총생산규모와 별도로 실제 한 나라 국민의 '구매력'을 나타내는 국민소득 개념으로 한 나라 국민들의 총경제복지수준을 가늠할 수 있는 지표로 해석된다.

• GNI=GDP+교역조건변화에 따른 실질무역손익+국외순수취요소소득

GNI는 무역이 국민소득 변화에 미치는 영향을 포함하는 국민소득 개념으로 교역조건 변화가 중요한 역할을 한다. '교역조건'이란 국내 재화나 서비스 한 단위를 수출한 대가로 해외로부터 몇 단위의 재화나 서비스를 수입해 올 수 있는지를 뜻한다. 교역조건이 개선(악화)되면 수입품 대비 수출품 가치가 상승(하락)한 것으로 동일한 양의 수출품으로 더 많은(적은) 수입품을 가져올 수 있음을 뜻한다. 따라서 교역조건이 개선되는 경우 구매력은 상승한다. 가령 반도체의 국제가격이 상승(하락)하면 우리나라의 교역조건은 개선(악화)되므로 동일한 양의 반도체를 수출해 더 많은(적은) 석유를 수입해 올 수 있으므로 국민의 경제생활이 전반적으로 나아질(나빠질) 것이다.

3. 실질 GDP와 명목 GDP

우리가 국민소득을 측정하는 이유 가운데 하나는 한 나라 경제의 생산력 변화를 가늠하기 위함이다. 측정기간 동안 경제 내에서 새롭게 생산된 재화나 서비스의 양에 변화가 없더라도 물가가 상승하면 재화나 서비스의 시장가치가 상승한다. 따라서 국민소득을 측정할 때 물가변동분을 그대로 반영하면 '한 나라 경제의 생산력 변화를 측정'한다는 원래의 취지에 어긋난다. 이와 같은 문제를 어떻게 해결해야 할까? 이에 대해 구체적인 사례를 통해 살펴보자. 다음 표는 K국의 연도별 생산량과 가격을 나타낸다. 이때 K국의 2020년 GDP를 구해보자.

간단히 K국은 쌀과 옷 두 재화만 생산한다고 하면 표를 통해 2020년 K국의 GDP를 구할 수 있다. 2020년의 경우 쌀 120단위와 옷 60단위를 생산했다. 따라서 쌀과 옷 모두 2019년에 비해 20% 더 생산했다. 하지만 쌀의 가격은 25% 상승한데 비해 옷의 가격은

2019~2020년 K국의 재화 생산량 및 가격

구분	2019년		2020년	
	수량	가격	수량	가격
쌀	100	4	120	5
옷	50	12	60	12

일정하다. 2020년 GDP 산정 시 2020년 물가를 이용해 쌀과 옷의 시장가치를 평가하면 1320(=120×5+60×12)이다. 이처럼 측정 연도의 가격을 이용해 그해의 재화나 서비스의 시장가치를 평가하는 방식으로 구한 GDP를 명목 GDP라고 한다. 2019년 명목 GDP는 1000(=100×4+50×12)이므로 2020년은 2019년에 비해 32% 명목 GDP가 증가했음을 알 수 있다.

하지만 이러한 방식은 2019~2020년 기간 중 발생한 물가의 변화로 인한 GDP변화를 포함하고 있다. 따라서 2019년에 비해 2020년 재화와 서비스의 생산력이 얼마나 변화했는지 측정하기 위해서는 물가를 특정 연도에 고정할 필요가 있다. 이처럼 측정 연도에 대한 기준이 되는 해를 '기준 연도'라고 한다. 편의상 2019년을 기준 연도로 하면, 2020년 쌀과 옷의 시장가치는 1200(=120×4+60×12)이다. 이처럼 기준 연도 시장가격을 적용해 재화와 서비스의 시장가치를 평가하는 방식으로 구한 GDP를 실질 GDP라고 한다. 위 사례에서 2020년 명목 GDP는 1320이고 실질 GDP는 1200이다. 따라서 2019년에 비해 2020년은 재화 생산력이 20% 증가했다고 볼 수 있다. 한편, 기준 연도의 경우 항상 명목 GDP와 실질 GDP는 같다.

통상 경제성장률을 구할 때 명목 GDP성장률이 아닌 실질 GDP성장률로 측정한다. 실질 GDP성장률은 한 나라 경제가 일정 기간 얼마나 재화와 서비스의 생산력이 변화했는지를 나타낸다. 위의 사례에서 2020년 실질경제성장률 또는 실질 GDP성장률을 구하는 방식은 아래의 산식을 이용하면 된다.

- 2020년 실질경제성장률 = [(2020년 실질 GDP − 2019년 실질 GDP) ÷ 2019년 실질 GDP] × 100

물가란 경제 내 거래되는 모든 재화와 서비스의 평균적인 가격수준을 뜻한다. 물가가 높아지면 동일한 재화와 서비스를 구매할 때 더 많은 금액을 지불해야하므로 가계의 처분가능소득이 가지는 구매력을 감소시킨다. 따라서 물가상승은 경제주체에 경제적 고통을 준다. 그러므로 경제복지수준을 가늠하기 위해 물가를 반드시 정확히 측정할 필요가 있다. 물가수준을 측정하기 위해 여러 가지 재화와 서비스의 가격을 요약하여 물가지수를 작성하며 대표적인 물가지수에는 소비자물가지수, 생산자물가지수, GDP디플레이터가 있다.

1. 소비자물가지수 CPI: Consumer Price Index

소비자물가지수는 도시 가구가 주로 소비하는 품목을 중심으로 구성한 상품꾸러미의 평균적인 가격을 측정한다. 이에 따라 식료품, 주거비 같은 경우 물가지수에 크게 반영되지만 자동차는 자주 구매하는 품목이 아니므로 적게 반영된다. 소비자물가지수는 평균적인 도시 가구의 생계비를 나타내며 정부가 물가를 관리할 때 주요하게 보는 지표다. 또한, 임금협상의 기초자료로 활용되기도 한다. 소비자물가지수는 기준 연도 상품꾸러미를 측정 시점의 가격으로 구매하려면 어느 정도 금액인지를 나타낸다. 앞의 표를 이용해 소비자물가지수를 구해보자. 2019년을 기준 연도로 하고 2020년의 소비자물가지수를 구하면 $1100(=100 \times 5 + 50 \times 12)$이다. 또한, 2019년 소비자물가지수는 $1000(=100 \times 4 + 50 \times 12)$이다. 즉, 2019년 대비 2020년 소비자물가지수 상승률은 10%이고, 이는 2020년의 경우 2019년에 비해 동일한 양의 옷과 쌀을 사기 위해 10% 비용을 더 지불해야 함을 뜻한다.

2. 생산자물가지수 PPI: Producer Price Index

기업이 주로 구매하는 원재료나 생산에 사용되는 중간재의 가격 변화를 측정하는 물가지수로 산업별 정책의 수립에 중요한 참고자료로 이용된다. 원재료 가격이 상승하면 대체로 소비재의 가격도 함께 상승하기 마련이므로 생산자물가지수와 소비자물가지수는 대체로 비슷하게 움직이는 경향이 있다.

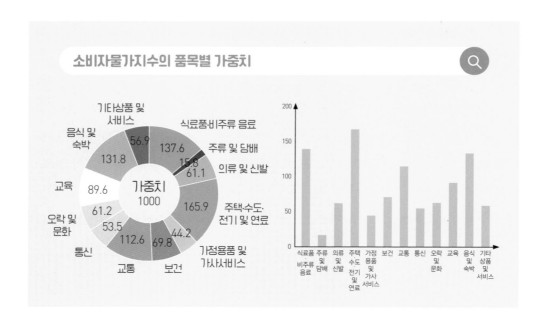

3. 기타 물가지수

근원물가지수 또는 코어 인플레이션_core inflation_은 소비자물가지수에서 일시적인 외부 충격에 의해 가격변동이 심한 농산물 및 석유제품 가격을 제외하고 측정한 물가지수다. 소비자물가지수로 측정한 인플레이션에 비해 좀 더 장기적이고 추세적인 물가 변화를 확인하는 데 유용하다.

한편, 명목 GDP를 실질 GDP로 나눈 백분비로 도출하는 GDP디플레이터는 물가지수와 같은 성격을 가지므로 물가에 대한 보조 지표로 활용한다. 특히 가중치가 실제 생산량에 비례하게 매년 조정된다는 점에서 소비자물가지수의 한계를 보완해준다. 하지만 GDP가 국내에서 생산된 재화와 서비스만 측정 대상으로 삼기 때문에 수입재의 가격 변화로 인한 생계비 부담을 반영하지 못한다는 단점도 있다. '2019∼2020년 K국의 재화 생산량 및 가격'을 나타낸 표를 이용해 2020년 GDP디플레이터를 구하면 110(=(1320/1200) × 100)이며, 이는 2020년의 경우 2019년에 비해 물가가 10% 상승했음을 뜻한다.

생활물가지수는 소비자물가 조사대상 품목 중에서 생필품 150여 개를 선별하여 소비자가 체감하는 장바구니 물가에 가까운 정보를 준다. 또한, 수출입물가지수는 수출입상품의 가격 동향을 파악하기 위해 각각 200여 개의 주요 수출입 상품의 가격을 작성한 것이다.

3 국민경제의 순환

1. 경제순환모형

　재화 및 서비스 시장에서 가계는 생산된 재화나 서비스를 구매하는 소비자 역할을 하며, 기업은 이들에게 재화와 서비스를 공급하는 생산자 역할을 한다. 가계가 재화와 서비스를 구매하기 위해 사용하는 지출은 곧 기업이 벌어들이는 수입이다. 한편, 가계는 생산요소시장(토지, 노동, 자본 시장)에서 노동과 자본 그리고 토지의 공급자이며, 생산요소를 공급한 대가로 받는 요소소득(지대, 임금, 이자)은 가계가 소비활동을 영위하기 위한 소득이다. 기업은 생산요소시장에서 대가를 지불하고 노동, 토지, 자본을 구매하는 수요자이며 각 생산요소를 적절하게 조합해 생산물(재화와 서비스)을 재화 및 서비스 시장에 공급한다. 이때 기업이 요소공급자에게 지급하는 대가는 생산요소 공급자에게는 요소소득이지만 기업 입장에서는 생산비용이다.

　가계가 노동, 토지, 자본을 공급하고 벌어들인 소득의 합(분배국민소득)은 총생산물의 시장가치(생산국민소득)와 같아야 한다. 또한, 가계가 벌어들인 소득만큼 소비지출 및 투자지출이 이루어지므로 지출의 합(지출국민소득)과 같아야 한다. 요컨대 생산, 소비, 지출 측면의 국민소득은 사후적으로 모두 같게 되며, 이를 '국민소득의 삼면등가의 법칙'이라고 한다.

- (국민소득삼면등가의 법칙) 생산국민소득 = 분배국민소득 = 지출국민소득

　결국 국민소득은 한 나라 경제가 주어진 생산기술하에서 노동, 토지, 자본 등 생산요소를 투입해 만들어 낼 수 있는 생산물의 양(생산국민소득)과 같다. 이 생산물의 양만큼 소득(분배국민소득)을 가질 수 있고, 이 소득만큼 지출(지출국민소득)할 수 있다. 특히 총생산은 경제주체의 소득과 소비의 물적 토대가 되므로 주요 관심대상이 된다. 다음 그림은 국민소득의 순환을 도식화한 것이다.

2. 총수요(총지출)와 총공급, 그리고 거시경제 균형

총수요(총지출)는 국내에서 생산된 재화와 서비스에 대한 수요를 모두 더한 것으로 소비, 투자, 정부구매, 순수출(=수출-수입)의 합이다. 여기서 소비의 주체는 가계고, 투자의 주체는 기업이며, 정부구매의 주체는 정부다. 순수출은 앞서 언급한 대로 수출에서 수입을 차감한 것으로 해외수요로 볼 수 있다.

> • 총수요(총지출) = 소비 + 투자 + 정부구매 + 순수출

이러한 총수요는 물가가 상승(하락)하면 감소(증가)한다. 물가 상승은 가계소득의 구매력 감소로 이어져 소비를 줄이고, 수출품의 가격을 비싸게 해 순수출을 줄이기 때문이다. 따라서 총수요곡선은 가격과 음(-)의 관계를 가지게 된다.

한편, 총공급은 한 나라 경제에 주어진 생산요소를 모두 투입해 생산한 재화와 서비스의 총합이다. 물가가 상승하면 총공급은 단기에 증가하는 것으로 알려져 있다. 쉽게 설명하면, 물가가 상승하면 기업들이 생산량을 늘리게 되므로 총생산과 고용이 증가한다. (이에 대한 자세한 설명은 고교 교과과정 수준에 어울리지 않으므로 여기서는 직관적으로 이해하는 수준에서 갈무리한다.)

거시경제의 균형은 총수요와 총공급이 교차하는 점에서 달성되며 이때 생산량은 국민소득 또는 실질 GDP를 뜻한다. 이때 물가는 한 나라 경제의 평균적인 가격수준을 나타낸다. 만약 총수요가 증가(감소)하면 물가가 상승(하락)하고 국민소득이 증가(감소)한다. 한편, 총공급이 증가(감소)하면 물가가 하락(상승)하고 국민소득이 증가(감소)한다. 아래 그림은 총수요곡선과 총공급곡선을 이용해서 한 나라 국민경제의 균형을 도식화 한 것이다. 이제 이 그림을 이용해 총수요가 변화하거나 총공급이 변화할 때, 물가와 국민소득이 어떻게 변하는지 가늠해볼 수 있을 것이다.

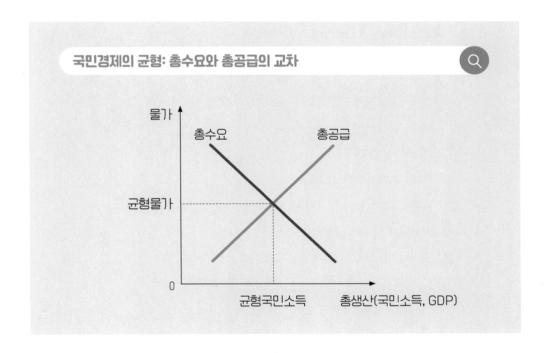

01 다음 중 선진화된 경영기법의 도입 및 ICT 기술의 발전과 보호무역주의 득세로 인한 순수출 감소가 동시에 발생할 때 우리나라 거시경제 균형 e가 이동할 영역을 옳게 추론한 것은? (단, 다른 조건은 일정하다.)

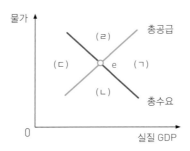

① (ㄱ)　　　② (ㄴ)　　　③ (ㄷ)　　　④ (ㄹ)　　　⑤ 변화 없음

02 최근 코로나19로 인해 국내 소비심리가 얼어붙고 있으며 자영업과 기업의 공장가동률이 저하되고 있다. 다음 중 이러한 현상이 국내 거시경제에 미치는 영향을 옳게 추론한 것으로 가장 거리가 먼 것은?

① 인플레이션이 발생한다.
② 가계의 소비지출이 감소한다.
③ 기업의 생산비용이 상승한다.
④ 실질 GDP성장률이 하락한다.
⑤ 노동수요 감소로 인해 고용이 감소한다.

해설 01

선진화된 경영기법의 도입 및 ICT 기술의 발전은 기업의 생산비용을 감소시켜 총공급곡선을 우측으로 이동시키고, 순수출의 감소는 총수요를 좌측으로 이동시키는 요인이다. 따라서 거시경제 균형 e는 (ㄴ) 방향으로 이동한다.

정답 ②

해설 02

전염성 질환의 유행으로 인해 가계의 소비 및 기업의 생산 활동이 전반적으로 위축되고 있다. 따라서 총수요와 총공급이 모두 감소하며 이에 따라 실질 GDP성장률이 저하된다. 또한, 전염성 질환으로 인한 방역과 재택근무 등은 기업의 생산비용을 상승시키며 전반적인 소비지출 위축과 결합해 기업의 채산성 악화로 이어진다. 이것은 노동수요를 감소시켜 고용지표 악화로 이어진다. 한편, 총수요와 총공급이 모두 감소(총수요곡선과 총공급곡선이 모두 왼쪽으로 이동)하므로 물가변동에 관해서는 명확히 알 수 없다.

정답①

○ ○

우리나라 국민소득은 지난 30~40년 간 꾸준히 성장했고 이에 따라 물질생활 수준도 개선됐다.

하지만 시야를 4~7년 단위로 좁히면 때로는 불황에 빠져 실업이 늘고 주가가 하락하기도 하고,

또 때로는 경제가 과열돼 인플레이션으로 고통 받기도 하는 등 불황과 호황을 되풀이한다.

이처럼 경제는 끊임없이 주기적으로 호황과 불황을 반복하며

호황기에는 인플레이션의 고통을, 불황기에는 실업의 고통을 겪게 된다.

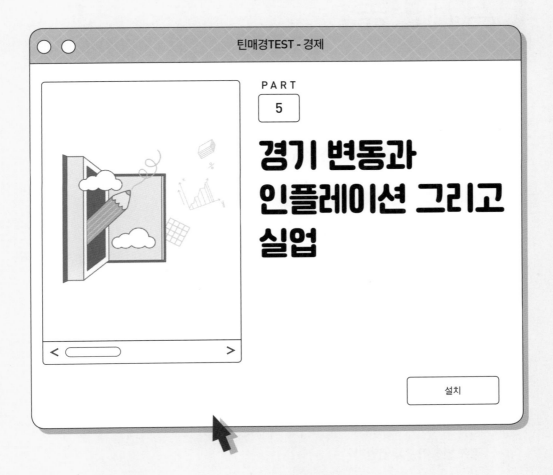

틴매경TEST - 경제

PART
5

경기 변동과
인플레이션 그리고
실업

설치

CHAPTER 1

경기 변동

#잠재 GDP #실제 GDP #총수요 #총공급 #순수출

경기 변동은 총수요 변동과 총공급 변동의 두 가지 측면에서 발생할 수 있다. 총수요 측면에 영향을 미치는 요인에는 소비 지출(가계), 투자 지출(기업), 정부구매, 그리고 수출에서 수입을 차감한 '순수출$_{net\ export}$'에 영향을 미치는 재정 정책(소득세, 법인세 변경, 정부구매·이전지출 증감 등)과 통화금융 정책(기준금리 및 본원통화 공급량 조절)이 포함된다. 총공급 측면에서는 한 나라 전반에 걸쳐 경제 비용 구조에 변화를 가져오는 것(최저임금, 원유 가격, 원재료 가격, 생산 기술 변화 등)이 포함된다.

---

① **경기 변동이란 무엇인가?**   ⋮

지난 반세기 동안 국민소득이 꾸준히 증가하면서 생활수준이 개선됐다. 하지만 시야를 4~7년 단위로 줄이면, 대표적인 국민소득 지표인 국내총생산$_{GDP}$은 장기 성장 추세에 비해 일시적으로 더 빠르게 성장하거나 더 느리게 성장하는 등 주기적으로 변동됐다. 이러한 현상이 '경기 변동'이며 다음 그림처럼 물결과 같은 형태로 나타난다.

경기 변동은 '진폭'과 '주기'로 구분한다. 이번 저점에서 다음 저점까지를 한 '주기'로, 저점에서 고점까지의 높이를 '진폭'이라고 한다. 경기 변동의 진폭이 클수록 호황과 불황

246   한 권으로 끝내는 틴매경TEST

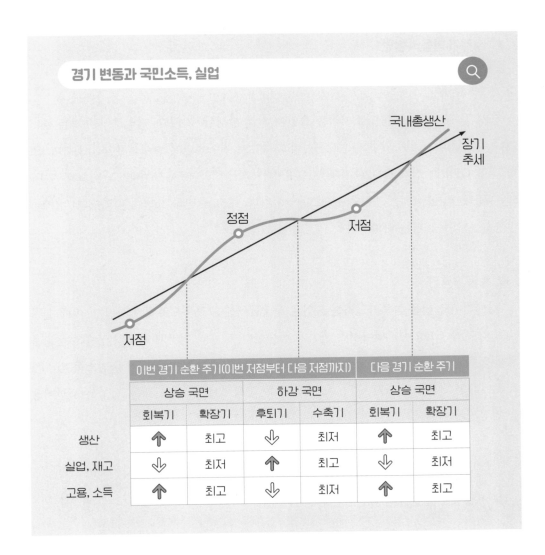

경기 변동과 국민소득, 실업

이번 경기 순환 주기(이번 저점부터 다음 저점까지)				다음 경기 순환 주기	
상승 국면		하강 국면		상승 국면	
회복기	확장기	후퇴기	수축기	회복기	확장기
생산 ↑	최고	↓	최저	↑	최고
실업, 재고 ↓	최저	↑	최고	↓	최저
고용, 소득 ↑	최고	↓	최저	↑	최고

간 국민소득 격차가 크다. 이러한 소득 변동성이 클수록 경제주체의 고통이 더욱 커진다.

특히 경제가 저점에 위치하는 경우 재고가 늘고 실업률이 증가하는 등 실물경제 지표가 악화된다. 저점이 장기추세에서 크게 이탈한 경우를 '공황'이라고 하며 국민소득의 현격한 감소와 큰 폭의 실업률 증가, 그리고 이에 따른 생활수준 악화가 동반된다. 하지만 장기추세보다 과도하게 성장하는 경우에도 경기과열, 자산 가격에 따른 인플레이션 등의 부작용이 나타난다.

1. 총수요 측면

경기 침체는 총수요를 감소시키는 요인에 의해 발생할 수 있다. 기업들이 투자를 줄이거나 가계 소비가 위축되면 총수요곡선이 좌측으로 이동하면서 총생산량이 감소한다. 또한 실질 GDP는 잠재 GDP(인플레이션을 유발하지 않는 한도 내에서 한 나라가 노동, 토지, 자본을 모두 활용해 생산할 수 있는 최대 생산량)보다 낮아진다. 수요 측면의 요인에 따라 경기 침체가 발생하는 경우 물가는 하락한다.

2. 총공급 측면

경제의 생산비용을 증가시키는 요인은 총공급곡선을 좌측으로 이동시킨다. 이때 실질 GDP가 잠재 GDP보다 낮아지며 물가가 상승한다. 원유나 원자재 가격이 상승하는 경우 경제 전반의 재화와 서비스 가격이 동반상승하면서 경제는 물가 상승과 국민소득 감소(실업 증가)라는 이중고를 겪게 된다. 1970년대 두 차례에 걸친 '석유 파동oil shock'은 생산비용을 인상시키는 대표적인 요인이다.

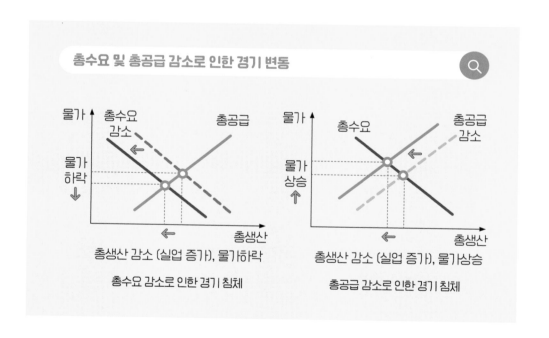

총수요 및 총공급 감소로 인한 경기 변동

총생산 감소 (실업 증가), 물가하락

총수요 감소로 인한 경기 침체

총생산 감소 (실업 증가), 물가상승

총공급 감소로 인한 경기 침체

이 밖에도 조류인플루엔자, 코로나19 확산, 지진과 태풍 및 이상 기후(농사철 이상고온, 서리와 우박) 등의 자연재해도 비용 인상 요인에 해당한다. 그림은 총수요 감소와 총공급 감소 시 GDP 및 물가의 변화를 보여준다.

01 다음 중 경기가 악화될 것이라는 부정적 전망으로 인해 기업 투자가 감소했을 때 거시경제균형 e가 이동할 영역을 가장 옳게 추론한 것은?

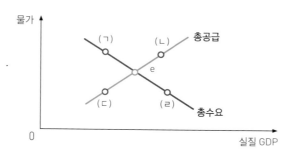

① (ㄱ)   ② (ㄴ)   ③ (ㄷ)   ④ (ㄹ)   ⑤ 변화 없음

해설 01
기업의 투자 감소는 총수요의 위축 요인으로, 새로운 균형은 총공급곡선 선상의 (ㄷ)에서 나타나게 된다.

정답 ③

CHAPTER 2

물가와 인플레이션

#물가 #인플레이션 #디플레이션 #수요 견인 인플레이션
#비용 인상 인플레이션 #스태그플레이션 #하이퍼인플레이션 #피셔 방정식

물가는 평균적인 가격이다. 물가가 오른다는 것은 같은 금액으로 살 수 있는 재화와 서비스의 양의 감소를 뜻한다. 따라서 물가 상승이 발생하면 화폐의 구매력이 저하된다. 인플레이션은 물가가 지속적으로 상승하는 현상을 뜻하며, 발생 원인에 따라 국민소득에 미치는 영향이 다르게 나타난다.

화폐는 재화와 서비스를 교환하고 가치 저장과 결제수단으로 쓰인다. 경제주체들은 화폐를 사용함으로써 필요한 재화와 서비스를 교환하는 데 드는 비용을 획기적으로 줄일 수 있게 됐으며, 안정적으로 저축할 수 있게 됐다. 이런 측면에서 현대경제는 화폐를 매개로 한 '교환경제'라고 할 수 있다.

1 화폐와 물가

화폐money 또는 통화currency 는 거래 대상이 되는 재화나 서비스의 가치를 저장하며store of value(가치의 저장), 가치의 척도unit of account를 제공하고, 물물거래를 하지 않아도 거래가 이뤄지도록 거래의 촉진medium of exchange(교환의 매개)을 돕는 역할을 수행한다. 만약 이와 같은 화폐의 역할이 없었다면 시장경제는 지금처럼 번창하지 못했을 것이다.

가치의 척도 🔍 다른 재화나 서비스와 교환에 사용되면서 자연스럽게 화폐는 가치의 척도로 쓰인다. 예를 들어 옷 한 벌이 화폐 10단위와 교환되고, 쌀 한 가마가 화폐 20단위와 교환된다면 쌀의 가치는 옷 두 벌과 같음을 알 수 있다.

가치의 저장 🔍 시간이 흐르면서 부패하거나 마모되는 재화에 비해 화폐는 장기간 보존이 용이하며 언제라도 원하는 재화와 교환이 가능하다. 다만 경제 전체에 생산되고 거래되는 재화나 서비스의 양에 비해 화폐가 지나치게 많을 경우 화폐의 가치는 하락하고 실물인 재화와 서비스의 가격이 상승한다. 예를 들어 쌀 100가마가 생산되는 경제에서 화폐 1,000단위가 유통된다면 쌀 한 가마는 화폐 10단위와 교환(쌀 한 가마의 가격=10)되지만, 화폐 2,000단위가 유통된다면 쌀 한 가마의 가격은 2배로 상승할 것이다. 따라서 화폐 공급량이 증가하면 화폐의 가치가 하락한다.

교환의 매개 🔍 화폐를 통해 서로가 원하는 재화나 서비스를 원하는 시점에 만나 교환하지 않더라도 원활히 거래를 할 수 있다. 화폐의 발달로 거래에 수반되는 비용, 즉 거래비용transaction cost이 감소하고 상거래가 원활해져서 시장경제가 지금처럼 번창할 수 있었다. 모바일뱅킹, 오픈뱅킹 등 결제수단의 발달은 교환의 매개로써 화폐를 더욱 추상화하고 거래를 용이하게 해 거래비용을 획기적으로 줄였다. 이는 화폐경제의 발달을 한층 진전시켰다고 볼 수 있다.

---

② 　인플레이션과 디플레이션　　　　　⋮

평균적으로 재화나 서비스의 가격이 상승하는 현상을 물가 상승 또는 인플레이션이라고 한다. 인플레이션은 앞서 살펴본 물가지수(소비자물가지수, GDP디플레이터, 근원물가지수 등)의 상승률로 측정된다.

만약 이 값이 양(+)이면 인플레이션, 음(-)이면 '디플레이션deflation'이라고 한다. 물가지수 상승률이 양(+)이더라도 그 값의 크기가 감소하는 것을 '디스인플레이션disinflation'이라고 하며 물가가 상승하는 속도가 둔화됨을 뜻한다. 다음 그림은 물가지수와 물가 상승률 사이의 관계를 시각적으로 요약한 것이다.

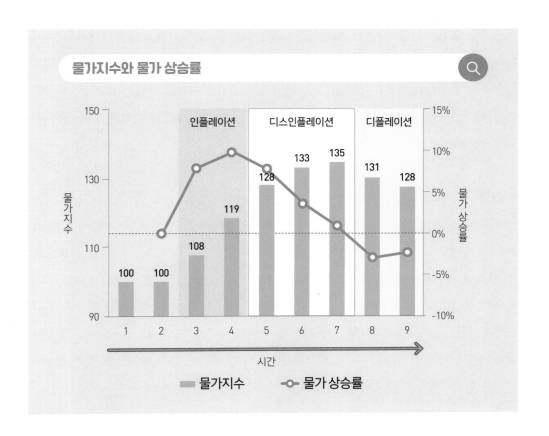

물가지수와 물가 상승률

인플레이션
디스인플레이션
디플레이션

물가지수

물가 상승률

시간

■ 물가지수   ○ 물가 상승률

(3) **인플레이션의 발생 원인**

인플레이션은 경기 변동의 발생 원인과 같이 총수요 증가와 총공급 감소 두 가지 측면에서 살펴볼 수 있다.

1. 수요 측면

가계의 소비 지출이나 기업의 투자 지출이 늘면 총수요가 증가한다. 또한 정부가 경기 부양을 목적으로 정부 구매나 이전지출(생산 활동과 무관하게 대가 없이 지급하는 소득의 이전으로 실업보험, 노령연금, 양육수당 등)을 늘리거나, 대외 수출이 늘어나는 경우에도 총수요가 증가한다.

총수요가 증가하면 이에 맞춰 총생산이 증가하면서 경기는 확장기에 들어서고, 이에 따라 고용이 증가해(실업률 하락) 임금과 물가 상승이 동반된다. 이와 같이 총수요가 증가함으로써 발생하는 인플레이션을 '수요 견인 인플레이션'이라고 한다. 수요 견인 인플레이션이 발생하는 경우 물가 상승이라는 사회적 비용이 발생하지만 실업률이 하락한다는 긍정적인 측면도 있다.

2. 공급 측면

원유 및 원자재 가격이 상승하거나 질병 및 자연재해(이상고온, 아프리카돼지열병 및 조류인플루엔자 확산, 지진과 태풍 등)는 생산비용을 인상시키는 요인이다. 이러한 사건이 발생할 경우 경제의 생산 능력이 위축(총공급 곡선의 좌측 이동)되며 물가 상승과 총생산 감소가 동시에 발생한다. 이처럼 경기 침체stagnation와 물가 상승inflation이 동시에 발생하는 현상을 '스태그플레이션stagflation'이라고 부른다. 주로 공급 측면의 부정적 요인(비용 인상 요인)으로 말미암아 발생한다는 특징이 있다. 스태그플레이션이 발생하면 경제 주체들은 물가 상승과 실업률 상승이라는 이중고를 겪는다.

---

4 **인플레이션의 경제적 효과** ⋮

인플레이션은 재화나 서비스 같은 실물 가격이 상승하는 현상이므로, 인플레이션이 발생하면 부동산이나 금과 같이 실물 자산을 보유하는 사람이 이득을 본다. 반면 재산을 화폐나 금융 자산(채권, 정기예금, 연금)의 형태로 보유하는 사람은 상대적으로 손해를 본다. 화폐와 금융 자산의 액면가가 가지는 구매력이 감소하기 때문이다. 이처럼 인플레이션은 사람들이 보유한 자산 포트폴리오 구성에 따라 상대적으로 이득을 주기도 하고 손해를 입히기도 한다.

통상 인플레이션이 발생하면 일정한 금액을 받는 임금노동자는 물론 일정 금액의 이자를 받는 채권자, 일정 금액을 임대료로 수령하는 임대인, 연금생활자 등 자산의 대부분을 현금으로 가진 사람들이 손해를 본다. 반면 일정 금액을 임금으로 지급해야 하는 회사, 일정 금액의 이자를 지급해야 하는 채무자, 연봉 계약 시 차량과 사내 보육시설 이용 권리 등 다양한 현물 급전이 포함된 사람, 자산 구성에서 금과 부동산 등 실물 자산 비중이 높은 사람은 이득을 본다. 이처럼 '예기치 못한' 인플레이션은 경제 주체들의 재산이나 소득에 영향을 미치며, '노동자'로부터 '회사'로 그리고 '채권자'와 '임대인'으로부터 '채무자'와 '임차인'에게로 각각 부를 재분배한다.

또한 인플레이션이 발생하면 기업은 높아진 생산비용(생산 과정에 투입되는 노동과 원재료의 가격이 상승하므로)을 제품 가격에 반영한다. 하지만 제품 가격을 인상하는 것은 여러 가지 비용을 수반한다. 예를 들어 인상된 제품 가격을 기존 소비자에게 인식시키고 납득시키는 노력과 이 과정에서 이탈하게 되는 소비자에 따른 매출 감소에서부터 가격표를 다시 제작해서 부착하고 홍보하는 시간과 노력, 금전적 비용에 이르기까지 많은 비용이 발생한다. 이와 같이 제품 가격 인상에 소요되는 일체의 비용을 '메뉴 비용'이라고 하며, 인플레이션이 사전에 예견된다고 해서 회피할 수 없는 비용이다.

인플레이션이 발생하면 현금 보유를 줄이고 자산을 이자를 주는 곳이나 부동산 등에 투자하는 것이 이롭다. 이를 위해 정보를 수집하고 은행을 방문하는 노력과 시간 등의 비용이 든다. 이러한 일체의 비용을 '구두창 비용'이라고 하며, 이 또한 인플레이션이 예견된다고 해도 불가피하게 감수해야 하는 비용이다. 이처럼 인플레이션이 발생하면 부의 재분배는 물론 메뉴 비용과 구두창 비용 등 여러 가지 사회적 비용이 발생한다.

---

5 하이퍼인플레이션

인플레이션이 극심해져 물가가 연간 수백% 이상 높아지는 현상을 '초인플레이션' 또는 '하이퍼인플레이션hyperinflation'이라고 한다. 통상 과도한 재정지출을 충당하기 위해 중앙은행이 화폐를 과다하게 발행할 때 발생한다. 이러한 상황이 되면 재산을 시시각각 가치가 급락하는 화폐보다 실물 형태로 보유하는 것이 유리하다.

하이퍼인플레이션이 발생하면 물품 사재기가 기승을 부리며 진열대의 상품이 품귀현상을 빚는다. 사람들은 약간의 소득이 생기기만 하면 생필품으로 교환하기 위해 은행과 상점을 오가고, 시간과 노력을 생산 활동이 아닌 사재기 같은 소모적인 활동에 대부분 소진하고 만다. 따라서 하이퍼인플레이션은 생산적인 경제 활동을 저해하고 경제구조를 왜곡시킨다.

6 인플레이션과 이자율 관계: 피셔 방정식

물가가 상승하는 경우 채권자(돈을 빌려준 사람)가 계약 만기 시 빌려준 금액만큼 돌려받더라도 화폐의 가치는 계약을 맺는 시점보다 하락한 상태이므로 돈을 빌려준 시점에 비해 작을 수밖에 없다. 따라서 인플레이션을 사전에 예견할 수만 있다면, 채권자는 향후 예상되는 물가 상승률만큼 이자를 받아 빌려주는 돈의 실질 가치를 보존하고자 할 것이다.

즉 물가 상승으로 채권의 실질가치가 하락하는 것을 현실에서 적용되는 이자율인 '명목이자율' 상승으로 상쇄할 수 있다. 이는 (기대)물가 상승률이 명목이자율에 반영됨을 뜻한다. 경제학자 어빙 피셔 Irving Fisher 는 이러한 관계를 이용해 '명목이자율'과 실제로 채무자가 부담하게 되는 이자율인 '실질이자율'을 구분했다. 명목이자율은 실질이자율과 (기대)물가 상승률의 합과 같고, 이러한 관계식을 '피셔 방정식' 또는 '피셔 항등식'이라고 한다.

- (피셔 방정식) 명목이자율 = 실질이자율 + (기대)물가 상승률

대출해주는 시점에 미래 물가 상승률을 알기 어려운 경우 사후적인 물가 상승률을 적용하며, 물가 상승률이 완전히 예견되는 경우 (기대)물가 상승률을 적용한다. 이 방식으로 실질이자율을 아래와 같이 계산할 수 있다.

- 실질이자율 = 명목이자율 − (기대)물가 상승률

만약 기대 이상으로 물가가 상승하면 앞서 언급한 대로 채권자로부터 채무자에게로 부의 재분배가 발생한다.

01 아래의 A와 B에서 설명하는 경제 개념은?

> A는 화폐 가치 하락을 염려해 화폐를 덜 보유하기 위해 분주히 은행을 뛰어다니는 데서 발생하는 시간과 노력, 교통비 등의 비용을 뜻한다.
>
> B는 기업들이 물가 상승에 따른 생산비용 상승으로 제품 가격을 인상할 때 발생하는 비용이다. 제품 메뉴판 교체부터 홍보, 고객 설득에 이르기까지 무형의 비용을 포괄하는 광범위한 개념을 뜻한다.

① A: 구두창 비용, B: 매몰비용   ② A: 구두창 비용, B: 메뉴 비용

③ A: 매몰비용, B: 구두창 비용   ④ A: 매몰비용, B: 메뉴 비용

⑤ A: 메뉴 비용, B: 구두창 비용

02 아래 그림은 A국의 명목이자율과 소비자물가지수(CPI)로 측정한 물가 상승률을 나타낸 것이다. 이에 대한 옳은 분석을 〈보기〉에서 모두 고르시오.

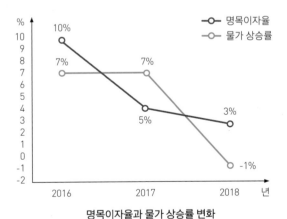

명목이자율과 물가 상승률 변화

<보기>

㉠ 1년 만기 국채 가격은 2016년에 가장 낮았다.

㉡ 2016년 이후 화폐의 구매력은 지속적으로 감소했다.

㉢ 2018년 실질이자율이 2017년 실질이자율보다 높다.

㉣ 2016년과 2017년의 물가 상승률이 같으므로 2016년과 2017년의 CPI가 같다.

① ㉠, ㉡   ② ㉠, ㉢   ③ ㉡, ㉢   ④ ㉡, ㉣   ⑤ ㉢, ㉣

03 아래 설명문을 읽고 2019년 아버지 연봉의 실질가치를 구하시오.

우리 가족은 아버지의 급여로 생활하고 있다. 아버지는 1999년에 연봉 3,000만 원을 받았다. 지난 20년간 성실하게 직장 생활을 했으며, 2019년에는 연봉 4,500만 원을 받았다. 단 1999년의 소비자물가지수는 80이고, 2019년의 소비자물가지수는 100이다.

① 3,000만 원

② 3,600만 원

③ 4,000만 원

④ 4,500만 원

⑤ 4,800만 원

A는 인플레이션이 심화된 상황에서 화폐를 실물 상품으로 교환해 가치를 보전하려는 사람들이 생산
활동에 전념하지 못하는 것과 교통비 지출이 증가하는 것 등을 통칭하여 부르는 '구두창 비용'에 대한
내용이다. 이러한 비용은 하이퍼인플레이션을 겪는 나라에서 많이 나타난다. 한편 B는 기업들이 공표
한 가격을 수정하면서 발생하는 비용으로 '메뉴 비용'에 대한 설명이다.

정답 ②

이자율과 채권 가격은 반비례하므로, 1년 만기 국채 가격은 명목이자율이 가장 높은 2016년에 가장 낮
을 것이다. 그리고 실질이자율은 명목이자율에서 물가 상승률을 차감한 값으로 2018년의 실질이자율
은 4%, 2017년은 2%다. 그러나 2018년 물가가 하락했으므로 2018년 화폐 구매력은 2017년에 비해 증
가했다. 물가 상승률은 전년도 대비 소비자물가지수의 변화율로 나타나므로 2017년 소비자물가지수
는 2016년에 비해 7% 상승한 값을 갖는다.

정답 ②

1999~2019년 기간 중 소비자물가지수는 '80→100'으로 상승했고, 2019년의 연봉 구매력은 1999년에
비해 하락했음을 알 수 있다. 따라서 2019년 연봉을 20년 전 구매력 기준으로 가늠하기 위해서는 1999
년과 2019년 소비자물가지수를 이용해 재평가해야 한다. 소비자물가지수 산정 시 포함되는 품목의 평
균 가격은 2019년에 100이고, 1999년에는 80이므로 2019년 1원은 1999년에 0.8원의 가치를 가질 것
이다. 따라서 2019년 연봉 4,500만 원은 1999년에는 3,600만 원(=4,500만 원×0.8)의 가치를 가진다. 위
의 간단한 사례를 통해 물가 상승은 급여의 구매력을 갉아먹는 요인임을 확인할 수 있다.

정답 ②

CHAPTER 3

실업의 측정

#실업률 #고용률 #경제 활동 참가율 #확장실업률
#마찰적 실업 #경기적 실업 #계절적 실업 #구조적 실업

사람이 일하길 원하지만 적당한 일자리를 찾지 못해 쉬고 있는 상태를 '실업'이라고 한다. 실업 상태에 있는 노동자는 생계를 위한 소득을 충분히 벌어들일 수 없어 생활고에 시달릴 가능성이 크고, 저축을 충분히 할 수 없으므로 미래의 불확실성에 대한 심적 불안에 직면하게 될 것이다. 또한 노동을 통한 사회활동에서 배제되며 사회적 고립으로 인한 심적 고통을 겪게 된다.

따라서 실업은 가계의 소비를 위축시킬 뿐만 아니라 개인 차원의 심적 고통, 그리고 사회적 불만을 양산하는 심각한 문제가 된다. 실업률의 변화는 경제 상황과 밀접한 관계가 있어 경제가 좋은지, 그렇지 않는지를 가늠하는 지표가 된다. 특히 최근에는 4차산업으로 대표되는 기술 발전과 생산 공정 자동화 등 노동 환경의 변화에서 기인하는 실업이 크게 주목받고 있다.

1 실업률 및 주요 고용지표

실업은 근로를 희망하지만 일자리를 갖지 못하는 상태다. 실업은 소비 측면에서 볼 때 소득이 없어 생활수준이 어려워진다는 의미이며, 생산 측면에서는 경제 내에서 사용 가

고용지표 상 전체 인구 분류와 주요 고용지표

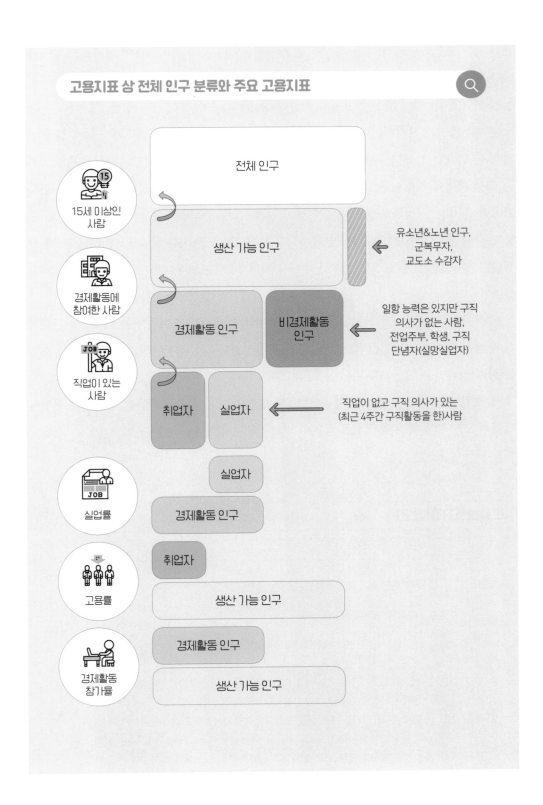

능한 생산 요소(노동력)가 생산 과정에 충분히 활용되지 못하는 비효율이 발생하고 있음을 나타낸다. 위의 그림은 전체 인구를 어떻게 고용지표로 구분하는지와 주요 고용지표인 실업률, 고용률, 경제 활동 참가율의 계산 과정을 보여준다.

통계청은 노동시장의 상황을 나타내는 고용지표로 '실업률'과 '고용률', '경제 활동 참가율'을 발표하고 있다. 실업률은 경제 활동 인구 중 실업자의 비율을 나타낸다. 실업자는 조사 시점에 직업이 없고, 최근 4주간 구직활동을 한 사람으로 정의되므로 학생, 공무원시험 준비자, 구직활동을 포기한 사람(실망실업자)은 실업자로 분류되지 않고 비경제 활동 인구에 포함된다. 이로 인해 실제 체감되는 실업률과 통계상 실업률 사이에 괴리가 발생한다. 최근에는 체감 실업률을 반영하기 위해 다양한 고용보조지표도 함께 발표하고 있다.

아래 표는 통계청에서 실업률을 보완하기 위해 함께 발표하는 고용보조지표의 정의와 그 성격을 요약한 것이다. 이 부분은 최근 체감 실업률과 통계청에서 발표하는 공식 실업률 사이의 괴리를 메우기 위한 것으로 참고할 만하다.

특히 표에서 '고용보조지표3'은 '확장실업률'이라고도 불리며 불완전 취업자를 실업률 계산에 모두 포함해 체감 실업률을 거의 반영한다는 평가를 받는다.

고용보조지표(참고)

종류	분자	분모	의의
고용 보조지표1	실업자 + 시간 관련 추가 취업 가능 인구	경제활동 인구	취업자 중에서 원하는 만큼 근로하지 못해 추가 일거리를 찾는 인구를 반영
고용 보조지표2	실업자 + 잠재경제활동 인구	확장경제활동 인구	공무원시험 준비생, 직업훈련중인 인구를 반영
고용보조지표3 (확장실업률)	실업자 + 시간 관련 추가 취업 가능 인구 + 잠재경제활동 인구	확장경제활동 인구	위의 두 가지를 모두 반영
비고	• 시간 관련 추가 취업 가능 인구: 아르바이트 등 단기 근로를 하지만 재취업을 원하는 사람 • 잠재 경제 활동 인구: 잠재 구직자 + 잠재 취업 가능자 • 잠재 구직자: 최근 구직활동을 안 했으나 취업 의사가 있고 취업이 가능한 사람 • 잠재 취업 가능자: 구직 노력을 했으나 (육아 등의 이유로) 취업이 불가능한 사람 • 확장 경제 활동 인구: 경제 활동 인구 + 잠재 구직자 + 잠재 취업 가능자		

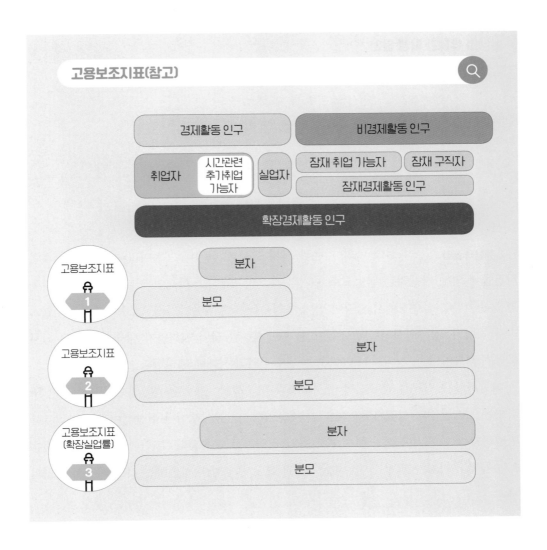

2 실업의 종류

　실업은 경기 변동, 계절적 요인, 산업구조 변화, 이직과 건강상의 이유 등 다양한 요인에 의해 발생한다.

　경기적 실업 경기 변동에 의해 발생하는 실업이다. 경제가 수축기에 있을 때 기업이 노동 수요를 줄임에 따라 발생하는 실업으로 경제가 회복될수록 감소한다. 정부는 고용 안정 차원에서 경기적 실업이 지나치게 늘어나지 않도록 경기부양정책(정부구매 확대, 이

실업의 유형과 발생 원인

자발성	실업의 유형	발생 원인
비자발적	경기적 실업	경기 침체로 인한 노동 수요 감소
	계절적 실업	해마다 반복적으로 노동 수요를 감소시키는 사건 발생
	구조적 실업	기술 변화와 법·제도 도입으로 특정 산업에서의 고용 감소
자발적	마찰적 실업	이직(더 나은 일자리를 찾기 위한 탐색, 퇴사 시점과 입사 시점의 불일치)

전지출)과 기업에 대한 고용보조금 지원정책을 시행한다.

계절적 실업 계절에 따라 기온과 날씨 등이 변하거나 계절마다 반복되는 굵직한 사건들에 의해 발생하는 실업으로 주기적으로 반복된다는 특성이 있다. 예를 들어 겨울철 농촌이나 건설현장에서 일감이 떨어진 인부들이 겨우내 소득을 벌 수 있는 다른 일거리를 찾거나, 공무원시험이나 대규모 공채가 집중된 달에 지원자가 대규모로 응시 원서를 접수해 실업률이 높아지는 현상은 계절적 실업의 사례에 해당한다.

비경제활동 인구로 분류되던 공시생이나 취준생이 응시 원서를 접수하면 이것이 구직활동으로 간주돼 실업자로 전환되기 때문이다. 단 공시생이나 취준생이 아르바이트를 병행하고 있다면 비경제활동 인구가 아닌 취업자로 분류된다. 또한 학생들이 졸업하는 2~3월에 구직자가 크게 늘어나면서 일시적으로 실업률이 상승하는 것도 계절적 실업의 사례다.

구조적 실업 어떤 산업이 기술변화 등으로 사양화되고 일자리가 감소하거나 FTA 체결 및 '타다금지법'과 같은 법·제도적 요인으로 발생하는 실업을 말한다. 해당 산업에 종사하다가 해고된 노동자들은 그들이 보유한 기술이 다른 산업에서도 유용하게 쓰이기 어려운 경우가 많아 재취업이 쉽지 않다. 따라서 구조적 실업은 실업이 오랜 기간 지속되는 특징이 있다. 구조적 실업을 줄이기 위해 정부는 성장 중인 산업에 취업할 때까지 필요한 직업훈련을 받도록 재교육을 장려하며 지원하기도 한다.

마찰적 실업 다른 직장으로 이직하는 과정에서 발생하는 실업으로, 자발적 실업에 해당한다. 현실에서는 이직 과정에서 퇴사 시점과 새로운 직장으로 출근하게 되는 시점 간의 불일치로 자주 발생한다. 노동자는 이직을 통해 더 좋은 조건의 보수를 얻거나 자신의 성향에 더 적합한 일자리를 찾을 수 있다. 따라서 마찰적 실업은 나쁘기만 하다고 볼 수 없으며, 노동자에게 맞는 일자리를 찾아 노동 생산성이 향상되는 긍정적 효과가 동반한다. 이것을 경제학에서는 '매칭 효율성이 제고된다'고 표현한다.

01 아래의 사건 (가)~(다)가 고용 통계에 미치는 변화를 옳게 설명한 것은?

> (가) A는 지난 10년 동안 일하던 회사에서 해고당해 새 일자리를 찾고 있다.
>
> (나) B는 자녀 양육과 가사에 전담하기 위해 그만두었던 직장에 최근 복귀했다.
>
> (다) 오랜 기간 취업을 준비하던 C는 거듭된 취업 실패로 낙담하여 집에서 쉬고 있다.

① (나)는 고용률을 높인다.

② (다)는 실업률을 높인다.

③ (가)는 경제활동 참가율을 낮춘다.

④ (가)는 고용률에 영향을 미치지 않는다.

⑤ (나)는 경제활동 참가율에 영향을 미치지 않는다.

02 아래는 우리나라의 노동 상황에 따른 인구 분류를 나타낸다. 이에 대한 옳은 설명으로 가장 거리가 먼 것은? (단, 만 15세 이상 인구는 일정하다.)

> • 15세 이상 인구 = 경제활동 인구 + 비경제활동 인구
>
> • 경제활동 인구 = 취업자 + 실업자

① 취업자 수가 증가하면 고용률이 높아진다.

② 가정주부와 학생은 비경제활동 인구로 분류된다.

③ 실업자가 구직 단념자로 전환되면 실업률이 낮아진다.

④ 실업률이 낮아지면 경제활동 참가율이 높아질 것이다.

⑤ 실업자에서 취업자가 되는 사람의 수와 취업자에서 실업자가 되는 사람의 수가 같으면 실업률에 변화가 없다.

03 아래의 밑줄 친 부분이 고용 통계에 미치는 효과를 옳게 설명한 것은? (단, 만 15세 이상 인구는 일정하다.)

> 민영은 작년까지만 해도 중학생과 고등학생 자녀 둘을 둔 전업주부였다. 하지만 최근 경기 침체로 남편의 사업이 어려워지고, 자녀가 고등학교와 대학교에 진학하면서 학비 부담이 크게 늘었다. 기존 주택담보대출 상환 부담에 늘어난 학비 부담까지 더해져 가계경제가 어려워짐에 따라 결국 민영은 전공을 살려 어린이집 교사로 취업에 성공했다.

① 비경제활동 인구가 증가한다.
② 고용률과 실업률이 모두 상승한다.
③ 고용률은 상승하고 실업률은 하락한다.
④ 실업률과 경제활동 참가율이 모두 상승한다.
⑤ 경제활동 참가율은 상승하지만 고용률은 하락한다.

이 문제는 기초적인 고용 통계에 대한 지식을 묻고 있다. 우선 전체 인구는 아래와 같이 구분한다.

• 전체 인구 = 만 15세 이상 인구 + 만 15세 미만 인구

• 만 15세 이상 인구 = 경제활동 인구 + 비경제활동 인구

• 경제활동 인구 = 취업자 + 실업자

또한 주요 고용 통계는 아래와 같다.

• 실업률 = (실업자 ÷ 경제활동 인구) × 100 = [실업자 ÷ (실업자 수 + 취업자)] × 100

• 경제활동 참가율 = (경제활동 인구 ÷ 만 15세 이상 인구) × 100

• 고용률 = (취업자 수 ÷ 만 15세 이상 인구) × 100

이를 바탕으로 (가)~(다)의 효과를 추론하면 다음과 같다. 첫째, (가)는 '취업자→실업자'이므로 경제활동 참가율에는 영향을 주지 않지만 고용률을 낮추고 실업률을 높인다. 둘째, (나)는 전업주부에서 새로 취업을 한 경우이므로 '비경제 활동 인구→취업자'이며, 이는 고용률과 경제 활동 참가율을 높인다. 셋째, (다)는 취업 준비생에서 실망노동자가 된 경우이므로 '실업자→비경제 활동 인구'다. 이는 고용률에는 영향을 주지 않지만 실업률과 경제활동 참가율을 낮춘다.

정답 ①

국내 고용 통계 중 실업률은 경제 활동 인구 중에서 실업자가 차지하는 비율이고, 고용률은 만 15세 이상 인구 중 취업자의 비율이다. 경제활동 참가율은 만 15세 이상 인구 중에서 취업자와 실업자의 수를 합한 경제활동 인구의 비율을 말한다. 그러므로 만 15세 이상 인구가 변함이 없는 상태에서 취업자의 수가 증가하면 고용률은 상승한다.

가정주부와 학생, 구직 단념자는 비경제 활동 인구로 분류되므로, 실업자가 구직 단념자로 전환되는 경우 실업자의 수는 줄고 비경제 활동 인구의 수가 증가하므로 실업률이 낮아질 것이다. 실업자에서 취업자로 전환되는 사람 수와 취업자에서 실업자로 전환되는 사람 수가 같으면 취업자와 실업자 수에 변화가 없으므로 실업률에도 변화가 없을 것이다. 그러나 실업자가 취업자로 전환되어 실업률이 낮아지는 경우에 경제활동 참가율은 변화가 없다.

정답 ④

고용 통계상 인구분류 및 주요 고용지표 계산은 아래와 같다.

• 경제활동 참가율=경제활동 인구÷만 15세 이상 인구

• 실업률=(실업자÷경제 활동 인구)×100=[실업자÷(실업자+취업자)]×100

- 고용률=(취업자÷만 15세 이상 인구)×100

위의 밑줄 친 부분에서 민영은 비경제활동 인구인 전업주부에서 취업자로 전환됐으므로 비경제활동 인구는 줄어들고 취업자는 늘어난다. 이에 따라 경제활동 참가율, 고용률은 상승하고 실업률은 하락한다.

정답 ③

CHAPTER 4

인플레이션과 실업의 관계 : 필립스 곡선

#필립스 곡선 #필립스 곡선 위의 이동 #필립스 곡선의 이동 #경제고통지수

필립스 곡선Phillips curve은 물가 상승률(또는 명목임금 상승률)과 실업률 사이에 존재하는 경험적 상충관계를 말한다. 경제학자 윌리엄 필립스William Phillips가 '물가 상승률이 높을수록 실업률이 낮게 나타난다'는 사실을 발견하면서 알려진 필립스 곡선은 '경제가 경기수축기에 놓여 있을 때 물가 상승을 심화시키는 대가로 실업률을 낮출 수 있다'는 시사점을 준다.

1 필립스 곡선

필립스 곡선은 가로축에 실업률(%)을, 세로축에 물가 상승률(%)을 나타내는 평면에 우하향하는 곡선 형태로 나타나며, 정부와 중앙은행이 국민경제를 파악하고 진단하는 기본 틀이 된다.

필립스 곡선이 우하향하는 형태를 갖는 이유는 물가 상승률이 높아질수록 노동자들의 실질 임금(=명목임금 물가)이 하락하고, 낮아진 인건비로 인해 기업이 고용을 늘릴 수 있어 실업자가 감소하기 때문이다. 반대로 물가 상승률이 낮아질수록 노동자들의 실질 임금은 상승하고, 인건비 부담으로 기업이 고용을 줄이므로 실업자가 증가한다.

필립스 곡선은 총수요 및 총공급과 밀접한 관계를 가진다. 총수요가 증가(감소)하면 물

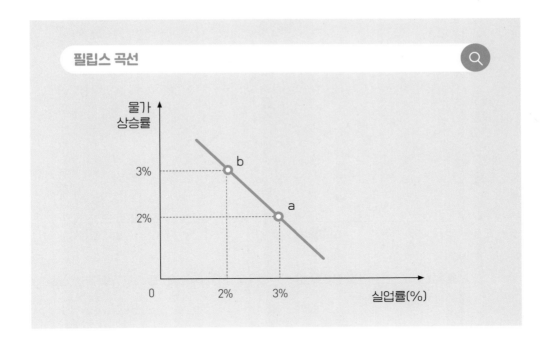

필립스 곡선

가가 상승(하락)하고, 총생산이 증가(감소)해 국민소득이 증가(감소)한다. 이때 기업의 고용이 증가(감소)하므로 실업률은 하락(상승)한다. 따라서 물가 상승률과 실업률 사이에 음(-)의 관계가 관찰된다. 이처럼 총수요의 변동은 필립스 곡선 위의 이동(a→b 또는 b→a)으로 나타난다.

② **필립스 곡선의 이동**

한편 석유 파동과 원자재 가격 상승(하락)처럼 경제의 생산비용을 인상(인하)시키는 요인은 필립스 곡선을 위쪽(아래쪽)으로 이동시킨다. 즉 스태그플레이션은 필립스 곡선이 위쪽으로 이동하는 것으로 나타난다. 이처럼 총수요 증가로 인한 인플레이션은 필립스 곡선 위에서 북서쪽 방향으로 이동(a→b)하는 것으로, 그리고 총공급 증가로 인한 인플레이션은 필립스 곡선 자체가 위쪽으로 이동하는 것으로 요약할 수 있다. 다음 그림은 인플레이션의 유형을 필립스 곡선으로 나타낸 것이다.

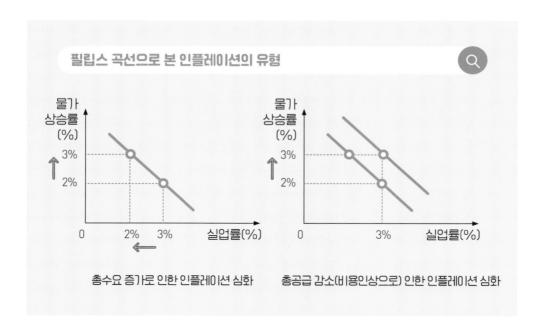

필립스 곡선으로 본 인플레이션의 유형

물가
상승률
(%)

3%

2%

0   2% 3%   실업률(%)

총수요 증가로 인한 인플레이션 심화

물가
상승률
(%)

3%

2%

0   3%   실업률(%)

총공급 감소(비용인상으로) 인한 인플레이션 심화

총수요가 증가할 때 인플레이션 심화(물가 상승률 상승)를 대가로 실업률이 낮아짐을 확인할 수 있다. 또한 총공급이 감소할 때 인플레이션 심화와 실업률 상승이 동시에 발생하는 스태그플레이션을 확인할 수 있다. 인플레이션과 실업률은 모두 국민경제에 고통을 주는 것으로 필립스 곡선은 국민경제의 고통 요인과 고통이 발생한 원인을 일목요연하게 도식화해 보여주는 유용한 분석 틀이다.

>> 경제고통지수 Economic Misery Index

경제고통지수란 물가 상승률과 실업률의 합으로, 국민들이 경제적으로 얼마나 고통받고 있는지를 나타낸다. 높은 물가 상승률은 임금의 실질 구매력과 금융 자산의 가치 하락을 가져오며, 높은 실업률은 처분가능소득 감소에 따른 소비 여력 감소와 고용 안정성 저하에 따른 심적 고통을 가져온다. 따라서 물가 상승률과 실업률은 국민들의 경제 생활을 위협하는 요소로 한 나라의 경제적 손실을 가늠할 수 있는 간단한 지표로 볼 수 있다.

• 경제고통지수 = 물가 상승률(%) + 실업률(%)

01 다음 중 경기적 실업에 대한 설명으로 가장 옳은 것은?

① 자발적 실업에 해당한다.

② 생산 기술 발전에 따라 쇠퇴하는 산업에서 발생한다.

③ 타다금지법이 시행됨에 따라 실업자가 된 운전기사는 경기적 실업에 해당한다.

④ 경제가 경기 순환 주기상 수축기에 있을 때 기업의 노동 수요가 감소함에 따라 발생한다.

⑤ 공무원시험이 있는 달에 일시적으로 실업률이 증가하는 것은 경기적 실업의 사례다.

해설 01

자발적으로 실업 상태에 처하는 실업은 마찰적 실업이며, 생산 기술 발전에 따라 쇠퇴하는 산업에서 발생하는 실업은 구조적 실업이다. 또한 타다금지법 같이 법과 제도의 도입으로 인한 실업도 구조적 실업에 해당한다. 비경제활동 인구에 포함되는 시험생이 공무원시험에 응시하게 되면 구직 의사가 있는 것으로 간주돼 경제 활동 인구 중 실업자로 전환되며, 이에 따라 일시적으로 실업률이 상승한다. 이는 계절적 실업의 사례다.

정답 ⑤

○ ○

한 나라 국민소득은 호황기에 크게 늘지만 불황기에는 크게 줄기도 한다.
호황기에는 주가상승, 실업 감소, 물가상승이 뒤따르지만 불황기에는
주가하락, 실업 증가, 물가하락이 뒤따른다.
정부와 중앙은행은 실업과 인플레이션의 고통을 줄이기 위해 불황기에 총수요를 늘려
국민소득을 늘리고, 호황기에 총수요를 줄여 국민소득을 줄이는 경제안정화정책을 수행한다.
이를 통해 국민경제의 안정적 성장을 도모하는 것이다.

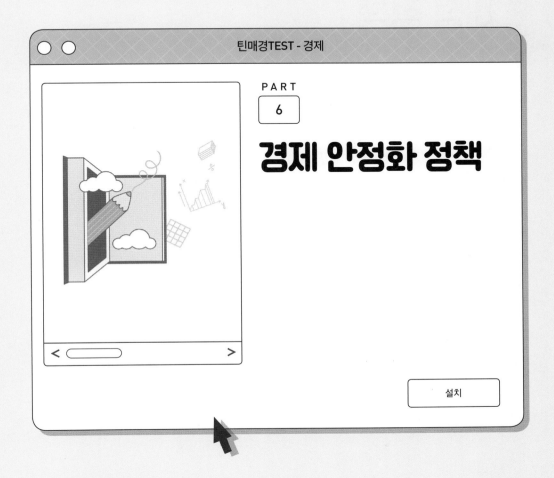

PART

6

경제 안정화 정책

설치

재정 정책

#정부구매 #국공채 #밀어내기 효과 #소득세 #래퍼 곡선

재정 정책은 가계와 기업으로부터 징수한 세금을 국방, 치안, 행정 등 용도별로 예산을 수립하고 이를 집행하는 것이다. 정부는 정부구매와 이전지출 규모, 세율 등을 통해 총수요를 늘이거나 줄일 수 있다.

예산을 결정한 이후 경제가 당초 예상보다 더 심각하게 악화돼 추가적인 재정지출이 필요한 경우 추가경정예산(예산이 성립한 이후 발생한 사유로 이미 성립한 예산을 변경할 필요가 있을 때 편성되는 예산, 줄여서 추경이라고 부른다)을 편성하기도 한다. 2020년 2월 코로나19 유행 이후 긴급재난지원금 지급과 경기 부양정책에 필요한 재원 조달을 위해 네 차례에 걸쳐 추경이 편성된 바 있다.

---

1 **정부구매와 이전지출**   ⋮

정부가 직접 재화나 서비스를 구매하는 것을 정부구매(또는 정부지출)라고 하며, 도로 및 항만 등 '사회간접자본(공공재의 성격을 가진 자본으로 가계와 기업의 생산 활동과 소비 활동을 직간접적으로 지원한다. 도로, 항만, 공항, 철도 같은 교통시설은 물론 전기, 통신, 상하수도, 댐 등까지의 물적 자본을 아우른다)'을 건설하는 것은 그 사례다. 재화와 서비스 시장에서 정부구매가 증가하면 총수요가 증가해 생산량과 고용, 그다음 국민소득 증가로 이어진다.

하지만 정부구매 확대에 필요한 재원 마련을 위해 국공채를 신규 발행하면 시중 이자율이 상승(국공채 가격 하락)해 기업의 신규 투자를 위한 대출이 어려워지고, 이로 인해 기업의 투자가 위축되는 부작용이 나타난다. 이를 '밀어내기 효과_{crowding-out effect}'라고 한다. 밀어내기 효과는 총수요에서 정부 부문(정부구매)의 비중을 높이고 민간 부문(투자)의 비중을 줄인다. 따라서 과도한 정부구매 증가는 민간 부문의 경제 활동을 위축시키고, 정부부문 비대화로 인한 재정 부담을 가중시킬 수 있다. 이는 장기적으로 경제의 활력과 성장 잠재력을 떨어뜨리는 요인이다.

한편 실업급여와 노령연금, 그리고 긴급재난지원금처럼 정부가 민간 경제 주체에 보조금을 지급함으로써 발생하는 금전적 지출을 '이전지출'이라고 한다. 주로 이전지출은 저소득 가구의 생계비 부담을 덜고 소득 불안정으로 인한 경제적 고통을 경감시킨다는 긍정적 효과가 있다. 이러한 정책은 저소득 가구의 소비 여력을 늘려 소비(지출)를 견인해 총수요를 늘리는 효과가 있다. 하지만 민간의 자활 노력을 꺾고 노동 공급에 부정적 영향을 준다는 지적도 있다. 또한 실업자 수가 증가하고 고령화가 심화되면서 재정 부담을 가중시키는 요인이 되기도 한다.

② 조세 정책

정부는 조세제도를 통해서도 총수요에 영향을 미칠 수 있다. 예를 들어 소득세율 인하와 세금 감면은 가계의 처분가능소득을 늘려 소비 지출을 증가시킨다. 또한 법인세 인하와 투자에 대한 세금 감면은 기업의 투자를 자극하는 효과가 있다. 이처럼 조세 부담을 경감시키는 일련의 정책은 소비(지출)와 투자(지출)를 늘려 총수요를 증가시키고, 이는 생산량과 고용 증가로 이어진다. 따라서 정부는 세금 감면을 통해 경기 부양을 꾀할 수 있다.

세금 감면이 정부구매와 다른 점은 정부구매를 늘릴 경우 총수요에서 정부 부문이 차지하는 비중이 늘고 민간 부문(소비, 투자)의 비중이 줄어들지만, 세금 감면의 경우 소비와 투자가 증가하므로 민간 부문의 비중이 늘어난다는 점이다. 하지만 이 경우에도 정부의

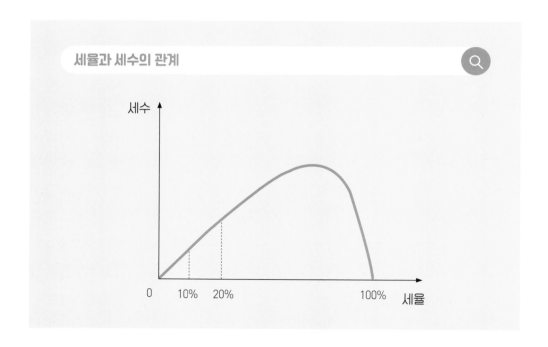

세율과 세수의 관계

세수(조세 수입)가 줄어들 수 있다는 단점이 있다.

그렇다면 세율과 세수 사이에는 어떤 관계가 있을까? 통상 세율과 세수 사이에는 역U자 관계, 즉 '래퍼 곡선Laffer curve'이 있다고 알려져 있다. 예를 들어 소득세율 인상(최고 세율 구간 신설, 누진율 인상)은 직접적으로는 세수를 늘리는 효과가 있지만, 간접적으로는 노동자의 근로 의욕을 저하시켜 경제 전반의 노동 공급을 감소시키는 문제가 있다. 따라서 노동 공급 감소는 경제의 총생산을 줄이고, 이는 세수를 감소시키는 요인으로 작용한다.

세율 인상이 세수에 미치는 이와 같은 부정적 효과는 세율이 상승할수록 증가하고, 세율이 지나치게 높은 경우 오히려 전체 세수를 감소시키기도 한다. 따라서 세율이 너무 높은 국가의 경우 오히려 세율 인하를 통해 세수 증가를 꾀할 수도 있을 것이다. 위의 그림은 이러한 관계 잘 보여준다.

01 아래 기사를 바탕으로 우리나라 거시경제 상황을 옳게 추론한 것으로 가장
거리가 먼 것은?

NEWS

정부가 올해 들어서만 벌써 세 번째 추경예산을 편성했다. 이번 추경예산은 역대
최대 규모로 적자국채를 23조 8,000억 원어치 발행했다. (중략) 정부는 '재정이 적
극적 역할을 해 단기간 내 성장을 견인하고 재정건전성을 회복할 수 있다면 국가채
무가 증가하는 것을 감내할 수 있다'는 입장이다. 아울러 '적자국채를 시장에서 소
화할 수 있겠느냐'는 지적에 대해 '국제적인 저금리 기조가 상당 기간 유지될 것으
로 보여 생각보다 부담이 크지 않을 수도 있다'는 답변을 내놓았다.

---

① 향후 국내총생산 대비 국가채무비율이 높아질 것이다.
② 올해 들어 전년 동기 대비 실질경제 성장률 하락세가 이어졌을 것이다.
③ 대규모 재정지출에 자금조달 부담을 덜 수 있는 국제적 환경이 조성됐다.
④ 정부는 재정건전성 악화를 향후 거시경제의 가장 큰 위협 요소로 판단한다.
⑤ 정부는 재정지출 확대가 가계 소비 활성화로 이어질 것으로 기대한다.

해설 01

위 기사와 같은 정책은 전반적인 경기 부진을 타개하기 위한 것이다. 이를 위해 정부는 적자국채 발행
도 마다하지 않는다. 따라서 향후 국내총생산 대비 국가채무비율은 상승할 것으로 예상할 수 있다. 하
지만 정부는 대규모 재정지출을 통해 성장을 견인할 수 있다면 일시적 재정건전성 악화는 거시경제 안
정성에 중대한 위협이 되지 않을 것으로 보고 있다. 이것은 재정지출 확대가 '가계 소비 증가→자영업
및 기업 실적 개선→고용 증가→가계소득 증가→가계 소비 증가→…'로 이어지는 경제의 선순환을 촉
발할 수 있다는 판단에 근거했을 가능성이 크다. 한편 국제적 초저금리 기조는 적자국채 발행을 통한
재원 마련을 용이하게 하는 환경에 해당한다.

정답 ④

통화금융 정책

#협의의 통화(M1) #광의의 통화(M2) #유동성 #통화 공급 #본원통화 #신용 창조
#중앙은행 #통화 승수 #화폐 수요 #기준금리 #공개시장 운영 #재할인율 #지급준비율

통화금융 정책(또는 통화 정책)은 중앙은행이 통화 공급을 조절해 시중이자율을 조절하는 일련의 정책을 말한다. 중앙은행은 한 나라의 화폐를 주조할 수 있는 권한을 독점하고 있으며, 시중에 통용되는 통화 공급을 조절하고 금융 위기 시 은행과 기업이 도산하는 것을 방지하는 역할을 수행한다. 우선 통화 공급을 조절하는 중앙은행의 정책 수단을 살펴보고 시장이자율과 국민소득 간 관계에 대해 알아보자.

1 화폐와 유동성

화폐(통화)는 국가에서 공식적으로 지정한 지급결제 수단으로, 우리가 재화나 서비스를 구매할 때 지급하는 용도로 사용된다. 지폐와 동전 같은 현금은 화폐의 대표적 사례다. 한편 은행은 많은 금액을 주고받기 용이하도록 당좌 예금을 기반으로 수표를 발행하는데, 언제든지 인출하여 현금처럼 사용할 수 있는 예금도 화폐로 볼 수 있다. 이처럼 원하기만 하면 언제든지 인출해 현금처럼 지급결제 수단으로 사용할 수 있는 예금과 현금을 아울러 '협의의 통화(M1)'라고 한다.

한편 교환에 사용하기 용이한 정도를 '유동성liquidity'이라고 한다. 예를 들어 현금은 적금

유동성에 따른 다양한 통화의 개념 🔍

	협의의 통화(M1)	현금+ 결제성 예금		
유동성 높음 ↕ 유동성 낮음	광의의 통화(M2)	M1	+ 기타 예금 (만기 2년 이내)	
	금융기관 유동성(Lf)	M2		+ 장기 금융상품 (만기 2년 이상)

과 채권에 비해 유동성이 높다고 볼 수 있다. 또한 만기가 다른 여러 채권 가운데 만기가 짧은 채권이 만기가 긴 채권에 비해 유동성이 높다. 따라서 유동성은 '얼마나 현금화하기 용이한지'를 가늠하는 것으로 볼 수 있다.

협의의 통화에 유동성이 다소 낮은 2년 만기 이내의 적금까지 포함시키면 시중통화량으로 가장 널리 활용되는 '광의의 통화(M2)'가 된다. 위의 표는 유동성에 따라 통화의 개념을 구분한 것이다.

---

② **화폐 공급과 신용 창조** ⋮

시중에 공급된 통화량의 경우 현금은 물론 수시로 인출해 현금화할 수 있는 예금까지 포함하므로 시중통화량은 '중앙은행이 실제로 발행한 현금(본원통화)'보다 더 많다. 그 과정을 간략히 살펴보자.

은행은 예금을 받아 그 일부를 기업이나 가계와 같은 자금 수요자에게 대출해준다. 이때 채무자가 자금 중 일부를 다시 은행에 예금하면 그 자금이 다시 대출로 이어지면서 전체 통화량이 중앙은행이 최초 발행한 현금(본원통화)보다 크게 증가한다. 이러한 과정을 '신용 창조credit creation'라고 하며 본원통화 대비 시중통화의 비율을 '통화 승수money multiplier'라고 한다. 이 과정을 간단한 예를 통해 살펴보자.

A은행은 최초 예금으로 10억 원을 예치했으며 지급준비율(예금 인출에 대비해 은행이 예금액 중 현금으로 보유하는 비율)은 20%라고 하자. A은행은 10억 원 가운데 2억 원만 지급준비

신용 창조 과정 🔍

은행	예금액	대출액	지급준비금
A	10억 원	8억 원	2억 원
B	8억 원	6.4억 원	1.6억 원
C	6.4억 원	5.12억 원	0.28억 원
…	…	…	…
은행권 전체	50억 원	40억 원	10억 원

금으로 보유하고 나머지 8억 원을 B은행에 대출할 수 있다. 마찬가지로 B은행도 A은행으로부터 예치한 8억 원에서 20%에 해당하는 1.6억 원만 지급준비금으로 보유하고 나머지 6.4억 원을 C은행에 대출할 수 있다. 이제 C은행은 B은행으로부터 예치한 6.4억 원으로 앞서 A와 B은행이 했던 것처럼 대출을 할 것이다.

이러한 과정이 계속 반복되면 총 예금액은 A은행에 예금된 10억 원과 B은행에 예금된 8억 원, C은행에 예금된 6.4억 원⋯ 이런 식으로 각 은행에 예금된 예금액의 합이 된다. 따라서 총 예금액은 '10억 원+8억 원+6.4억 원+⋯'이다. 이 무한합은 무한등비급수의 합을 구하는 방식으로 쉽게 계산할 수 있다.

이 경우 공비가 0.8, 초항이 10억 원인 등비급수이므로 그 합은 50억 원(=최초예금액/지급준비율=10억 원/0.2)이다. 따라서 실제로 존재하는 현금은 10억 원 밖에 없지만 은행권 전체에 50억 원의 예금이 존재하게 된다. 이처럼 은행의 신용 창조는 경제에 유통되는 통화량을 증가시키는 기능을 한다. 위의 표는 신용 창조 과정을 나타낸 것이다.

그렇다면 은행의 신용 창조 기능은 언제 커질까? 위의 표에서 확인할 수 있듯이 신용 창조 과정의 핵심은 은행들의 대출에 있다. 즉 실제 현금은 10억 원 밖에 없지만 대출을 반복함으로써 전체 예금액이 증가하는 것이다.

따라서 민간이 보유한 현금이 많을수록 은행의 예금액은 감소하고 은행의 신용 창조 기능은 약해진다. 예를 들어 모바일뱅킹과 오픈뱅킹 등 지급결제 기술이 발달하면 사람들이 현금을 덜 보유하려 하기 때문에 은행의 신용 창조 기능이 더 강화될 것이다. 반면 이자율이 낮을수록 사람들의 예금 인출 수요가 많아지고 현금 보유 동기가 강화되므로 이 경우 은행의 신용 창조 기능은 약화될 것이다. 이처럼 은행의 신용 창조는 사람들의 현금 보유 성향(문화적 특성, 지급결제기술)과 시중이자율에 영향을 받는다.

3 화폐 수요

사람들은 재화나 서비스를 구매하기 위해 자산의 일부를 화폐로 보유한다. 통상 국민소득이 증가하면 재화와 서비스에 대한 수요가 증가하고 이에 따라 거래적 목적의 화폐수요가 증가한다. 하지만 자산을 화폐로 보유함으로써 채권과 예금에 투자할 때 얻을 수 있는 이자 수입을 포기하게 된다. 여기서 이자는 화폐 보유의 기회비용으로 볼 수 있으며, 이자율이 높을수록 이러한 기회비용은 증가한다.

따라서 이자율이 높을수록 화폐 보유 동기는 감소하고 이자율이 낮을수록 화폐 보유동기가 증가한다. 화폐 수요는 국민소득의 증가함수, 이자율의 감소함수로 볼 수 있으며 이러한 관계를 그림으로 나타내면 아래 그림과 같이 우하향하는 형태가 된다.

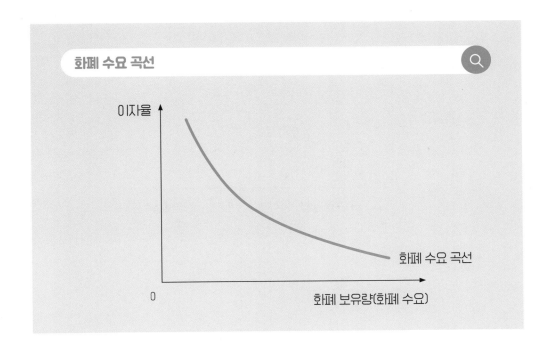

화폐 수요 곡선

이자율

화폐 수요 곡선

0   화폐 보유량(화폐 수요)

화폐시장은 화폐 공급곡선과 화폐 수요곡선이 교차하는 점에서 균형을 이룬다. 화폐 공급은 시중이자율과 무관하게 중앙은행의 정책에 따라 이뤄지므로 수직 형태가 된다는 것을 짐작할 수 있다. 따라서 화폐시장의 균형은 우하향하는 화폐 수요 곡선과 수직의 화폐 공급곡선이 일치하는 점에서 달성된다. 아래 그림은 화폐시장의 균형을 보여준다.

아래 그림에서 E는 화폐시장의 균형을 나타낸다. 만약 경제가 성장해 국민소득이 증가하면 거래적 동기의 화폐 수요가 증가(화폐 수요 곡선 우측 또는 상향 이동)하므로 균형 이자율이 상승하게 될 것이다. 또한 중앙은행이 통화 공급을 증가시키면 시중통화량이 증가(화폐 공급 곡선 우측 이동)하므로 균형 이자율은 하락하게 될 것이다.

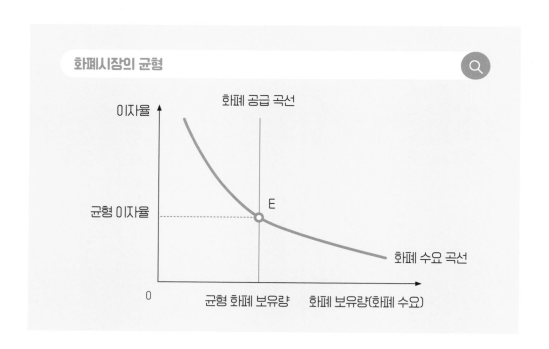

　　중앙은행은 화폐(통화) 공급을 조절함으로써 시중이자율을 의도하는 수준으로 유지할 수 있다. 이러한 정책은 기업들의 자금조달 비용을 변화시켜 기업의 투자 지출에 영향을 미치며, 이는 총수요를 변동시키는 요인이 된다.

　　만약 중앙은행이 통화 공급을 증가시켜 기준금리(또는 정책금리)를 낮추면, 단기금융시장(은행들 간 거래에서 적용되는 이자율)에서 이자율이 하락한다. 이는 통상 기업들이 자금을 조달하는 장기금융시장(장기채권 시장)의 이자율 하락으로 이어지게 된다. 따라서 중앙은행이 기준금리를 인하하면 기업투자와 가계의 대출이 증가하고, 곧 총수요 증가로 이어져 총생산과 국민소득 증가, 그리고 물가 상승으로 이어지게 된다.

　　즉 총수요 부진으로 인해 경제가 침체 상태에 있으면 중앙은행은 기준금리 인하(통화 공급 증가)를 통해 총수요를 늘리고 경기를 부양할 수 있다. 또한 총수요가 지나치게 증가해 경기가 과열되는 경우 기준금리 인상을 통해 의도적으로 총수요를 위축시켜 물가를 안정시키고 경기를 진정시킬 수 있다.

　　한국의 중앙은행인 한국은행은 매월 둘째, 넷째 주 목요일마다 금융통화위원회 정기회의를 통해 목표 금리수준을 결정한다. 미국의 중앙은행인 연방준비제도(줄여서 연준)는 연간 8회의 정기회의를 갖고 기준금리를 결정한다. 아래 표는 한국은행과 연준을 비교한 것이다.

　　그렇다면 통화 공급을 조절하는 수단에는 어떤 것들이 있을까? 중앙은행이 통화량을 조절하는 대표적인 수단으로는 '공개시장 운영', '재할인율', '지급준비율' 정책이 있다.

한국은행과 연방준비제도 🔍

국가	중앙은행 및 정기회의	목표금리	비고
미국	연방준비제도Fed FOMC	연방기금금리 Federal fund rate	연방기금시장의 균형이자율인 연방기금금리가 목표 범위 내에서 유지되도록 통화량 조절
한국	한국은행	한국은행 기준금리	콜시장call market(은행 간 통용되는 1일 만기 대출시장)의 균형 이자율인 콜금리가 기준금리와 같아지도록 통화량 조절

공개시장 운영 🔍 채권시장에서 중앙은행이 채권(국공채)을 매입하거나 매각함으로써 통화량을 조절하는 것이다. 중앙은행이 채권을 매입하고 매입 대금을 현금으로 지급하면 통화 공급이 증가(기준금리 인하)하고, 이와 반대로 채권을 매각하고 매각 대금을 현금으로 수취하면 통화 공급이 감소(기준금리 인상)한다.

재할인율 🔍 시중은행이 중앙은행으로부터 자금을 빌릴 때(재할인대출) 적용되는 이자율이다. 재할인율을 인하(인상)할 경우 시중은행은 재할인대출 규모를 늘리고(줄이고), 이에 따라 시중통화량이 증가(감소)한다.

지급준비율 🔍 예금자의 예금 인출 요구에 대비해 은행이 보유하는 현금을 말한다. 지급준비금을 늘리면 돌발적인 예금 인출 요구에 응하기 쉬워진다. 금융 위기 같은 경제 충격에 대한 안정성이 증가하는 반면 대출을 통해 얻을 수 있는 수익이 줄어들기 때문에 은행의 수익성에는 부정적인 영향을 미친다. 따라서 중앙은행은 금융기관의 안정성과 건전성을 유지하고자 시중은행이 예치된 자금 중 일부를 의무적으로 지급준비금으로 보유하도록 강제하고 있다. 이를 '법정지급준비금'이라고 하며 전체 예금에서 법정지급준비금이 차지하는 비율을 '법정지급준비율'이라고 한다.

중앙은행이 법정지급준비율을 인하(인상)하면 그만큼 시중은행이 자유롭게 운영할 수 있는 자금이 많아지고(적어지고) 대출이 증가(감소)한다. 따라서 이 경우 시중통화량이 증가(감소)한다. 아래 표는 중앙은행 통화금융 정책의 주요 수단을 요약한 것이다.

확장적 통화금융 정책은 총수요를 견인해 총생산과 국민소득을 증가시켜 경기를 부양하는 효과가 있으나 물가 상승을 가져온다. 과도한 물가 상승은 화폐 가치 하락(노동자 임금소득의 구매력 하락)과 금융안정성 저하로 이어지며 부동산과 금 등 자산시장의 가격을 상

중앙은행의 통화금융 정책 수단

정책 수단	통화량 증가 (기준금리 인하 → 시중금리 하락)	통화량 감소 (기준금리 인상 → 시중금리 상승)
공개시장 운영	채권시장에서 국공채 매입	채권시장에서 국공채 매각
재할인율	재할인율 인하	재할인율 인상
지급준비율	법정지급준비율 인하	법정지급준비율 인상

정부와 중앙은행의 경제안정화 정책 🔍

경제 안정화 정책의 성격	재정 정책 (정부)	통화금융 정책 (중앙은행)	효과	국민경제 균형의 이동
확장적	정부구매 증가, 세금 감면, 세율 인하	통화 공급 증가(국공채 등 채권매입 규모 증가, 지급준비율 인하, 재할인율 인하)	총수요 증가 총생산(국민소득) 증가, 실업 감소, 물가 상승	
긴축적	정부구매 감소, 세금 감면 축소, 세율 인상	통화 공급 감소(국공채 등 채권매각 규모 증가, 지급준비율 인상, 재할인율 인상)	총수요감소, 총생산(국민소득), 감소, 실업 증가, 물가 하락	

승시키는 요인이 된다. 이러한 것들은 모두 국민경제의 안정적 성장을 저해하므로 일시적 경기 부양을 위한 과도한 통화량 증가는 삼가야 한다. 특히 재정 지출(정부구매와 이전지출)에 필요한 재원 조달을 위해 통화량을 늘리는 것은 하이퍼인플레이션을 발생시키는 주요 요인이라는 점에서 삼가야 한다.

위의 표는 지금까지의 내용을 간략히 요약한 것이다. 이 내용은 재정 정책과 통화금융 정책을 주관하는 두 기관이 경기 변동을 조절하기 위해 경제에 어떻게 개입하고, 그 결과는 무엇인지 일목요연하게 보여준다는 점에서 반드시 숙지할 필요가 있다.

01 다음 중 화폐시장에서 통화 공급을 감소시키는 요인을 모두 고르시오.

> ㉠ 중앙은행의 국공채 매각
> ㉡ 총생산과 국민소득의 증가
> ㉢ 개인의 현금 보유 성향 증가
> ㉣ 은행의 초과지급준비금 보유 증가

① ㉠, ㉡   ② ㉠, ㉢   ③ ㉡, ㉢   ④ ㉡, ㉣   ⑤ ㉢, ㉣

02 아래 기사에 대한 옳은 분석으로 가장 거리가 먼 것은?

> NEWS
>
> ## 중앙은행, 직접 통화 공급에 나서…
>
> 중앙은행은 지난 7월에 이어 이번 8월에도 ㉠ 기준금리를 인하했으나, 경제 상황이 호전되는 기미를 보이지 않자 향후 ㉡ 직접 시중에 본원통화를 공급하겠다고 발표했다.

① ㉡은 물가 상승 압력으로 작용한다.

② ㉠은 기업의 투자 심리를 높이는 요인이다.

③ 중앙은행은 현재 인플레이션을 우려하고 있다.

④ 장기국채를 대규모로 매입하는 것은 ㉡에 해당한다.

⑤ ㉠은 채권시장의 금리를 낮추고 민간의 대출 수요를 늘린다.

03 최근 A국에서는 유가 및 원자재 가격 급등으로 스태그플레이션의 징후가 나타나고 있다. 아래는 경제 관료 대책회의에서 A국 통화 · 금융 정책 최고책임자(왼쪽, 중앙은행총재)와 경제부처 최고책임자(오른쪽, 경제부총리)가 주고받은 대화의 일부다. 다음 중 A국 중앙은행과 정부가 향후 취할 것으로 보이는 경제정책을 바르게 짝지은 것은?

서민 생활 안정을 위해 물가안정을 기여하는 것이 최우선 과제입니다.

물론 물가안정도 중요하지만 고용안정을 위해 경기를 회복시키는 것이 반드시 필요합니다.

	A국 중앙은행	A국 정부
①	기준금리 인상	법인세 인하
②	기준금리 인상	재정지출 축소
③	기준금리 인하	재정지출 확대
④	금융 자산 매입	재정지출 확대
⑤	금융 자산 매각	법인세 인상

04 아래는 최근 우리나라 경제 상황을 두고 이뤄진 한 지상파 방송의 전문가 토론 내용을 발췌한 것이다. 다음 중 아래의 빈칸 (㉠), (㉡)에 들어갈 내용으로 옳지 않은 것은?

- 사회자: 최근 가계의 소비 심리뿐만 아니라 기업의 투자 심리마저 얼어붙어 경기가 악화일로에 있습니다. 두 전문가께서는 이를 극복하기 위한 방안을 간략히 제시해주십시오.
- 패널 A: 국가 부채가 급격히 늘어나고 있으므로 재정 정책보다는 통화 정책을 적극 활용해야 합니다. 따라서 (㉠)
- 패널 B: 가계는 소비를 꺼리고, 기업은 투자를 꺼리고 있으니 정부가 직접 발 벗고 나서는 게 필요합니다. 이런 맥락에서 통화 정책보다는 재정 정책이 더 적절합니다. 따라서 (㉡)

① ㉠: 기준금리를 인하할 필요가 있습니다.

② ㉠: 재할인율을 인하할 필요가 있습니다.

③ ㉠: 중앙은행의 국공채 매각이 필요합니다.

④ ㉡: 추경 편성을 통한 재난지원금지급이 필요합니다.

⑤ ㉡: 실업수당 대상자를 확대해야 합니다.

해설 01

중앙은행이 채권을 매각하고 판매대금을 받아 보관하면 시중에 유통되는 통화량은 감소하게 된다. 총생산과 국민소득의 증가는 화폐 수요를 증가시키는 요인이다. 개인의 현금 보유 성향 증가는 예금 규모를 감소시키고, 신용 창조 과정을 위축시켜(통화 승수 감소) 통화 공급량을 감소시킨다. 은행이 예금으로 조달한 자금을 더 적게 대출하고 초과지급준비금으로 보유할 경우에도 마찬가지로 통화 승수가 감소한다.

정답 ⑤

해설 02

이 문제는 중앙은행의 경제에 대한 진단과 그에 따른 적절한 통화 정책을 이해하고 있는지 묻고 있다. ㉠은 기준금리 인하를 통해 시중금리를 낮춰 기업의 투자 심리 고취 및 대출을 장려하는 정책이다. ㉡은 장기국채 등 만기가 긴 채권 등 금융 자산의 매입을 통해 본원통화를 늘리는 정책이다. ㉠과 ㉡은 모두 기업의 투자와 가계의 소비를 장려하여 총수요를 늘리기 위한 것으로 물가 상승 압력으로 작용한다. 따라서 현재 중앙은행이 경기 불황에 대해 우려하고 있음을 알 수 있다.

정답 ③

해설 03

물가 안정을 위해서 A국 중앙은행은 기준금리 인상, 금융 자산 매각 등을 통해 시중의 통화량을 줄여 총수요를 줄이고자 할 것이다. 한편 A국 정부는 경기 부양을 위해 법인세·소득세 인하 및 재정지출 확대 등을 통해 총수요를 늘리고자 할 것이다.

정답 ①

해설 04

문맥상 지문의 ㉠은 확장적 통화 정책이 적절하다. 확장적 통화 정책에는 기준금리 인하, 법정지급준비율 인하, 그리고 재할인율 인하 등이 있다. 중앙은행이 국공채 등 금융 자산을 매입하면 통화량이 증가하고 시중이자율(채권이자율, 예금이자율)이 하락한다. 또한 법정지급준비율 인하 및 재할인율 인하도 통화량 증가로 이어지므로 확장적 통화 정책에 해당한다.

지문의 ㉡은 확장적 재정 정책이 적절하다. 재난지원금과 같은 보조금 지급과 실업수당 지급 확대 등이 이에 해당한다. 중앙은행이 국공채를 매각하면 시중의 현금 통화가 흡수되므로 통화량이 감소하고 시중이자율이 상승한다.

정답 ③

○○

어떤 나라도 다른 나라와의 교역 없이 물질적 풍요를 누릴 수 없다.

현재 세계 각국은 국제 분업체계 속에서 각자 일정한 역할을 수행하고 있으며

이에 따라 과거 그 어느 때보다 더 긴밀하게 연결돼 있다.

한 나라의 경제정책이 타국 국민경제 전반에 심대한 영향을 미치는 일도 다반사다.

우리나라처럼 대외의존도(국내총생산 대비 수출액과 수입액의 합계금액)가 큰 경우

해외에서 일어나는 일련의 사건들에 더 예의주시해야 하는 이유이기도 하다.

여기서는 국제경제를 이해하기 위한 두 가지 핵심 주제를 제시한다.

하나는 국가 간 무역이 이뤄지는 원리이며,

또 다른 하나는 국가 간 통화 간 교환비율인 환율에 대한 이해다.

이를 바탕으로 무역과 환율이 한 나라 국민경제와 개인의 경제생활에 미치는 영향을 살펴본다.

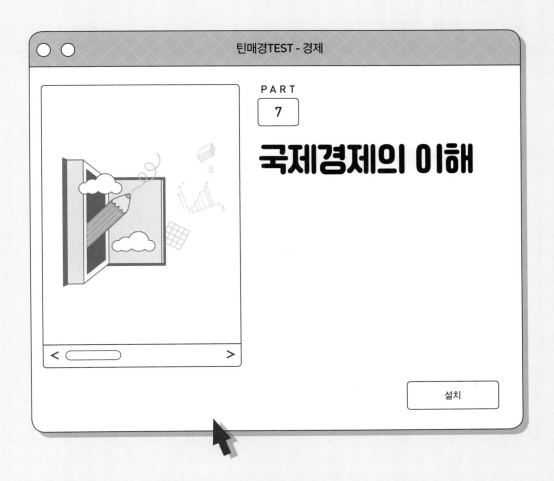

PART

7

국제경제의 이해

설치

CHAPTER 1

국제 무역

#교역 #절대우위 #비교우위 #기회비용

특별한 기술 발전이 없어도 무역에 임하는 나라들은 이전에 비해 한층 더 높은 물질적 풍요를 누릴 수 있다. 이런 마법 같은 일은 어떻게 가능할까? 경제학자 데이비드 리카도 David Ricardo 는 그 비밀을 비교우위에서 찾았다.

1 절대우위와 비교우위

국가 간 무역이 발생하는 이유는 무엇일까? 국제무역이 발생하는 이유는 다양하다. '비교우위' 개념을 통해 국가 간 교역이 주는 이득을 아래 표의 구체적인 예와 함께 살펴보도록 하자. K국과 J국은 노동력을 이용해 쌀과 옷을 생산할 수 있다.

쌀과 옷의 한 단위 생산에 필요한 최소 노동시간

구분	재화	
국가	쌀	옷
K국	1시간	2시간
J국	2시간	3시간

이 상황에서 K국과 J국은 서로 무역을 하는 것이 좋을까? 만약 무역을 한다면 어떤 식으로 하는 것이 좋을까? 그리고 과연 무역이 양국 모두에 이득이 될까? 이에 답하기 위해 '절대우위'와 '비교우위'에 대해 짚고 넘어가야 한다.

절대우위란 다른 국가에 비해 더 낮은 비용으로 생산할 수 있는 것을 말한다. 위의 경우 K국은 J국에 비해 더 적은 노동시간으로 쌀과 옷을 생산할 수 있다. 이를 'K국은 쌀과 옷 생산에서 모두 J국에 비해 절대우위를 가진다'고 표현한다. 그렇다면 K국은 J국과 무역에 임하지 않는 것이 이로울까?

이에 대한 대답은 '비교우위론에 의하면 그렇지 않다'이다. 비교우위론에 따르면 '각국이 비교우위를 가진 재화를 특화해서 생산하고, 이를 서로 교환하면 모두 이득을 얻는다'고 알려져 있다. 이제 비교우위에 입각한 무역을 살펴보자.

2 비교우위에 따른 무역의 이익

K국의 경우 쌀(옷)을 한 단위 생산할 때 옷(쌀)의 1/2단위(2단위) 생산을 포기해야 한다. 따라서 옷(쌀) 1/2단위(2단위)는 쌀(옷) 한 단위 생산에 드는 K국의 '기회비용'이다. 한편 J국의 경우 쌀(옷)을 한 단위 생산할 때 옷(쌀)의 2/3단위(3/2단위) 생산을 포기해야 한다. 따라서 옷(쌀) 2/3단위(3/2단위)는 쌀(옷) 한 단위 생산에 드는 J국의 기회비용이다. 아래 표는 이를 정리한 것이다.

K국의 경우 쌀 생산의 기회비용(옷 1/2단위)이 J국(옷 2/3단위)에 비해 더 작다. J국의 경우 옷 생산의 기회비용(쌀 3/2단위)이 K국(쌀 2단위)에 비해 더 작다. 따라서 K국은 쌀 생산에,

쌀과 옷의 한 단위 생산 시 드는 기회비용

구분	재화	
국가	쌀	옷
K국	옷 1/2단위	쌀 2단위
J국	옷 2/3단위	쌀 3/2단위

그리고 J국은 옷 생산에 각각 비교우위가 있다. 즉 K국은 쌀과 옷 생산 시 J국에 비해 모두 절대우위가 있지만, 비교우위의 관점에서는 쌀 생산에만 비교우위가 있다.

따라서 비교우위론에 따라 K국은 쌀만 생산하고, J국은 옷만 생산한 뒤 교역을 통해 원하는 만큼을 교환하는 것이 서로에게 이롭다. K국(J국)은 쌀과 옷 생산 모두에 절대우위(절대열위)가 있지만 교역에 임할 유인이 있고, 무역을 통해 이득을 얻을 수 있다. 여기서 주목할 점은 교역에 임하는 어떤 국가든 적어도 한 가지 재화의 생산에는 비교우위가 있다는 사실이다.

01 아래는 두 국가 K국과 J국이 반도체와 커피 원두를 한 단위 생산할 때 필요한 최소 노동시간이다. 다음 중 이에 대한 옳은 설명이 아닌 것은?

품목	K국	J국
반도체	1시간	1.5시간
커피 원두	0.5시간	1시간

① K국은 반도체와 커피 원두 생산에 절대우위가 있다.

② K국은 반도체 한 단위를 더 생산하기 위해 커피 원두 2단위를 포기해야 한다.

③ J국은 커피 원두 한 단위를 더 생산하기 위해 반도체 2/3단위를 포기해야 한다.

④ K국은 커피 원두를, J국은 반도체를 특화해서 생산한 후 이를 교환하면 교역의 이익을 얻을 수 있다.

⑤ K국은 J국에 비해 두 품목을 더 적은 노동을 투입해 생산할 수 있으므로 양국 간 교역으로부터 이익을 얻을 수 없다.

다음 중 비교우위와 무역에 대한 옳은 설명으로 가장 거리가 먼 것은?

① 양국 간 무역에서 한 국가는 적어도 한 제품의 생산에서는 비교우위를 가진다.
② 양국이 각각 비교우위를 가진 제품의 생산에 특화한다면 생산할 수 있는 산출량은 증가한다.
③ 어떤 제품을 생산할 때 다른 제품에 비해 기회비용이 작다면 그 제품의 생산에 비교우위가 있다.
④ 양국 간 무역에서 한 국가가 모든 제품 생산에 대해 절대우위를 가진다면 자발적으로 교역에 임하지 않을 것이다.
⑤ 비교우위에 입각한 교역의 이익은 해당 제품을 본국에서 생산할 때의 기회비용보다 낮은 가격으로 소비할 수 있다는 것을 뜻한다.

해설 01

K국은 반도체와 커피 원두를 J국보다 더 적은 노동을 투입해 생산할 수 있으므로 두 품목 모두에 절대우위를 가진다. 표를 보면 K국은 커피 원두 생산의 기회비용이, J국은 반도체 생산의 기회비용이 더 작음을 알 수 있다. K국은 커피 원두 생산, J국은 반도체 생산에 비교우위가 있다. 따라서 두 국가가 각자 비교우위를 가진 품목을 특화해 생산한 뒤 이를 교환함으로써 교역의 이익을 누릴 수 있다.

품목	K국	J국
반도체	커피 원두 2단위	커피 원두 1.5단위
커피 원두	반도체 0.5단위	반도체 2/3단위

정답 ⑤

해설 02

양국 간 무역에서 한 국가가 두 재화 생산에 대해 모두 절대우위를 가지더라도 한 국가는 적어도 한 재화의 생산에서는 비교우위를 가지며, 적절한 교역 조건이 형성되기만 하면 자발적으로 교역에 임하려고 할 것이다. ③은 비교우위의 정의이며, ⑤는 각자 비교우위를 가진 재화의 생산에 특화할 때 발생하는 이익으로, 양국이 모두 이익을 얻는다는 뜻이므로 옳은 설명이다.

정답 ④

외환시장과 환율

#고정환율제도 #변동환율제도 #외환시장 #환율

국가 간 무역 거래와 금융 거래에는 서로 다른 화폐 교환이 동반된다. 환율은 화폐들 간의 교환비율로서 간단히 외환(외국 화폐)의 가격으로 볼 수 있다. 환율은 외환이 거래되는 외환시장에서 외환 공급과 수요의 상호작용에 의해 결정되며, 외환의 수급 조건에 영향을 미치는 요인에 영향을 받는다.

1 환율 표기법과 의미

환율 🔍 외환시장에서 거래되는 두 국가 통화 간의 교환 비율, 즉 외환의 가격이다. 통상 환율은 기축통화(국제 금융 거래 시 결제의 기본단위가 되는 통화)인 미국 달러 한 단위당 자국 화폐의 금액으로 표시한다. 예를 들어 1,100.00으로 표기된 원/달러 환율(달러당 원화의 환율, 원·달러 환율)은 외환시장에서 1달러가 1,100원과 교환됨을 말한다.

따라서 원/달러 환율 상승은 달러화($)의 가치가 원화(₩) 대비 상승했음을 의미한다. 이때 원화의 가치는 달러화 대비 하락했음을 의미한다. 한편 원/달러 환율 하락은 달러화의 가치가 원화 대비 하락했음을 의미하고, 원화의 가치는 달러화 대비 상승했음을 의미한다.

2 환율의 결정

환율을 운영하는 방식에는 특정 외국 통화에 자국 통화의 가치를 고정시키는 '고정환율제도fixed exchange rate system'와 외환의 수급 조건에 따라 외환시장에서 자유롭게 결정되도록 하는 '변동환율제도floating exchange rate system' 방식이 있다.

고정환율제도 🔍 정부가 환율을 일정 범위 내로 통제함으로써 환율 변동성을 줄이고 통화가치의 안정을 꾀할 수 있다는 장점이 있으나 통화 가치를 왜곡시킬 수 있다는 단점이 있다.

변동환율제도 🔍 외환의 수급조건에 따라 환율이 결정되도록 내버려둠으로써 환율이 적정 통화 가치를 반영한다는 장점이 있으나 과도한 환율 변동성으로 인한 불확실성을 초래한다는 단점이 있다.

현실에서 대부분의 시장경제체제 국가는 명목상 변동환율제도를 채택하지만, 실제로는 환율이 완전히 외환의 수급에 의해서만 결정되도록 방임하지 않고 변동성이 과도하지 않도록 정부가 적절히 개입하는 '관리변동환율제도managed floating exchange rate system'를 채택하고 있다. 하지만 기본적으로 관리변동환율제도도 변동환율제도의 일종이므로 간단히 변동환율제도라고 말한다.

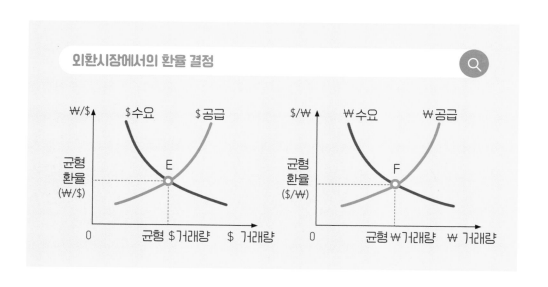

외환시장에서의 환율 결정 🔍

그렇다면 외환시장에서 환율은 어떻게 결정될까? 위 그림은 외환시장에서 원/달러 환율이 결정되는 원리를 보여준다. 외환시장에서 환율은 외환의 수요와 공급이 일치하는 점에서 결정된다. 위 그림에서 왼쪽 패널은 달러화($) 수요와 공급을 보여주고, 오른쪽 패널은 원화(₩) 수요와 공급을 보여준다.

달러화를 사기 위해 원화를 외환시장에 팔게 되므로 달러화 수요는 원화 공급과 같고, 원화를 사기 위해 달러화를 외환시장에 팔게 되므로 달러화 공급은 원화 수요와 같다. 따라서 위 그림의 왼쪽 패널과 오른쪽 패널은 외환의 수급 조건에 따라 동시에 움직인다. 하지만 대부분의 경우 편의상 오른쪽 패널은 마치 없는 것인 양 취급하고 왼쪽 패널만 분석한다.

외환시장에서 환율은 외환의 수요와 공급이 일치하는 점E에서 달성되며, 이때의 환율을 '균형 환율', 외환 거래량을 '균형 외환거래량'이라고 한다. 만약 외환의 수요와 공급이 변화한다면 이에 따라 환율이 변하게 될 것이다. 예를 들어 달러화 수요가 증가하면, 원/달러 균형 환율은 상승하고 균형 달러화 거래량은 증가한다. 또한 달러화 수요 증가는 곧 원화 공급량 증가를 의미하므로 달러/원 균형 환율은 하락한다. 만약 달러화 수요가 감소하면 원/달러 균형 환율이 하락할 것이다.

한편 달러화 공급이 증가하면 원/달러 균형 환율이 하락하고 균형 달러화 거래량이 증가한다. 또한 달러화 공급 증가는 원화 수요 증가를 의미하므로 달러/원 균형 환율은 상승한다. 만약 달러화 공급이 감소하면 원/달러 균형 환율이 상승할 것이다. 아래 표는 지금까지의 내용을 간략히 요약한 것이다.

달러화와 원화 수급 조건에 따른 원/달러 환율 변화

달러화		원/달러 환율	원화
수요	↑	↑	↑ 공급
	⇓	⇓	⇓
공급	↑	⇓	↑ 수요
	⇓	↑	⇓

앞서 언급한 바와 같이 변동환율제도 하에서 환율은 외환의 수급 조건에 영향을 미치는 요인에 따라 변동된다. 만약 달러화 수요(원화 공급)가 증가하면 원/달러 환율은 상승(달러화 가치 상승, 원화 가치 하락)하고, 달러화 공급(원화 수요)이 증가하면 원/달러 환율은 하락(달러화 가치 하락, 원화 가치 상승)한다.

그렇다면 달러화의 수요와 공급에 영향을 미치는 요인에는 어떤 것들이 있을까? 통상 재화나 서비스를 수출하거나 외국인이 국내 자산을 취득하면 달러화 공급(원화 수요)이 증가하고, 원/달러 환율은 하락한다. 무역뿐만 아니라 인플레이션과 한미 간 이자율 차이와 같은 경제적 요인에서부터 문화(한류 붐, 관광과 문화상품 등), 정치적 요인(미국 선거, 지역 분쟁, 주요 교역국과의 갈등, 대북 리스크 등) 같은 비경제적 요인까지 모두 환율에 영향을 미친다. 중요한 것은 어떠한 요인이든지 외환시장에서 외환의 수급 조건에 영향을 미쳐 그 결과로 환율이 변한다는 사실이다.

아래 표는 외환의 수급 조건에 변화를 가져오는 여러 요인들을 '경상거래(국가 간 이루어지는 상품·서비스거래나 증여·배상 등의 이전거래)'와 '자본거래(유가증권의 매매, 자본의 대차, 기타 채권채무에 관계가 있는 거래)'의 두 종류로 구분해 정리한 것이다.

외환의 수급 조건 변화에 따른 원/달러 환율 변화

경로	원/달러 환율 변화 과정
경상거래	• 인플레이션 → 수출 물가 상승 → 수출 감소·수입 증가 → 달러화 공급 감소·달러화 수요 증가 → 원·달러 환율 상승(원화 가치 하락) • 외국 대비 자국 국민소득 증가 → 수입품에 대한 수요 증가 → 달러화 수요 증가 → 원·달러 환율 상승(원화 가치 하락) • K팝 등 한류 열풍 → 수출 및 관광 수입 증가 → 달러화 공급 증가 → 원·달러 환율 하락(원화 가치 상승)
자본거래	• 외국 대비 국내 금리 상승 → 외국인의 국내 채권 취득 → 달러화 공급 증가 → 원·달러 환율 하락(원화 가치 상승) • 향후 원화 약세 예상 → 환차손 우려한 외국인의 국내 금융 자산 매도 → 달러화 수요 증가 → 원·달러 환율 상승(원화 가치 하락) • 국내 주가의 가파른 상승 → 외국인의 국내 주식 취득 → 달러화 공급 증가 → 원·달러 환율 하락(원화 가치 상승)

01 아래는 물가와 이자율이 원/달러 환율에 영향을 미치는 과정을 도식화한 것이다. 다음 중 빈칸 (A), (B), (C)에 들어갈 내용을 옳게 짝지은 것은?

① (A)＝상승, (B)＝감소, (C)＝유입

② (A)＝상승, (B)＝증가, (C)＝유출

③ (A)＝상승, (B)＝감소, (C)＝유출

④ (A)＝하락, (B)＝증가, (C)＝유출

⑤ (A)＝하락, (B)＝감소, (C)＝유입

해설 01

외국 대비 국내 물가가 상승하면 수입 물가 대비 수출 물가가 '상승'한다. 이 경우 순수출이 감소하고 달러화 공급 또한 감소한다. 이에 따라 원/달러 환율이 상승한다. 한편 외국 채권 대비 국내 채권 이자율이 하락하면 차익거래가 발생해 자본의 '유출'이 발생하고, 이에 따라 달러화 공급이 감소한다. 이 같은 달러화 공급 감소는 원/달러 환율을 상승시킨다.

정답 ③

CHAPTER 3

환율과 국민경제

#순수출 #국민총소득

환율 변화는 화폐 간 교환 비율을 변화시켜 자국 화폐의 가치에 영향을 미친다. 이는 국민경제 전반에 큰 영향을 준다. 예를 들어 원화의 가치가 상승하거나 하락하면 수출과 수입에 영향을 미쳐 국민경제에도 큰 영향을 준다. 특히 우리나라처럼 대외 의존도가 큰 경제의 경우 환율 변화는 경제 성장과 경기 변동과 밀접한 관계를 가진다.

1 환율과 국제무역

국가 간 교역에서 상품·서비스의 가격은 수출과 수입을 결정하는 중요한 요소다. 수출품 가격이 수입품보다 상대적으로 저렴하다면 수출량이 증가하고 수입량은 감소하며, 수입품이 상대적으로 저렴하다면 수입량이 증가하고 수출량은 감소할 것이다. 수출에서 수입을 차감한 순수출은 한 나라 경제의 총수요를 구성하는 요소로, 경기 변동의 원인이 되기도 한다. 원/달러 환율 상승(원화의 가치 하락)은 달러화 표시 수출품의 가격을 하락시키므로 수출량을 증가시킨다. 반면, 원화 표시 수입품의 가격을 상승시키므로 수입량은 감소한다. 따라서 원/달러 환율 상승은 순수출 증가와 무역수지 개선으로 이어진다. 반면 원/달러 환율 하락(원화의 가치 상승)은 순수출 감소와 무역수지 악화로 이어진다.

외환시장에서 원/달러 환율이 상승(원화의 가치 하락)하면, 수입품 가격이 상승해 수입물가 상승 및 수입량 감소로 이어진다. 이때 수출품의 가격은 하락하므로 수출량이 증가해 순수출은 늘어난다. 따라서 단기적으로 총수요가 증가해 국민소득이 증가한다. 수출 의존도가 높은 국가의 경우 이러한 환율 변동 효과는 경기상승의 동력으로 작용한다. 하지만 수입 물가 상승과 총수요 증가는 국내 인플레이션을 자극하는 요인으로 작용하기도 한다(석유와 수입 원자재 가격이 상승하고 수입 소비재의 가격이 상승하므로).

또한 원/달러 환율 상승은 수입품에 대한 수출품의 상대 가격을 낮춰 우리나라의 교역 조건(수입품 가격 대비 수출품 가격)을 악화시킨다. 이는 우리나라 국민이 실제로 누릴 수 있는 경제 복지 수준인 국민총소득GNI을 낮춘다. 여기서 교역 조건이란 '수출품과 수입품 간 교환 비율'이다. '자국 상품을 해외로 수출해 얼마의 해외 상품을 수입해올 수 있는지'를 나타내는 지표이며, 이 값이 클수록 교역 조건이 개선된다는 것을 뜻한다.

01 최근 K국에 아래와 같은 현상이 동시에 발생했다. 이로 인해 향후 나타날
수 있는 경제 현상에 대한 옳은 추론으로 가장 거리가 먼 것은? (단, 다른
조건은 일정하다.)

> • K국 통화 가치가 하락했다.
> • K국의 주요 수출품인 반도체의 국제 가격이 하락했다.
> • K국의 주요 수입품인 원유의 국제 가격이 상승했다.

① K국 교역 조건이 악화된다.

② K국 수출업체의 가격 경쟁력이 높아진다.

③ K국 국민의 경제 복지가 국내총생산에 비해 줄어든다.

④ 수입 물가 상승으로 K국 국내에 인플레이션 압력이 발생한다.

⑤ K국 통화의 구매력 감소가 총수요 부진으로 이어져 경기 불황을 유발
한다.

02 다음 중 우리나라 외환시장에서 달러당 원화의 환율을 상승시키는 요인에
해당하는 것을 〈보기〉에서 모두 고르시오. (단, 다른 조건은 일정하다.)

> 〈보기〉
> ㉠ 국내 물가 상승 가속화
> ㉡ 미국 국채 장·단기 금리 상승
> ㉢ 우리나라의 지정학적 리스크 경감
> ㉣ 미국 자동차 시장에서 한국 자동차에 대한 선호 증가

① ㉠, ㉡   ② ㉠, ㉣   ③ ㉡, ㉢   ④ ㉡, ㉣   ⑤ ㉢, ㉣

03 아래의 (가)~(다)에 대한 옳은 설명으로 가장 거리가 먼 것은?

> (가) 중국 기업들이 제주도를 비롯한 우리나라 주요 관광지에 리조트를 짓기 위해 대규모 자본 투자를 하고 있다.
>
> (나) K팝 그룹 관련 상품을 구입하기 위해 많은 일본인 관광객이 우리나라를 찾고 있다.
>
> (다) 코로나19로 인해 세계 경제에 대한 불확실성이 증대됨에 따라 달러화에 대한 사람들의 선호가 급격히 커졌다.

① (가)는 위안화에 대한 원화가치를 상승시키는 요인이다.

② (나)는 100엔 당 원화의 환율을 하락시키는 요인이다.

③ (다)는 달러당 원화의 환율을 상승시키는 요인이다.

④ (다)로 인한 환율 변화는 장기적으로 대미 경상수지 적자 요인이다.

⑤ (나)로 인한 환율 변화는 일본에서 주요 부품을 수입하는 업체의 채산성을 향상시키는 요인이다.

현재 K국에서는 통화 가치 하락, 수출 물가 하락, 수입 물가 상승이 나타나고 있다. 이 경우 K국의 교역 조건은 악화되고, 국민총소득은 국내총생산보다 작아지게 된다. 하지만 수출품의 가격 경쟁력이 높아지므로 순수출이 증가한다. 이것은 수입 물가 상승과 더불어 K국의 인플레이션 압력으로 작용한다. 또한 총수요가 증가하므로 실질 GDP는 증가한다.

정답 ⑤

외환시장에서 달러당 원화의 환율은 달러화 수급 조건에 영향을 미치는 요인에 따라 결정된다. 국내 물가 상승이 가속화되면 수출품의 가격 경쟁력이 약화되어 경상수지가 악화되고, 달러화 공급이 감소한다. 이 경우 달러당 원화의 환율은 상승(달러화 가치 상승 및 원화 가치 하락)한다.

미국인들의 한국 자동차에 대한 선호가 증가하면 우리나라 수출품에 대한 수요 증가로 이어져 경상수지가 개선되고 달러화 공급이 증가한다. 이 경우 달러당 원화의 환율은 하락(달러화 가치 하락 및 원화 가치 상승)한다. 또한 미국 국채 장·단기 금리가 상승할 경우 자본 유출이 발생해 달러화 공급 감소로 이어지며, 달러당 원화의 환율은 상승한다. 마지막으로 우리나라의 지정학적 리스크가 감소할 경우 자본 유출이 감소(또는 자본 유입 증가)하므로 달러화 공급이 증가해 달러당 원화의 환율은 하락한다.

정답 ①

제시된 자료의 (가)는 위안화에 대한 원화 가치를 상승시키는 요인이다. (나)는 엔화에 대한 원화 가치를 상승시키는 요인으로 100엔당 원화의 환율은 하락하게 된다. 이는 일본에서 부품을 수입하는 업체의 비용 부담을 줄여 채산성을 향상시킬 것이다. (다)는 원화에 대한 달러화의 가치를 상승시키는 요인이다. 따라서 이 경우 달러당 원화의 환율이 상승할 것이며, 이로 인해 수출품의 가격 경쟁력이 높아져 장기적으로 대미 경상수지가 개선될 것이다.

정답 ④